como sua Mente Pode Curar seu Corpo

David R. Hamilton Ph.D.

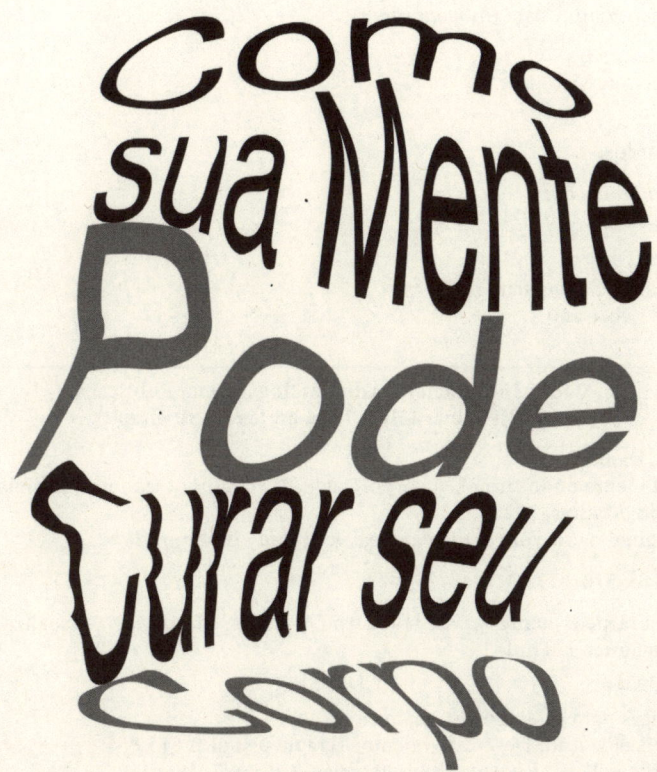

Como sua Mente Pode Curar seu Corpo

Tradução:
Fabiola Cardoso

MADRAS®

Publicado originalmente em inglês sob o título *How Your Mind Can Heal Your Body*, por Hay House.
© 2008, 2018, Texto de David R. Hamilton.
Os direitos morais do autor foram assegurados.
Direitos de edição e tradução para o Brasil.
Tradução autorizada do inglês.
© 2022, Madras Editora Ltda.

Editor:
Wagner Veneziani Costa (*in memoriam*)

Produção e Capa:
Equipe Técnica Madras

Tradução:
Fabiola Cardoso

Revisão da Tradução:
Martha Malvezzi

Revisão:
Maria Cristina Scomparini
Ana Paula Luccisano

Dados Internacionais de Catalogação na Publicação
(CIP)(Câmara Brasileira do Livro, SP, Brasil)

Hamilton, David R.
Como sua mente pode curar seu corpo/David R. Hamilton; tradução Fabiola Cardoso. – São Paulo: Madras, 2022.
Título original: How your mind can heal your body Bibliografia.
ISBN 978-85-370-1232-1

1. Cura pela mente 2. Mente e corpo 3. Poder da mente 4. Visualização – Uso terapêutico I. Título.

19-30560   CDD-615.851

Índices para catálogo sistemático:
1. Visualização: Desenvolvimento: Terapia psíquica 615.851
Maria Paula C. Riyuzo – Bibliotecária – CRB-8/7639

É proibida a reprodução total ou parcial desta obra, de qualquer forma ou por qualquer meio eletrônico, mecânico, inclusive por meio de processos xerográficos, incluindo ainda o uso da internet, sem a permissão expressa da Madras Editora, na pessoa de seu editor (Lei nº 9.610, de 19/2/1998).

Todos os direitos desta edição, em língua portuguesa, reservados pela

 **MADRAS EDITORA LTDA.**
Rua Paulo Gonçalves, 88 — Santana
CEP: 02403-020 — São Paulo/SP
Tel.: (11) 2281-5555 – (11) 98128-7754
www.madras.com.br

Elogios ao livro *Como Sua Mente Pode Curar Seu Corpo*

"O doutor David Hamilton é um dos principais pioneiros no campo da conexão corpo e mente. *Como Sua Mente Pode Curar Seu Corpo* é preenchido com pesquisas e evidências suficientes para provar a si mesmo quão poderoso você realmente é. Este livro ensinará que a cura por meio do pensamento não só é possível, como também é uma realidade. Amei a leitura!"

Doutor Joe Dispenza, autor de *Cure-se a si Próprio,* indicado como best-seller pelo *NY Times.*

"Como um cientista que adotou uma nova consciência, David criou uma ponte que será muito útil para muitas pessoas que buscam compreender a conexão entre nosso corpo, nossa mente e nosso eu espiritual."

Louise Hay

"David Hamilton possui um dom único para combinar a conexão entre o corpo e a mente com a ciência de maneira simples, porém poderosa. Todos deveriam ler este livro!"

Suzy Walker, *Psychologies*

"David Hamilton é um especialista em como nossos pensamentos e mentes podem ocasionar mudanças físicas em nossos corpos."

Daily Express

"... muito convincente..."

Red Magazine

"A facilidade com a qual o doutor David Hamilton é capaz de explicar como visualizações e o poder da mente podem ser utilizados para ajudar o corpo a curar-se é extraordinária. É de fato um dom, e essa versão atualizada de *Como Sua Mente Pode Curar Seu Corpo* é uma leitura obrigatória para todos possuírem em suas estantes. Como palestrante e psicóloga clínica, lembro-me frequentemente da relação entre a mente e o corpo. A pesquisa de David e as evidências apresentadas no livro atingem um marco científico!"

Doutora Péta Stapleton, professora-associada, Universidade Bond, Austrália, autora e psicóloga clínica

---

Nota do Editor Internacional

As informações contidas neste livro não devem substituir as orientações de um profissional da medicina; sempre consulte um médico. Quaisquer usos das informações deste livro são a critério e risco dos leitores. Nem o autor nem a editora podem ser responsabilizados por perdas, reclamações e danos causados pelo uso, ou mau uso, das sugestões feitas, pela incapacidade de buscar orientação médica ou por qualquer material apresentado em páginas da web de terceiros.

*Para Ryan, Jake, Ellie, Lucas e Harriet.
Vocês trouxeram alegria imensa à família.*

"Nada esplendoroso foi conquistado exceto por aqueles que ousaram acreditar que algo dentro deles era maior que as circunstâncias."

Bruce Barton

Agradecimentos

Gostaria de agradecer à minha editora, Hay House, que me apoia há muitos anos ao longo do meu desenvolvimento como autor e sempre me possibilitou escrever sobre os assuntos que eu queria.

A primeira edição deste livro ajudou muita gente em suas jornadas de cura, contribuindo com esperança, autoconfiança e ferramentas práticas. Espero que o mesmo seja dito desta edição. Às vezes, sinto que as editoras não recebem o crédito merecido. Sem a contribuição individual dos membros da equipe de uma editora, livros como este não chegariam até as pessoas que por eles são ajudadas. Desde o momento em que a caneta toca o papel pela primeira vez até a impressão do livro, o esforço é em equipe.

Parte deste time é minha editora, Debra Wolter, que fez um trabalho excepcional ao deixar o texto mais fluido, esclarecer pontos importantes, fazer mudanças estruturais e, principalmente, tornar o livro um pouco mais acessível ao leitor.

Também gostaria de agradecer a todos que gentilmente enviaram suas experiências com o uso da visualização. Essas histórias foram encaminhadas com intenções bondosas, na esperança de que suas próprias experiências pudessem ajudar outros que estão doentes ou lesionados.

Entre a primeira edição em 2008 e esta atual, tive conversas e trocas de e-mails com inúmeros pesquisadores que, gentilmente, enviaram as fontes de suas próprias pesquisas ou responderam a questões específicas que eu tinha. Em especial, gostaria de agradecer a Fabrizio Benedetti, Barbara Anderson, Lyn Freeman e Stephanie Wai-Shan Louie (primeira edição), assim como Ann Jacobsen, Jane Ehrman e Andreas Charalambous (segunda edição).

Escrevi boa parte do material extra desta edição em um café que passei a chamar de "meu escritório" – Caffè Nero em Stirling, Escócia. Sou grato pelo excelente café, os muffins de mirtilo, o chá de hortelã (quando já havia atingido meu limite de cafeína... de apenas um café por dia) e, especialmente, pela cordialidade da equipe. Se não fosse por isso, provavelmente teria buscado outro escritório.

Não creio que seria um autor com livros publicados se não fosse por minha companheira, Elizabeth Caproni. Quando comecei, Elizabeth e eu tentávamos progredir em nossas carreiras – ela como atriz e eu como escritor. Estávamos falidos, embora realizando trabalhos esporádicos; Elizabeth trabalhava em diversas outras coisas sem esperar que eu fizesse o mesmo. Apoiou-me incansavelmente enquanto eu passava o tempo em cafés cálidos e ela, muitas vezes, tinha de trabalhar embaixo de chuva e frio. Assim pude escrever e publicar por conta própria meu primeiro livro. Ela é minha fortaleza desde então.

Eu também não poderia fazer o que faço sem o amor e apoio de minha mãe e meu pai, assim como de minhas três irmãs, seus companheiros, minhas sobrinhas e sobrinhos. Os pais de Elizabeth também fazem parte da minha família. Fiz uso do amor de minha família quando precisei encontrar força e tranquilidade inúmeras vezes. Considero-me muito sortudo por ter tal rede de amor e apoio.

Índice

Agradecimentos 11
Introdução 15

Parte I: A Conexão Mente-Corpo
   Capítulo 1:   O Poder do Pensamento Positivo 22
   Capítulo 2:   O Poder da Crença 35
   Capítulo 3:   Drogas Funcionam Melhor se
                     Acreditamos Nelas 47
   Capítulo 4:   O Poder da Plasticidade 61
   Capítulo 5:   A Mente Pode Curar o Corpo 68
   Capítulo 6:   O Poder da Imaginação e Observação 80
   Capítulo 7:   Visualização para Reabilitação
                     e Esportes 90
   Capítulo 8:   Visualização para Potencializar
                     o Sistema Imunológico 99
   Capítulo 9:   Visualização para Câncer
                     e Outras Doenças 103
   Capítulo 10: Como a Visualização Funciona 116
   Capítulo 11: Estressar ou Não Estressar 121
   Capítulo 12: Como Visualizar 129
   Capítulo 13: O Poder das Afirmações 139

Parte II: Visualização em Ação
   Capítulo 14: Histórias Verídicas de Visualizações
                    Bem-sucedidas 144

Conclusão: O Poder do Amor 183
A-Z das Visualizações 193
Referências 239
Índice Remissivo 259

Introdução

Não existe dúvida de que a mente impacta o corpo. Um sentimento constrangedor ruboriza a face, a ideia de morder um limão faz a boca salivar. Até acontecem mudanças físicas óbvias na anatomia masculina quando um homem mentalmente se entrega a uma fantasia sexual.

Tudo isso acontece porque pensamentos, sentimentos, ideias, imaginação, crenças e expectativas da mente de uma pessoa produzem uma série de mudanças químicas e biológicas que resultam em efeitos físicos.

Pagar mais caro por um analgésico pode produzir um efeito analgésico maior do que a versão mais barata, mesmo que talvez sejam exatamente o mesmo remédio, simplesmente empacotados e etiquetados de maneira diferente. Muitas vezes, até mesmo um placebo em um pacote caro é melhor que uma versão real da droga mais barata e genérica.

Nos Estados Unidos, uma injeção de placebo para acabar com a dor é mais eficiente que placebo em pílula; já na Europa, um placebo em pílula é mais eficiente que a injeção, ainda que ambos sejam placebos. Alguns estudos sobre medicação contra úlcera descobriram que o placebo usado na Europa Ocidental é quase tão eficiente quanto o medicamento verdadeiro usado na América do Sul.

O mesmo placebo pode produzir efeitos opostos, dependendo para que a pessoa acredite que sirva. Acreditar que inaladores podem relaxar as vias respiratórias pode, de fato, produzir tal efeito, porém acreditar que eles contêm alergênicos pode estressá-la, mesmo que em ambos os casos sejam placebos. Acreditar que uma pílula é estimulante pode causar tensões musculares, aumento dos batimentos cardíacos e pressão sanguínea, entretanto, acreditar que é uma pílula relaxante pode relaxar os músculos, reduzir batimentos e pressão sanguínea. Algumas pessoas até ficam bêbadas com placebo de álcool. Um tanto do poder do Viagra pode estar conectado ao fato de que seu nome soa como Niágara, que é uma poderosa "força da natureza".

A mente impacta o corpo de muitas maneiras. Sentir-se estressado produz hormônios do estresse, aumenta a pressão sanguínea e comprime as artérias. Todavia, os sentimentos associados ao amor, bondade ou compaixão produzem um hormônio que reduz a pressão sanguínea e dilata as artérias – um efeito totalmente oposto.

Concentrar-se na respiração, como acontece na meditação, pode criar mudanças físicas na estrutura do cérebro, quase como se levássemos nosso cérebro à academia. Alguns estudos apontam que a meditação impacta por volta de 2 mil genes humanos.

Visualizar algo também cria mudanças físicas no cérebro, de acordo com o que a pessoa está visualizando. De certa forma, o cérebro não consegue apontar a diferença entre o que é real e o que a pessoa *imagina*. Estudos sobre performance esportiva, e até sobre pacientes recuperando-se de um derrame, mostram que imaginar mover os músculos causa melhoras significativas neles.

Estudos sobre o sistema imunológico mostram que visualizar sua atividade pode melhorar a função imunológica. Em algumas pesquisas, pacientes com câncer, sob o tratamento com quimioterapia e que visualizaram seus sistemas imunológicos trabalhando, tiveram melhor resultado que os pacientes que não visualizaram. Pessoas já aplicaram as estratégias de visualização para todos os tipos de doenças, lesões e condições médicas, muitas das quais você irá descobrir neste livro.

Como o livro funciona

A primeira parte do livro compartilha evidências científicas a respeito da conexão mente-corpo, desde o impacto das atitudes no envelhecimento, no sistema imunológico e no coração, até como o efeito placebo funciona e seus diversos exemplos; até os efeitos da meditação e como a visualização funciona para promover mudanças no cérebro e no coração. Também compartilha pesquisas sobre como usar a visualização para ajudar esportistas, sobreviventes de derrame e quem estiver passando por tratamentos para câncer.

A segunda metade do livro ensina como visualizar, explica as estratégias-chave e compartilha muitos exemplos reais de estratégias de visualização usadas por pessoas ao redor do mundo de maneira bem-sucedida. Também inclui uma lista de condições médicas de A-Z, com uma ou mais sugestões de visualização para cada uma.

Ao longo do livro usei os termos "visualização" e "imaginário" alternadamente, para me referir ao mesmo fenômeno de possuir uma representação interna e mental de algo de forma clara. No livro apresento uma explicação mais detalhada sobre o que isso significa e como criar tais representações.

Esta é a edição de aniversário de dez anos da primeira edição de *Como Sua Mente Pode Curar Seu Corpo*. Em 2008, quando escrevi o livro pela primeira vez, não tinha ideia do número de pessoas que iria ler e usar como guia em seus processos de recuperação de lesões, doenças ou patologias, nem que algum dia iria escrever a introdução da edição comemorativa de seus dez anos. Estou muito contente por poder ajudar as pessoas, ainda que de maneira simples.

As pesquisas avançaram muito nos últimos dez anos. Esta nova edição contém quatro novos capítulos que resumem boa parte das pesquisas sobre como usar a visualização em diversas situações: para melhorar a performance em esportes, tanto para o iniciante quanto para o semiprofissional; para a reabilitação de pessoas que tiveram um derrame; como a visualização pode impactar o sistema imunológico e como isso beneficiou pessoas com câncer que estavam recebendo tratamento quimioterápico, radioterápico e/ou passando por cirurgia.

O novo material também reúne estudos científicos publicados referentes ao uso da visualização em casos de asma, substituição total do joelho, artrite, cistite intersticial, cicatrização de feridas e outras condições, assim como também explica como a visualização realmente funciona para promover mudanças no corpo. As referências científicas para todos os estudos podem ser encontradas na seção "Referências" no fim do livro, caso você queira pesquisar mais a fundo algumas áreas específicas.

A nova edição também inclui histórias inéditas de pessoas que usaram a visualização para se recuperar de câncer, síndrome da fadiga crônica, doenças cardiovasculares, síndrome pós-pólio, lúpus, febre do feno, hipotireoidismo, psoríase, para reduzir inflamações, para remover verrugas e até superar mal-estar durante uma viagem.

De nenhuma maneira este livro é a resposta para todas as perguntas em relação ao impacto da mente sobre o corpo e seu uso para ajudar processos curativos, nem é alguma conclusão sobre o tema. Está mais para um guia prático e simplificado que compartilha a ciência de como a conexão mente-corpo funciona, de forma que essa compreensão possa ajudar os leitores a acreditarem mais no uso de suas próprias mentes, com simples instruções de como usar a mente para auxiliar processos curativos.

Desejo que este livro possa oferecer esperança e orientação prática para as pessoas que necessitam. Desejo também que, ao agrupar o amplo campo de pesquisa sobre a conexão mente-corpo de maneira clara e concisa como fiz aqui, este livro estimule mais pesquisas científicas.

Permita-me dizer que, apesar de o título do livro dizer "... curar seu corpo", obviamente não estou sugerindo que a mente é o único instrumento para a recuperação de uma pessoa após uma lesão, doença ou patologia; ao contrário, estou dizendo que pode contribuir e de maneira significativa.

Usamos nossa mente o tempo todo para nos sentirmos bem ou até mesmo para nos sentirmos estressados, sem perceber que a direção na qual posicionamos nossos pensamentos produz esses efeitos. Por exemplo, pensar em alguém ou algo que nos chateia pode retardar um processo de cura ao reprimir o sistema imunológico, enquanto pensar de forma que nos faça sentir bem ou relaxados pode potencializar o sistema imunológico.

No livro, sugiro que usemos nossa mente *junto* a qualquer conselho médico ou intervenções de que necessitemos, não em *substituição* a eles – assim como não praticamos exercícios em vez de comer ou não meditamos em vez de dormir. Uma coisa complementa a outra. Não a substitui. Portanto, devemos utilizar nossa mente como apoio para processos de cura naturais e também para uso de medicamentos e outras intervenções médicas.

Talvez um título mais apropriado para o livro fosse "... *ajudar* seu corpo". No entanto, não desejo menosprezar o poderoso papel que a mente pode ter em um processo de cura, porque, muitas vezes, o modo como uma pessoa usa a mente pode ser extremamente importante.

    Espero que goste da leitura e que encontre algo valioso nestas páginas, seja você um paciente, um leitor curioso, um terapeuta, profissional de saúde ou acadêmico.

Parte I
A Conexão Mente-Corpo

Capítulo 1

O Poder do Pensamento Positivo

"Um pessimista vê dificuldade em cada oportunidade; um otimista vê oportunidade em cada dificuldade."
Winston Churchill

Otimistas vivem mais que pessimistas! Essa é a conclusão de um estudo conduzido durante 30 anos envolvendo 447 pessoas na Clínica Mayo nos Estados Unidos. Descobriu-se que otimistas possuíam 50% menos riscos de uma morte prematura em comparação aos pessimistas e os pesquisadores escreveram que "... mente e corpo estão conectados e o comportamento tem um impacto no resultado final – a morte".

Uma estatística alarmante! Descobriu-se também que otimistas possuem menos problemas de saúde física e emocional, menos dores e mais energia e, de forma geral, sentem mais paz, alegria e calma que os pessimistas.

Um estudo publicado em 2004 no periódico *Archives of General Psychiatry* encontrou algo similar. Concluiu que existe uma "... relação protetora entre... otimismo e mortalidade geral na velhice". Otimismo protege contra doenças. Cientistas estudaram as respostas dadas a um conjunto de afirmações por 999 homens e mulheres holandeses entre 65 e 85 anos, entre elas:

"Eu frequentemente sinto que a vida é cheia de promessas".
"Eu ainda tenho expectativas positivas em relação ao meu futuro".

"Existem muitos momentos de felicidade na minha vida".
"Riso de alegria ocorre com frequência".
"Ainda possuo muitos objetivos para almejar".
"Na maior parte do tempo estou de bem com a vida".

Os resultados foram muito claros. Aqueles que mostraram níveis altos de otimismo, que talvez responderiam positivamente à primeira pergunta, tiveram 45% menos risco de morte por qualquer causa e 77% menos risco de morte por doenças cardíacas, comparados aos que possuíam níveis altos de pessimismo.

Outro estudo examinou a autobiografia de 180 freiras católicas que foram escritas logo que entraram para o convento. Os cientistas examinaram as autobiografias 60 anos depois de escritas e descobriram que as freiras que escreveram de maneira mais positiva viveram mais tempo que suas colegas que escreveram de forma mais pessimista.

Uma das razões pelas quais uma atitude positiva é muito importante é que fortalece nosso sistema imunológico e, em consequência, nossa habilidade de lutar contra doenças. A atitude de uma pessoa geralmente influencia sua experiência emocional; ou seja, se ela vai ao encontro da vida com mais emoções positivas ou negativas.

Em um estudo conduzido em 2006 na Universidade Carnegie Mellon, Estados Unidos, cientistas pesquisaram os efeitos de vírus comuns da gripe e da gripe aviária em pessoas com diferentes estilos emocionais. Cento e noventa e três voluntários saudáveis foram entrevistados para determinar se tinham um estilo emocional positivo (que geralmente sentiam emoções mais positivas) ou um estilo emocional negativo (que geralmente sentiam emoções mais negativas). Finalmente eram expostos a um dos vírus pela via nasal.

O resultado mostrou que pessoas com emoções mais positivas tiveram taxas muito menores de infecção do sistema respiratório superior comparado às pessoas com emoções mais negativas.

À medida que seguimos com nossas vidas, nossas atitudes afetam a maneira como reagimos aos vírus, às bactérias e a outros patógenos. Uma perspectiva otimista e positiva da vida é realmente melhor para a saúde e longevidade de forma geral. Também lidamos de modo diferente com as situações da vida dependendo das atitudes que tomamos em relação a elas. Uma atitude positiva nos ajuda a lidar com desafios e até mesmo a enxergá-los como oportunidades e isso, no fim, beneficia nossa saúde.

Nos Estados Unidos, um estudo da Universidade de Chicago examinou a atitude e a saúde de 200 executivos de telecomunicação afetados por demissões corporativas em massa. Descobriu-se que os executivos que viram a demissão como oportunidade de crescimento eram mais saudáveis que aqueles que a encararam como uma ameaça. Entre as pessoas de atitude positiva, menos de um terço desenvolveu alguma doença durante ou logo depois da demissão. Porém, entre as pessoas de atitude negativa, mais de 90% ficaram doentes. Em outras palavras, encarar o mesmo evento como positivo ou negativo possui um efeito extremamente diferente na saúde.

Estudos mais completos dos efeitos da atitude mostram resultados poderosos no coração. Um desses estudos, envolvendo 586 pessoas e conduzido por cientistas na Universidade Johns Hopkins, Estados Unidos, descobriu que uma atitude positiva era a melhor proteção contra doenças cardíacas.

Em 2003, cientistas do Centro Médico da Universidade Duke na Carolina do Norte, ao examinarem 866 pacientes cardíacos, descobriram que aqueles pacientes que sentiam emoções positivas com frequência (por exemplo, felicidade, alegria e otimismo) tinham por volta de 20% mais chance de continuarem vivos 11 anos depois em comparação aos que sentiam mais emoções negativas.

Em um estudo de 2007, cientistas em Harvard estudaram os efeitos da "vitalidade emocional", que foi definida como "um sentido de energia positiva, uma habilidade para regular emoções e comportamentos, e um sentimento de comprometimento com a vida". O estudo envolveu 6.265 voluntários e descobriu que aqueles com alto nível de vitalidade emocional tinham 19% menos probabilidade de desenvolver doença coronária em comparação às pessoas com menores níveis de vitalidade. Atitudes podem ser protetoras ou destrutivas em relação à saúde.

"Casamento difícil, coração complicado"

O título anterior foi extraído de um artigo científico norte-americano que revisava um estudo feito na Universidade de Utah em 2006, no qual os cientistas descobriram que a atitude de pessoas casadas impactava profundamente em seus corações.

Os cientistas gravaram 150 casais discutindo suas questões conjugais e os categorizaram de acordo com a forma que se relacionavam. Os casais que eram mais solidários entre si possuíam corações mais saudáveis. Os casais que eram mais hostis entre si possuíam artérias mais rígidas. Casamento difícil, coração complicado! Ser solidário a outra pessoa é muito melhor para a saúde que guardar raiva e rancor e, constantemente, criticar um ao outro.

Em algumas pesquisas, hostilidade é definida como esquivar-se de uma pergunta, e como irritação e desafios diretos e indiretos direcionados à pessoa que fez a pergunta. Outras pesquisas definem como uma atitude cínica e falta de confiança em outras pessoas. Ainda outras definem como algo agressivo e desafiante ou que expressa desprezo. Em um estudo de 25 anos de duração, que usava esses tipos de definições como critério para determinar níveis de hostilidade, as pessoas mais hostis tinham cinco vezes mais incidentes de doença cardíaca que aquelas que eram pouco hostis e confiavam mais nos outros, eram acolhedoras e gentis.

A conexão entre a atitude e o coração é tão confiável que um estudo de 30 anos de duração publicado em 2003, no *Journal of the American Medical Association*, concluiu que "... hostilidade é um dos indicadores mais confiáveis de risco de doença cardíaca".

Os cientistas podem calcular o risco de doenças cardíacas de uma pessoa com bastante precisão ao examinar sua dieta e estilo de vida – o tipo de comida que come, quanta atividade física pratica, se fuma ou bebe bastante álcool. Pessoas com dietas pouco saudáveis, que não praticam exercícios e que fumam e bebem bastante álcool, geralmente, são as que mais correm risco. Mas cientistas também podem calcular os riscos baseados em atitudes com a mesma precisão – se a pessoa tem atitude positiva ou negativa ou quão hostil ela é em relação aos outros. A boa notícia é que, da mesma forma que você pode mudar sua dieta, pode também mudar sua atitude. Depende de você.

Óbvio que as circunstâncias em que vivemos podem ser tão complicadas que é inevitável tornar-se "endurecido" até certo ponto, porém ainda temos uma escolha, não importa a situação. A história de Viktor Frankl, sobrevivente do campo de concentração nazista em Auschwitz, inspira-me profundamente. Em seu livro best-seller *O Homem em Busca de um Sentido*, ele escreve:

Nós que vivemos em campos de concentração podemos lembrar de homens que caminham pelos galpões confortando outros, doando seu último pedaço de pão. Podiam ser poucos, mas ofereciam suficiente prova de que tudo pode ser tirado de um homem, exceto uma coisa: a última das liberdades humanas – a de escolher sua atitude em relação a qualquer conjunto de circunstâncias, a de escolher seu próprio caminho.

As palavras de Frankl são uma mensagem de esperança, de que não importa o que aconteça, nossa atitude é nossa escolha. Se buscarmos fundo em nós mesmos, sempre podemos fazer a melhor escolha, a escolha do coração mais doce, a que ajuda outras pessoas a encontrarem conforto e felicidade; e, ao fazer as coisas assim, a que nos torna mais saudáveis.

Satisfação

Um estudo feito por cientistas da Universidade de Kuopio, na Finlândia, com a participação 22.461 pessoas, descobriu que aqueles mais satisfeitos com suas vidas viviam mais. Eles definiram satisfação com a vida como "um interesse pela vida, felicidade e uma tranquilidade em geral para viver". Publicado no *American Journal of Epidemiology* em 2000, os pesquisadores descobriram que os homens (mas não as mulheres) participantes que eram menos satisfeitos com suas vidas tinham três vezes mais chance de morrer por alguma doença do que aqueles que estavam satisfeitos.

Não é tanto o que acontece conosco na vida que determina nossa saúde ou felicidade. É como *reagimos* ao que acontece que realmente importa. Se você vive em uma bela casa, mas vê alguém com uma casa melhor, sente-se insatisfeito por sua casa não ser tão bela quanto a outra ou se concentra no que ama em sua própria casa e nas pessoas com quem a compartilha?

Dizem que o gramado do vizinho é sempre mais verde, mas, se você prestar atenção ao seu próprio gramado e não perder tempo com o dos outros, então terá grandes chances de ser mais feliz e ter mais saúde. É no que você se concentra que realmente importa. É sua atitude que conta.

Reclamar ou não reclamar

Com que frequência você reclama? Em seu livro inspirador, *Pare de Reclamar e Concentre-se nas Coisas Boas*, Will Bowen nos encoraja a passar 21 dias sem reclamar de nada. Isso significa abster-se de reclamações, críticas ou julgamentos injustos. Ele nos incentiva a usar um bracelete e mudá-lo para o outro punho todas as vezes que reclamarmos; isso nos faz conscientes de quando reclamamos.

É revelador. A maioria das pessoas tem de mudar o bracelete de lado mais de 20 vezes no começo. Isso é ótimo para nos tornar conscientes de nossos comportamentos. Mas, após um curto período, as pessoas passam quatro ou cinco dias sem fazer nenhuma reclamação com facilidade. É uma grande diferença e, em minha opinião, uma grande melhoria para a saúde.

Reclamar sobre as coisas e criticar as outras pessoas têm se tornado um estilo de vida para muitos de nós, nem nos damos conta da frequência com que o fazemos. É um hábito. E raramente reclamamos sobre os fatos reais, apenas acerca de como as coisas parecem ser para nós. A mesma coisa pode significar algo completamente diferente para outra pessoa.

Por exemplo, digamos que uma encomenda que você esperava não chega. Você reclama e diz que isso arruinou seu dia, atrasando todo seu cronograma. Você se estressa, gerando incontáveis efeitos negativos em seu corpo. Outra pessoa na mesma situação que você pode decidir que existem outras coisas para adiantar e que, no fim das contas, esse atraso da encomenda foi vantajoso. O atraso então é algo bom ou ruim? Depende de você. Mas o que você decidir influencia sua saúde.

Reclamar afeta até as pessoas ao nosso redor. Nós raramente notamos isso, mas somos como um diapasão. Quando você bate em um diapasão, outras coisas ao redor ressoam junto. O mesmo acontece quando reclamamos constantemente perto das pessoas – desencadeamos suas reclamações também. Parece que, de repente, todos estão inspirados a encontrar os defeitos da vida e do mundo. Reclamar torna-se um vírus emocional que levamos para todos os lados, infectando as pessoas que encontramos.

Nossos pensamentos e atitudes inspiram nossas ações, e nossas ações criam nosso mundo. Portanto, nossos pensamentos e atitudes criam nosso mundo. Que tipo de mundo você escolhe? Essa é a posição de Will Bowen em seu livro. Se pararmos de reclamar podemos nos concentrar em criar um mundo melhor. E estamos fazendo algo saudável para nosso corpo ao mesmo tempo.

Em vez de reclamar, tente concentrar-se nas coisas pelas quais você é grato. Gratidão gera gratidão. Quanto mais você focalizar as coisas pelas quais é grato, vivenciará e perceberá mais coisas pelas quais pode ser grato. E isso faz bem ao coração.

"Dinheiro compra felicidade quando você gasta com outros"

Esse era o título de um comunicado publicado no dia 20 de março de 2008, pela Universidade British Columbia, no Canadá. O comunicado descreve uma pesquisa na qual pessoas que doam dinheiro são mais felizes do que aquelas que gastam tudo consigo mesmas. A pesquisa foi conduzida por cientistas da Universidade British Columbia e publicada na revista *Science*, em 2008. Os resultados apontaram que as pessoas que gastam seu dinheiro de maneira "pró-social" – ou seja, gastam com presentes para outras pessoas ou em doações para caridade e não apenas consigo – são mais felizes.

A pesquisa envolveu 632 pessoas. Foi pedido que classificassem a felicidade de maneira geral e apresentassem em detalhes a renda mensal e gastos (incluindo contas, presentes para outros, presentes para si e doações para caridade). Os autores afirmaram: "Independentemente da renda que cada pessoa tinha, aqueles que gastavam dinheiro com outros tinham níveis maiores de felicidade, enquanto aqueles que gastavam apenas consigo tinham níveis menores".

Aqueles que doavam dinheiro eram os mais felizes. Isso é contrário ao que a maioria acredita – que precisamos guardar todo o nosso dinheiro para nós mesmos "por segurança" e quanto mais acumulamos, mais feliz seremos. Mas não é necessário que as doações sejam quantias altas de dinheiro.

Para testar essa teoria, os cientistas deram 5 ou 20 dólares a 46 voluntários e pediram para gastarem até as 17 horas desse mesmo dia. Para metade dos participantes foi pedido que gastassem com eles mesmos e, para a outra metade, que gastassem com outras pessoas. Aqueles que gastaram o dinheiro com outras pessoas afirmaram que se sentiram mais felizes ao final do dia em comparação à primeira metade do grupo. Os cientistas afirmaram: "Esses descobrimentos sugerem que pequenos redirecionamentos dos gastos – tão pequenos quanto 5 dólares – podem ser o suficiente para produzir ganhos reais de felicidade em qualquer dia".

Por que não decidir dar algo hoje, para qualquer pessoa e de qualquer maneira que queira?

Muitos outros estudos mostraram que, ainda que nossa renda e nosso dinheiro disponível sejam maiores do que os de nossos avós há 50 anos, não somos mais felizes. Na verdade, algumas pesquisas mostram que as pessoas hoje em dia são menos felizes que as de 50 anos atrás.

A pesquisa da British Columbia indica que o nível de renda não é tão importante quanto o que fazemos com essa renda. Ganhar um salário baixo, mas mostrar generosidade, pode levar a pessoa a um nível maior de felicidade do que ganhar milhões e gastar tudo consigo. O dinheiro não é a questão. Você pode ser rico e feliz e pode ser pobre e feliz. Muito da felicidade depende do que você faz com o que possui. É sua responsabilidade!

De fato, em um momento da pesquisa, os cientistas mediram os níveis de felicidade de 16 funcionários de uma empresa em Boston após receberem quantias entre 3 e 8 mil dólares, como bônus de participação nos lucros. Os pesquisadores descobriram que a felicidade não dependia da quantia desse bônus, mas do que os ganhadores fizeram com esse bônus. Os funcionários que gastaram mais em presentes para outros e doações para caridade eram mais felizes em comparação aos que gastaram tudo para si.

Ser positivo quanto ao envelhecer

Atitudes afetam a velocidade do nosso envelhecimento. De fato, pessoas positivas vivem mais! Essa é a conclusão de algumas pesquisas conduzidas pelos cientistas da Universidade de Yale, que estudaram a resposta de 660 pessoas às perguntas sobre atitude, como, por exemplo: "à medida que envelhece, você é menos útil. Concorda ou discorda?". Aqueles que geralmente estão em desacordo com esse tipo de afirmação, e, portanto, possuem atitudes mais positivas em relação ao envelhecimento, vivem por volta de sete anos mais do que as pessoas que estão de acordo e, consequentemente, possuem uma atitude mais negativa.

E assim como a atitude afeta o coração, os cientistas de Yale concluíram que a atitude influenciava mais o tempo de vida de uma pessoa que a pressão sanguínea, níveis de colesterol, o fato de não fumar, peso corporal saudável e a frequência de práticas físicas.

O modo como pensamos e sentimos nos afeta de muitas maneiras. Um estudo da Universidade do Texas, feito em 2006, examinou 2.564 mexicanos-americanos acima de 65 anos e concluiu que emoções positivas reduziam a pressão sanguínea.

Em 2004, cientistas da Universidade do Texas encontraram uma conexão entre atitude e debilidade. Eles estudaram 1.558 idosos de uma comunidade mexicano-americana e, para determinar os índices de debilidade, mediram perda de peso, exaustão, velocidade para andar e a força de preensão. Com o tempo, descobriram que as pessoas com atitudes mais positivas eram menos propensas à debilidade.

E em um resultado semelhante ao estudo acerca da satisfação apresentado anteriormente, uma pesquisa feita em 2006 descobriu que pessoas com mais de 80 anos viviam mais tempo se estivessem satisfeitas com a vida. Em um estudo publicado no *Journal of Gerontology*, cientistas da Universidade de Jyväskylä, Finlândia, examinaram 320 voluntários que preencheram o questionário "Satisfação na Vida". Descobriram que aqueles que estavam satisfeitos tinham metade do risco de morte do que aqueles que estavam menos satisfeitos com a vida.

Pode-se argumentar que pessoas saudáveis tendem a uma atitude mais positiva, isso explicaria tais resultados e correlações similares, e, por mais que seja verdade em geral, a conclusão indica claramente que a atitude *impacta* a saúde e não é apenas uma consequência.

Essencialmente, se você possui uma atitude positiva e mantém a mente e corpo ativos, tende a permanecer saudável por mais tempo e, quando ficar doente, irá recuperar-se mais rápido. Suas habilidades mentais e físicas também permanecerão por mais tempo. Essa é a conclusão das pesquisas que atualmente analisam a relação entre atitude e o processo de envelhecimento. Não precisamos envelhecer na velocidade que pensamos ser natural.

Muitas pessoas se agarram à ideia de que o cérebro e o corpo pioram com a idade e usam isso para explicar por que esquecem coisas, por que não podem pensar com clareza e por que se sentem travados quando acabam de acordar. É fato que o cérebro e o corpo realmente mudam. Mas a velocidade com que isso acontece é influenciada por nós.

Desenvolvendo um cérebro mais jovem

Um estudo feito por cientistas da Posit Science Corporation, uma empresa estadunidense especializada em treinamento cerebral, mostrou que declínio mental relacionado à idade é reversível. A falta de uso é um fator significativo para o declínio físico e mental. "Use ou perca" é um lema aplicável. Se você para de usar um músculo, ele atrofia e torna-se fraco. Se continua usando-o, torna-se mais forte. E mesmo que você tenha perdido um músculo por não usá-lo, um regime de exercícios irá recuperar boa parte de suas funções. O mesmo serve para as funções mentais. Se usamos nosso cérebro, mesmo quando somos mais velhos, ele funciona melhor.

Para tal estudo, os cientistas desenvolveram um programa de treinamento que melhorava a neuroplasticidade, que é a capacidade cerebral de melhorar suas conexões. Como você verá mais adiante neste livro, o cérebro não é uma massa cinzenta com conexões elétricas, como se acreditava antes, mas algo que está constantemente se transformando em resposta a aprendizados e experiências. Em uma publicação na *Proceedings of the National Academy of Sciencies*, nos Estados Unidos, os cientistas afirmaram que idosos tiveram uma melhoria considerável na memória após o treinamento. O estudo envolveu voluntários com idades entre 60 e 87 anos, participantes de um programa de memória auditiva que durava de oito a dez semanas. O programa consistia em escutar um som por uma hora durante cinco dias da semana. Ao final do programa, a memória dos participantes apresentava melhorias tão significativas que estavam operando como pessoas de 40-60 anos de idade em vez de adultos de 60-87 anos. Suas habilidades mentais melhoraram por cerca de 20 anos!

A professora Ellen Langer da Universidade de Harvard conduziu uma experiência inovadora em 1981. Ela levou voluntários com mais de 70 anos de idade a um retiro por dez dias e pediu que fingissem estar vivendo em 1959, para "tentar *ser* as pessoas que eram 22 anos atrás". O retiro recriava áreas de lazer de 1959. Tocava música de 1959, havia revistas daquele ano, os voluntários usavam roupas da década de 1950 e na televisão passavam programas da mesma época. Os voluntários também deveriam interagir como se estivessem em 1959 – discutindo assuntos e temas atuais para a época, e até falando de seus filhos como há 22 anos.

Antes de iniciar o experimento, os cientistas tomaram uma gama de medidas fisiológicas, incluindo alturas, comprimento dos dedos, força, cognição mental e visão. Após os dez dias no retiro, repetiram as medidas. Incrivelmente, o resultado mostrava que os voluntários eram vários anos mais jovens fisiologicamente.

Ao atuar como se fossem mais jovens, eles tornaram-se mais jovens por dentro. Estavam mais altos (mudanças nos músculos das costas possibilitaram isso), seus dedos estavam mais longos, melhoraram funções mentais e a visão também melhorara, alguns deles em muitas prescrições. Alguns voluntários tornaram-se vários anos mais jovens mental e fisiologicamente. A maioria até obteve resultados melhores em testes de inteligência.

Esse estudo é um ótimo exemplo de que realmente importa a maneira como pensamos, sentimos, agimos, usamos o cérebro e a frequência. Quando éramos mais jovens, praticávamos constantemente atividades mentais e físicas. Quando passamos pela fase adulta, mudamos a noção do que podemos e devemos fazer.

Também usamos o cérebro cada vez menos. No início de nossa vida profissional, somos altamente ativos, mas com o tempo vamos gradualmente diminuindo a intensidade, tanto mental como fisicamente. Mas não precisa ser assim. Somente precisamos encontrar outras coisas para fazer. Muitas pessoas que viveram de forma saudável até os 90 anos foram ativas mental e fisicamente até seus últimos dias de vida.

Uma recente pesquisa neurocientífica descobriu que uma das melhores maneiras de exercitar nosso cérebro quando adultos é aprender novas línguas ou aprender a dançar. Não precisamos falar fluentemente ou visitar o país que fale a língua que estamos estudando (embora essa motivação exista, uma vez que já falamos um pouco), nem precisamos exibir nosso gingado em alguma festa sábado à noite. Basta usarmos o cérebro para aprender o idioma ou os passos de dança. É o aprendizado – quer dizer, o algo novo – que importa.

Pesquisas mostram que o uso ativo da mente pode reduzir riscos de desenvolver Alzheimer. Os autores de um estudo publicado no *Journal of the American Medical Association* disseram que "em média, uma pessoa com constante atividade cognitiva... é 47% menos propensa a desenvolver Alzheimer em comparação a uma pessoa que não possui atividade cognitiva constante".

Comporte-se de acordo com o tamanho do sapato, não da idade

Muitos adultos acreditam que o cérebro e o corpo se deterioram com o tempo, a tal ponto que essa ideia se reforça e altera seus comportamentos. Começam a comportar-se como pessoas mais velhas em vez de continuarem jovens de espírito. Essas pessoas movem menos o corpo e a mente, ficam menos ativas, não necessariamente porque é isso que acontece, mas porque acreditam que assim são as coisas. Em outras palavras, muitas pessoas tendem a agir da maneira que acreditam que deveriam, em vez de ser da maneira que sentem ou que gostariam de sentir.

No programa *Magical Mind, Magical Body*, Deepak Chopra, MD, disse: "uma coisa que está cada vez mais clara acerca do processo de envelhecimento é que o que consideramos envelhecimento normal pode ser um comprometimento cognitivo prematuro... nós, como espécie, nos comprometemos com uma certa realidade do envelhecimento".

O comediante Billy Connolly me deu ataques de risos uma vez. Ele disse que sabia que estava envelhecendo quando, ao levantar de onde estava sentando, se deu conta de que fazia um som "oooooooohhh". Às vezes, fazemos isso por hábito ou porque outros fazem também. Inconscientemente, absorvemos ações de outros e nos comportamos como "deveríamos".

Percebi que um de meus sobrinhos fez esse som quando tinha 4 anos de idade, após alguns adultos que estavam próximos levantarem de seus lugares. Tive de dar um reforço positivo, dizendo que ele era na verdade muito forte (muito mais forte que as pessoas "velhas") porque podia levantar da cadeira sem fazer nenhum som. O garoto nunca mais repetiu aquilo.

Em uma experiência de "condicionamento" – na qual pessoas eram condicionadas em nível subconsciente com uma ideia – conduzida por cientistas da Universidade do Estado da Carolina do Norte e publicada na revista *Psychology and Aging* em 2004, 153 pessoas fizeram teste de memória após serem condicionadas com certas palavras. Algumas receberam palavras como "confuso", "mal-humorado", "frágil", "senil"; outras receberam palavras como "bem-sucedido", "ativo", "digno" e "diferenciado".

Quando os participantes fizeram o teste de memória por fim, adultos em idade avançada, que foram condicionados com palavras como "velho", tiveram resultados muito piores que as pessoas condicionadas com palavras mais positivas. Os cientistas afirmaram que: "... se os idosos são tratados como pessoas competentes, membros produtivos da sociedade, então eles atuam dessa maneira também".

Não é apenas nossa atitude e o modo como tratamos a nós mesmos que importam, mas também a forma como tratamos as outras pessoas. Se você trata alguém como uma pessoa velha, instável, e também provavelmente a irrita quando fala com ela como se fosse criança, isso pode aos poucos lhe corroer o espírito, o que a levará a acreditar que a maneira como você a trata é a maneira como ela deveria ser.

Minha opinião é que, se uma pessoa acredita que aos 90 anos ainda estará em forma e ativa e se, enquanto formos jovens, tratarmos as pessoas mais velhas como detentores de sabedoria, experiência de vida e histórias, existirão na sociedade mais pessoas mental e fisicamente ativas aos 80 ou 90 anos do que vemos agora. Realmente depende de nós.

Atitude é tudo, dizem. Acho que existe muita verdade nessa afirmação. Se aprendermos a ver o lado positivo das coisas, talvez possamos viver uma vida mais longa, mais saudável e mais feliz. Uma boa maneira de fazê-lo é parar de reclamar, ser mais grato e mais gentil.

No próximo capítulo, veremos como nossas crenças podem ser tão poderosas a ponto de afetar nossa habilidade para a cura.

Capítulo 2

O Poder da Crença

"As condições externas da vida de uma pessoa sempre irão refletir suas crenças internas."

James Allen

Imagine se os cientistas descobrissem uma nova droga que pudesse melhorar os sintomas (e, em alguns casos, curar) da maioria das condições médicas – apenas uma pílula! Seria manchete em todo o mundo e se tornaria a droga mais vendida de todos os tempos. Porém, algo assim já existe. Permita-me apresentar a você o placebo!

O placebo é uma droga falsa – uma pílula de açúcar – que é feita para parecer uma droga de verdade. É usada em testes médicos, para que a droga possa ser testada em comparação a um controle. Sendo um controle, supostamente não deveria ter efeitos – mas tem, porque os pacientes acreditam que é uma droga real. É a crença deles que faz todo o trabalho!

O efeito placebo deixou de ser visto como um empecilho em pesquisas farmacológicas e clínicas e se tornou um fenômeno biológico merecedor de investigação científica por mérito próprio.

Essas são as palavras de Fabrizio Benedetti, um professor de neurociência na universidade italiana Escola Turim de Medicina, que é uma autoridade internacional sobre o efeito placebo e dizem possuir o laboratório para pesquisas com placebo mais avançado do mundo.

Desde a invenção da tecnologia para produzir imagens do cérebro, houve uma onda de interesse pelo efeito placebo. Pesquisas agora indicam, para algumas condições já estudadas a fundo como a dor e a doença de Parkinson, que quando uma pessoa acredita que está tomando a droga, embora seja placebo, seu cérebro reage como se realmente estivesse tomando a droga e produz o que se esperaria que acontecesse.

Em outras palavras, se o que se espera é o alívio da dor, o cérebro produzirá seu próprio analgésico; ou se o desejado é um movimento melhor, como no caso de pacientes com Parkinson, o cérebro produzirá dopamina.

Os sintomas da doença de Parkinson surgem mediante a produção desigual de dopamina em uma parte do cérebro, que afeta os movimentos. Pesquisas evidenciaram que pacientes com Parkinson que tomaram placebo, mas foram informados de que era um remédio anti-Parkinson, puderam mover-se melhor. Imagens do cérebro mostram a área que controla o movimento com atividade cerebral, e a dopamina é na verdade produzida na região deficiente. O movimento impactado não é apenas um efeito "psicológico". É a liberação física de dopamina no cérebro.

Substâncias químicas no cérebro

A produção de substâncias químicas no cérebro quando uma pessoa toma placebo foi percebida pela primeira vez em 1978, quando cientistas da Universidade da Califórnia, São Francisco, mostraram que analgesia por placebo (quando a dor de uma pessoa é aliviada tomando placebo) acontece porque o cérebro produz seu próprio analgésico natural. Descobriu-se que eram opiáceos, como a morfina, que são conhecidos como opiáceos endógenos. Pesquisas mais recentes começam a mostrar que o mesmo acontece quando o placebo é usado em muitas outras situações: o cérebro produz uma "droga" natural com o efeito que a pessoa espera.

Existem milhares de substâncias naturais no cérebro e no corpo. Nas palavras de Dawson Church, autor de *The Genie in Your Genes*:

Cada um de nós possui as chaves para uma farmácia com uma magnífica variedade de componentes curativos: nosso próprio cérebro... Nosso cérebro produz drogas similares àquelas prescritas pelo médico.

Em um artigo científico publicado no *Journal of Neuroscience*, em 2005, Fabrizio Benedetti escreveu que "... efeitos do placebo vistos em diferentes tratamentos são mais propensos a acompanhar fielmente o tratamento ativo ao qual foram combinados experimentalmente".

Em outras palavras, se é dada a uma pessoa uma droga para tratar uma doença e depois ela é trocada secretamente por placebo, acredita-se que as substâncias produzidas são versões naturais daquelas antes recebidas com a droga. Se é uma droga analgésica, o corpo produz analgésicos naturais. Se é uma droga anti-Parkinson, o cérebro produz sua versão natural, ou seja, a dopamina.

Do mesmo modo, estudos acerca da depressão sugerem que o cérebro produz antidepressivos naturais. Por exemplo, imagens do cérebro mostraram que tomar placebo em vez do antidepressivo fluoxetina (Prozac) afeta praticamente as mesmas áreas do cérebro que a droga real.

Isso é mente acima da matéria em nível molecular. O efeito placebo já não pode ser descartado como fruto da imaginação das pessoas – apenas "tudo está na mente". Como um ex-cientista da indústria farmacêutica, sei que é isso que diziam: "tudo está na mente" ou "é apenas psicossomático". Essas eram algumas das frases mais comuns. Atualmente sabemos que o que passa em nossa mente pode, de fato, alterar nossa bioquímica.

Quando acreditamos em algo, substâncias químicas são produzidas em nosso cérebro para nos dar o que acreditamos que deveria acontecer.

Aquilo em que você acredita

A proporção do placebo costuma ser 35% e pensamos que isso significa que funciona apenas 35% das vezes. Mas é uma generalização muito ampla. Na verdade, varia muito, dependendo da doença, da qualidade dos testes médicos, da linguagem usada pela pessoa prescrevendo ou entregando o remédio, de como os clínicos estão vestidos, idade, se possuem cabelos brancos ou usam óculos, e até mesmo da personalidade do médico prescrevendo o remédio – e, claro, do desejo dos pacientes em melhorar e de quanto acreditam que irão melhorar.

O efeito do placebo pode variar desde menos que 10% até mais que 100% em alguns casos. Os números mais altos indicam que a capacidade de influenciar nosso próprio processo curativo é muito maior do que julgávamos. Em alguns estudos com placebo, essa habilidade foi mais bem acessada do que em outros casos.

Muitos estudos com placebo se concentram na dor, em parte porque é fácil estudar quando não precisamos que alguém sinta dor para fazer uma análise; é algo que pode ser induzido experimentalmente. Um estudo canadense que induziu a dor por queimadura em voluntários resultou em mais de 70% sentindo alívio da dor após tomarem o placebo. Ressonâncias magnéticas do cérebro mostraram redução de atividade nas áreas que reagem a estímulos de dor.

Os efeitos do placebo são comuns e às vezes fortes, quando combinados a remédios para o coração. Muitos cientistas acreditam que isso acontece por causa da forte conexão cérebro-coração. Em 2007, uma empresa farmacêutica apresentou resultados de um teste com uma nova droga para insuficiência cardíaca congestiva. Os testes mostraram que a droga melhorava as condições em 66% dos pacientes, o que é muito bom. Mas o placebo beneficiou 51% dos pacientes.

Em um teste da droga redutora de colesterol, o clofibrato, usada extensamente nos anos 1980 e 1990, a média de sobrevivência após cinco anos foi 80%. Com o placebo o número ficou em 79,1%.

Em um estudo feito em 1997 sobre as drogas usadas para tratar aumento benigno da glândula prostática, mais da metade dos homens teve uma redução significativa dos sintomas depois de receber placebo.

Efeitos do placebo são conhecidos também em tratamentos de fadiga crônica. Um teste feito em 1988 com a droga aciclovir para comprovar seu possível uso no tratamento da síndrome da fadiga crônica (SFC), conduzido por cientistas do Instituto Nacional de Alergias e Doenças Infecciosas nos Estados Unidos, mostrou que 46% das pessoas melhoraram com a droga e 42% com o placebo.

Em 1996, um estudo que testou o esteroide hidrocortisona como possível tratamento resultou em 50% das pessoas melhorando com o uso de placebo. Uma mulher por volta dos 30 anos de idade, com SFC severa, que estava "significantemente imobilizada", "não tinha energia, não podia trabalhar e passava a maior parte do dia em casa", mostrou uma recuperação surpreendente com os placebos.

Resultados como esses não significam que a doença não é real, como algumas pessoas acreditam ser o caso da SFC, que também é conhecida como encefalomielite miálgica (EM). De forma semelhante, às vezes consideramos que uma droga não é eficiente se for apenas um pouco melhor que o placebo. Mas isso nem sempre é verdade. Muitas vezes, a crença ou expectativa de uma pessoa para recuperar-se pode ser tão eficiente que mascara o efeito da droga.

Pesquisas mostram que até a mesma substância pode funcionar como placebo ou como nocebo (o efeito do nocebo é oposto ao do placebo, pois o paciente desenvolve sintomas negativos). Em um artigo publicado na *Psychosomatic Medicine* em 1969, 40 asmáticos foram tratados com um inalador contendo placebo (vapor de água), mas foi dito às pessoas que havia alergênicos que causariam broncoconstrição (constrição das vias respiratórias).

Dezenove pessoas (48%) sofreram constrições severas das vias respiratórias, 12 pessoas do grupo sofreram ataques asmáticos completos. Porém, quando receberam outro inalador e lhes disseram que ia aliviar os sintomas, realmente assim aconteceu, ainda que esse também contivesse apenas vapor de água.

Disseram a uma das pessoas desse estudo que em seu inalador havia pólen. Essa pessoa logo desenvolveu febre do feno e também constrição das vias respiratórias. Em um segundo experimento, essa mesma pessoa recebeu um inalador que disseram conter apenas alergênicos e nada de pólen. Dessa vez, ela apenas desenvolveu sintomas asmáticos. Em um terceiro experimento, disseram-lhe de novo que o inalador continha pólen e ela mais uma desenvolveu febre do feno além da asma.

Esses tipos de experimentos nos ensinam algo muito importante a respeito da habilidade de a mente impactar o corpo. Um pensamento ou crença não está "todo na mente". A mente é mais do que algo que usamos para interpretar o mundo. Um pensamento ou crença não é algo nebuloso, que evapora no ar. A mente e as emoções impactam o estado físico do corpo e podem até melhorar seu desempenho.

Placebos otimizadores de desempenho

Um estudo com placebo feito em 2007 descreve um experimento que simulava uma competição atlética envolvendo atletas amadores que receberam doses regulares de morfina durante o treinamento (apenas para o estudo). No entanto, no dia da competição, a morfina foi secretamente trocada por um placebo.

Porém, quando competiram, o desempenho dos atletas foi quase o mesmo que se tivessem recebido morfina. O corpo naturalmente produz suas próprias drogas, embora sejam diferentes dos esteroides anabolizantes; mas são substâncias naturais que, assim como nesse caso, podem nos ajudar a otimizar nosso desempenho.

Um estudo conduzido na Universidade de Harvard, em 2007, descobriu que pessoas que fazem o mesmo nível de exercícios sentem benefícios diferentes, dependendo se acreditam ou não que o exercício em questão é bom.

O estudo envolveu 84 camareiras de hotel cujos trabalhos as faziam se exercitar mais que a recomendação diária de exercício dada pelos clínicos gerais dos Estados Unidos. No entanto, as mulheres não sabiam dessa informação e a maioria não se via como fisicamente ativa de nenhuma maneira. De fato, quando os cientistas aplicaram o questionário, descobriram que 56 dessas mulheres não acreditavam que faziam qualquer tipo de exercício físico. Assim, dividiram as mulheres em dois grupos.

Com um grupo, os cientistas repassaram todas as atividades que fazem em um dia, desde levantar equipamentos pesados, passar o aspirador e trocar os lençóis, até limpeza em geral, explicando-lhes que elas faziam bastante atividade física. Também compartilharam quantas calorias perdiam em cada tarefa. Eles disseram às mulheres que suas atividades diárias excediam a recomendação da prática clínica geral. Nada disseram ao outro grupo.

Após um mês, os cientistas tomaram as medidas físicas das mulheres. O grupo que sabia que estava praticando bons exercícios perdera peso, as medidas da cintura e quadril diminuíram, assim como o índice de massa corporal, e a porcentagem de gordura e a pressão sanguínea reduziram em 10%. A mente é poderosa!

As coisas nas quais você acredita podem até afetar seu desempenho acadêmico. Um estudo publicado na revista *Science* em 2006 examinou as notas matemáticas de 220 estudantes mulheres que haviam lido um dos dois relatórios falsos. Metade leu um relatório fictício dizendo que cientistas descobriram certos genes no cromossomo Y (que apenas os homens possuem) que davam aos homens uma vantagem na matemática de 5% em comparação às mulheres. O outro relatório falso afirmava que homens tinham 5% de vantagem apenas pela maneira como professores estereotipavam meninas e meninos quando mais jovens.

Quando as estudantes foram testadas, o grupo que acreditava que a diferença era apenas um estereótipo foi muito melhor em comparação ao grupo que acreditava possuir uma desvantagem genética.

O poder da consulta positiva

O efeito placebo costuma ser visto como um transtorno para os testes médicos. Por isso, algumas empresas tentam removê-lo na tentativa de conseguir um resultado mais preciso quanto ao funcionamento da droga. Mas nem sempre tudo sai como planejado.

Em um teste típico, pacientes recebem uma droga ou um placebo. Os que melhoram com o placebo são chamados de "reagentes ao placebo" e são removidos do teste. Um novo teste começa sem nenhuma pessoa que reaja bem ao placebo. Mas alguns estudos mostraram que se, por exemplo, 35% das pessoas reagem bem ao placebo no primeiro teste, então no segundo, ainda que esses primeiros 35% tenham sido removidos, mais 35% dos restantes também reagirão bem ao placebo.

Isso é um completo enigma para muitas empresas que organizam esses testes. Mas a razão para tal resultado está em um único fator que não mudou de um teste ao outro – os médicos! Eles ainda dizem as mesmas coisas e se comunicam com o mesmo entusiasmo de um teste para o outro. O que dizem, como dizem, o entusiasmo pelo tratamento e como eles se relacionam com os voluntários são muito importantes.

Por exemplo, em um estudo de 1954, pacientes com úlceras sangrando recebiam injeções com água e ouviam que isso ia curar a úlcera ou que era uma injeção experimental sem eficiência comprovada. Entre os pacientes que pensaram que a injeção os curaria, 70% mostraram melhorias excelentes. Mas no grupo que recebeu as injeções como droga experimental, somente 25% melhoraram.

Em outro estudo, Fabrizio Benedetti testou os efeitos de um placebo secreto em dores no braço. Quando o placebo foi secretamente administrado por meio de soro, o nível da dor não mudou. Porém, quando uma injeção de placebo (de soro) foi administrada com total ciência dos pacientes e foi dito: "Vou administrar um analgésico. A dor vai diminuir após alguns minutos. Fique calmo e confortável, relate a sensação de dor durante os próximos minutos", a dor diminuiu.

Em um estudo envolvendo injeções dentárias, conduzido em 1978, pacientes ouviram uma "propaganda exagerada" do placebo em pílula que tomaram antes de receber a injeção na boca, com uma impressão ótima da droga por parte dos dentistas; outros tiveram uma "propaganda fraca", na qual os dentistas diziam que a droga podia ou não funcionar. Os pacientes que ouviram a propaganda exagerada sentiram menos dor quando receberam a injeção, também sentiram menos ansiedade e medo em comparação aos pacientes que ouviram a propaganda fraca.

Um artigo publicado na *British Medical Journal* em 1987, intitulado "Consultas na clínica geral: existe alguma vantagem em ser positivo?", falava de 200 pacientes que passaram por consultas positivas ou negativas (casos de doenças leves). No caso das consultas positivas, os pacientes escutavam o diagnóstico, seguido da garantia de que já estariam bem em alguns dias. Já com as consultas negativas, os médicos diziam que não podiam ter certeza do que tinham esses pacientes.

Duas semanas depois, 64% daqueles que passaram pela consulta positiva relataram que já estavam melhor, mas apenas 39% dos pacientes que passaram pela consulta negativa relataram que se sentiam melhor. O "poder das consultas positivas" foi quase o dobro que o poder da consulta negativa.

Saber o nível de entusiasmo na hora de transmitir uma mensagem pode ser um desafio para os médicos atuais. Por um lado, eles sabem que aquilo que falam conta, mas por outro precisam ser responsáveis por transmitir a verdade acerca do que as drogas podem causar, inclusive seus limites. Mas o que falam claramente importa, assim como a maneira que o fazem. Pesquisas atuais mostram que linguagem, maneirismos, empatia, cordialidade e autoridade, assim como entusiasmo e confiança, causam efeitos consideráveis.

Mais pesquisas se fazem necessárias para permitir aos médicos mais liberdade sobre o que podem ou não podem dizer, assim como qual é a maneira mais eficiente de dar uma informação. Porém, o que você acredita depende de você. Existe muito poder dentro de você. Com isso quero dizer que você tem a habilidade para pensar, sentir e acreditar. E o que você pensa, sente e acredita pode afetar sua bioquímica.

O poder do otimismo

Embora alguns resultados apontem para o poder da personalidade do médico, a personalidade do paciente também afeta sua reação à mensagem e, portanto, o grau de eficiência do placebo sobre ele.

Entre 2005 e 2007, cientistas da Universidade de Toledo, em Ohio, Estados Unidos, compararam as respostas otimistas e pessimistas em relação ao placebo. Por meio de diversos experimentos, eles deram uma pílula (placebo) para os pessimistas e otimistas e disseram que isso os faria se sentir mal. Os pessimistas reagiram mais e se sentiram pior que os otimistas. Em seguida, os cientistas aplicaram um tratamento para dormir com placebo aos dois grupos e disseram que com isso iriam dormir melhor. Dessa vez, os otimistas reagiram mais e dormiram melhor que os pessimistas.

Os otimistas são mais propensos aos benefícios de algo que fará bem, enquanto pessimistas são mais propensos a sentir os efeitos de algo que supostamente fará mal.

Condicionamento – potencializando o poder do placebo

Podemos potencializar o poder do placebo e uma forma de fazê-lo é pelo que chamamos de condicionamento. Em um experimento típico de condicionamento, cientistas administram uma droga de verdade por alguns dias e então trocam por placebo secretamente, no dia seguinte. Claro, o paciente não suspeita de nada e, quando recebe o "remédio" (placebo), espera ter a dose de alívio que tinha com a droga verdadeira. E consegue. Os pacientes foram "condicionados" a acreditar que cada injeção ou pílula vai funcionar, assim como os cães de Pavlov estavam condicionados a salivar quando escutavam uma campainha.

Quanto mais tempo durar o condicionamento, os estudos sugerem que mais poderoso será o efeito; quanto mais a mente se aprofundar no sistema físico, mas poderoso será o placebo utilizado. Em alguns experimentos de condicionamento, os efeitos foram potencializados em 100% – ou seja, todos os participantes foram afetados.

Em um experimento, cientistas deram aos voluntários uma bebida aromatizada contendo uma substância química chamada "ciclosporina A", que suprimia o sistema imunológico. Cada vez que os voluntários tomavam essa bebida, seus sistemas imunológicos tornavam-se mais fracos. Após diversos dias, os cientistas trocaram a bebida por uma que não continha "ciclosporina A", mas os sistemas imunológicos dos voluntários seguiram enfraquecendo. Se, no primeiro dia, os cientistas tivessem dado aos pacientes a bebida e dito que iria enfraquecer seus sistemas imunológicos, não teria tido o mesmo efeito. O efeito do placebo teria sido menor.

De maneira semelhante, em um experimento conduzido por Fabrizio Benedetti, os voluntários receberam placebo e a informação de que era uma droga para reduzir dores. Contudo, quando os cientistas disseram aos voluntários que a droga aumentaria os níveis de hormônio, não ocorreu efeito algum. Para aumentar esses níveis, os cientistas precisaram potencializar o poder do placebo.

Condicionaram as pessoas com uma substância chamada sumatriptano, conhecida por potencializar o aumento dos níveis de hormônio. Após alguns dias tomando sumatriptano, que resultou na elevação dos níveis de hormônio, os pacientes secretamente passaram a receber placebo. Porém, os níveis de hormônio continuaram aumentando. No primeiro dia não houve efeito do placebo, mas, pelo condicionamento, a mente tinha associado tomar o sumatriptano com a mudança nos níveis hormonais, mesmo que os voluntários não estivessem conscientes da mudança.

Trocando drogas por placebos

Em 2016, Fabrizio Benedetti – da Universidade da Escola de Medicina de Turim, na Itália – provou que pacientes com Parkinson poderiam receber placebo em vez da dose completa do medicamento apomorfina.

Se os pacientes recebessem o placebo desde o princípio, sem nenhum contato anterior com a apomorfina, não haveria nenhum resultado clínico. Mas, se a pessoa recebesse uma ou mais doses de apomorfina anteriormente, o placebo funcionaria. E funcionaria proporcionalmente ao número de doses recebidas pelo paciente.

Em outras palavras, parece que o cérebro aprendeu. Por exemplo, se a pessoa tivesse recebido duas doses de apomorfina, o placebo funcionaria melhor que se tivesse recebido apenas uma dose. Porém, se tivessem recebido três ou quatro doses, o placebo era mais forte ainda.

A força do placebo aumentou de acordo com o número de doses de apomorfina recebidas pelo paciente anteriormente.

As melhorias clínicas foram medidas com base nas mudanças de rigidez dos músculos dos punhos e também na atividade de neurônios individuais no cérebro. Quando os pacientes receberam placebo, a rigidez muscular foi reduzida e os neurônios individuais no cérebro aumentaram suas atividades. Incrivelmente, se os pacientes tivessem recebido quatro injeções de apomorfina antes do placebo, as melhorias clínicas e neurológicas por causa do placebo seriam tão boas quanto com as doses de apomorfina.

Em outro estudo, pacientes receberam morfina por três dias e, sem saberem, passaram ao placebo no quarto dia. Os pacientes tiveram o mesmo nível de redução de dor de quando tomavam morfina.

As implicações desse resultado são muitas, mas incluem o fato de que, no caso de algumas condições, a pessoa pode ser desmamada da droga e receber o placebo em seu lugar. O placebo pode não substituir a droga por completo, mas é capaz de reduzir a quantidade de droga que a pessoa consumirá. Assim, serviços de saúde ao redor do mundo poderiam economizar muito dinheiro, o que seria redirecionado para melhorar o cuidado de pacientes em outras áreas.

Até o momento em que eu escrevia este capítulo, incluindo Parkinson e dor, a Redução de Dose Controlada por Placebo (RDCP), como é conhecida, vem demonstrando funcionar em pequenos testes para TDAH, psoríase, algumas alergias e condições que requerem a supressão do sistema imunológico, incluindo também lúpus e esclerose múltipla. Considera-se, inclusive, usar esse método para evitar rejeição de transplantes.

O cérebro contém trilhões de circuitos neurológicos que são conectados a todas as partes do corpo. Nós condicionamos nossos circuitos neurológicos a dispararem repetidas vezes; por isso, quando tomamos uma pílula ou uma injeção, mesmo que seja placebo, os mesmos circuitos disparam da mesma forma que com a droga. Isso acontece porque nossa atenção inconsciente associa a pílula ou injeção com as mudanças imunológicas ou hormonais, como os dois estudos anteriores demonstram.

Se tentarmos afetar conscientemente o aumento do nível hormonal, do nível de dopamina ou os sistemas imunológicos, talvez não tenhamos muito sucesso (embora este livro ensine, mais adiante, como você pode impactar seu sistema imunológico). O condicionamento potencializa o poder dos placebos ou o poder da mente; permite-nos mudar sistemas em nosso corpo que normalmente não poderíamos. Mostra-nos, de fato, que temos poder considerável para afetar a nós mesmos com a nossa mente. Apenas precisamos acessar esse poder.

Mais adiante, neste livro, vamos aprender que podemos alterar nossos sistemas corporais de outra maneira e, assim, potencializar o poder da mente por meio das visualizações.

Capítulo 3

Drogas Funcionam Melhor se Acreditamos Nelas

"Não acredite em nada do que você ouve e só em metade do que vê."
Benjamin Franklin

Algumas drogas nunca chegam até o mercado porque os testes mostram que não são melhores que placebos. Em alguns casos a eficiência é genuinamente baixa, mas, em outros, sua eficiência pode ser alta; acontece que a eficiência do placebo também é alta. Assim, uma droga que tem potencial para ser muito boa pode ser julgada ineficiente. Mas o que se perde nesses exemplos é o poder do placebo – o poder da mente das pessoas que receberam essas drogas durante os testes.

Isso acontece, de modo geral, com medicamentos antidepressivos. Alguns dos antidepressivos mais vendidos no mundo são muitas vezes considerados relativamente ineficientes, porque as evidências apontam que os efeitos do placebo respondem pela maioria dos efeitos dos antidepressivos.

Em uma meta-análise feita em 2008 (um resumo de muitos estudos) sobre a fluoxetina (Prozac), venlafaxina (Efexor), nefazodona (Serzone) e paroxetina (Seroxat), para citar alguns, cobrindo 35 testes envolvendo 5.133 pacientes, o efeito placebo respondeu por

81% dos efeitos da droga. Apenas os pacientes com depressão severa mostraram uma diferença significativa entre a droga e o placebo. Com o efeito do placebo tão alto, é muito difícil provar que a droga realmente funciona.

A despeito de todo o debate em torno do tema, um fato muito importante, e frequentemente esquecido, é que a crença ou algo muito próximo disso possui um efeito positivo na saúde emocional das pessoas. Talvez uma das funções do placebo antidepressivo seja dar esperança a elas. Sofri um período de depressão há alguns anos e lembro-me de me sentir, em dado momento, esperançoso em relação ao futuro. Foi essa esperança que me carregou por muitos dos meus dias complicados.

O placebo pode ter um papel semelhante. Um paciente sente-se aliviado diante do conhecimento de que algo pode funcionar e essa expectativa positiva pode ser suficiente para triunfar sobre alguns sentimentos depressivos, ainda mais se a dose medicamentosa for diária. De certa forma, é como receber uma dose de expectativa positiva de esperança todos os dias. A percepção mais importante é de que a esperança vem de dentro. É algo que podemos conseguir de acordo com o que acreditamos.

Podemos depositar nossa esperança ou fé em qualquer coisa ou qualquer pessoa. Mas a chave para aproveitar o poder da mente é reconhecer que o importante é em que estamos conectados; o que pensamos e acreditamos. De forma inconsciente, depositamos nossa esperança ou fé em coisas o tempo todo – coisas que fazem sentido para nós. Mas perceba, mais uma vez, que é o *significado* que damos a essas coisas que resulta na cura, não as coisas em si.

O efeito do significado

No excelente livro *Meaning, Medicine and the "Placebo Effect"*, o professor de antropologia médica Daniel Moerman nomeia muitos efeitos placebos como "reação do significado". Isso porque é o significado dado pelo paciente ao tratamento que possibilita os múltiplos efeitos de cura. Em outras palavras, parte da cura está em nossa própria percepção da medicina ou tratamento.

Moerman escreve em seu livro: "Reações do significado decorrem da interação com o contexto no qual a cura acontece – com o 'poder' do laser em uma cirurgia ou com a cor vermelha de um remédio que contém substâncias estimulantes. Às vezes, um curativo em um dedo cortado funciona melhor se tiver a imagem do Snoopy impressa".

Não existe razão física para um desenho em um curativo curar com mais rapidez o corte em uma criança – não há droga e nenhuma interação física entre a tinta do desenho e a pele da criança. Mas, de fato, cura mais rápido. O desenho tem significado para a criança e são os pensamentos, sentimentos, expectativas e crenças dela que então aceleram o processo de cura da ferida.

Se uma pessoa doente é tratada com uma grande máquina que dispara raios e é apresentada como o sistema de cura mais avançado de todos os tempos, ou algo parecido, então funcionará melhor que uma pílula, mesmo que a máquina e a pílula sejam essencialmente placebos. Não é a máquina ou a pílula que curam, mas nossa percepção delas. É por essa razão que placebos funcionam melhor quando têm cheiro de remédio, saem de vidros marrons, possuem um nome técnico e até mesmo quando são dolorosos e invasivos.

No livro *Placebos and Nocebos: the Cultural Construction of Belief*, C. G. Helman escreve:

O consultório do médico, a enfermaria do hospital, um templo sagrado ou a casa de um curandeiro tradicional podem ser comparados a um teatro completo, com cenário, objetos de cena, figurino e roteiro. Esse roteiro é derivado da própria cultura... e diz como devemos nos comportar, vivenciar o evento e o que esperar dele. Ajuda a validar o curandeiro e o poder dos seus métodos de cura.

Já foi dito que muito do poder de cura de algumas patologias está dentro de nós. De certa forma, está na nossa habilidade de escolher como vemos as coisas e qual significado atribuímos a elas.

Sentindo a cor azul

Nossos pensamentos quanto à cor dos remédios afetam a eficiência deles. Cientistas da Universidade de Cincinnati, Estados Unidos, testaram estimulantes e sedativos com as cores azul e rosa em uma turma de estudantes; ambas as "drogas" eram placebos, porém os alunos não estavam cientes disso.

"Sedativos" azuis tiveram 66% de eficiência, mas as pílulas rosa ficaram em apenas 26%. A cor azul pareceu ser 2,5 vezes melhor que a cor rosa para relaxar as pessoas. Em geral, isso acontece porque azul é uma cor calmante para a maioria delas. Porém, se o azul tivesse um significado diferente em outra cultura, você esperaria resultados distintos, e, de fato, é o que acontece.

Daniel Moerman descreve pesquisas interessantes em *Meaning, Medicine and the "Placebo Effect"*. Ele cita dois estudos italianos que analisaram as pílulas de placebo de sonífero azuis. Funcionaram bem para as mulheres, mas não para os homens. Para eles, os placebos azuis funcionaram como estimulantes. Moerman explica que azul é a cor do manto da Virgem Maria, então, na Itália, azul é associado à paz. Ao menos para as mulheres. Mas o poder desse símbolo é rejeitado nos homens. Azul é a cor da camiseta do time de futebol italiano e futebol é um assunto importante na Itália, especialmente para os homens.

Tive a sorte de estar na Itália durante a Copa do Mundo de 2006, quando a Itália foi campeã, e posso atestar o que ele diz. Eu estava em Lucca, uma cidade na Toscana, durante alguns jogos da Itália. Todos os jogos vitoriosos eram seguidos de uma celebração que envolvia boa parte da cidade, com os homens locais acenando com suas camisetas azuis de futebol, enquanto andavam em motos, cantando, tocando as buzinas: e até a fumaça azul de fogos de artifício era vista no local.

Moerman afirma que, em vez de ser uma cor calmante, o azul está mais para "significar sucesso, movimentos poderosos, força e elegância dentro do campo e, geralmente, forte excitação". Ao menos para os homens é assim; então, pílulas soníferas azuis não funcionam tão bem com homens italianos como funcionam com as mulheres italianas por causa do significado da cor para cada grupo.

Onde você vive importa

Nossas crenças são influenciadas por nossa cultura, então o poder do efeito placebo varia dependendo de onde você vive. Nos Estados Unidos, em um estudo sobre tratamentos para enxaqueca, as injeções de placebo funcionaram 50% mais que as pílulas de placebo. Na Europa, no entanto, o quadro era reverso. Em um teste europeu, as pílulas de placebo para a mesma patologia funcionaram 10% melhor que as injeções.

Moerman afirma que "tomar uma injeção" é muito mais comum nos Estados Unidos, então as pessoas acreditam muito mais nela; logo, uma injeção de placebo é mais eficiente lá. Mas no Reino Unido, nós "mandamos pílulas para dentro" e então pílulas de placebo funcionam melhor, ao menos no caso das enxaquecas.

Esse tipo de efeito cultural é comum com outras drogas também. Um teste farmacêutico francês da droga antiúlcera chamada Tagamet descobriu que sua eficiência era de 76%, enquanto o placebo era 59%. Mas, em um teste brasileiro, a droga foi 60% eficiente e o placebo apenas 10%. Como se pode ver, o placebo na França funcionou quase tão bem quanto a droga funcionou no Brasil, o que é uma demonstração clara do poder da mente em relação à eficiência de um remédio ou não.

O poder da percepção

Tagamet já foi uma vez o melhor remédio para tratar úlcera estomacal, ao menos até Zantac surgir na década de 1980. Diversos testes mostravam que Tagamet tinha 70-75% de eficiência. Mas, quando Zantac foi lançado e anunciado como um medicamento superior, as opiniões positivas de pacientes (e médicos) sobre o Tagamet começaram a diminuir. Afinal, já não era a "melhor" droga. O melhor remédio era claramente o Zantac, na opinião deles.

Incrivelmente, os novos testes da droga Tagamet mostraram que agora era apenas 64% eficiente. A biologia humana teria evoluído no tempo entre os dois testes? A fórmula química do Tagamet teria sido alterada? Não. Tudo que havia mudado era a crença dos pacientes a respeito do Tagamet. A percepção deles mudou, passando de melhor para a segunda melhor. De maneira curiosa, Zantac então dominou o mercado como a principal droga antiúlcera, mostrando os mesmos 75% de eficiência que Tagamet antes possuía.

A percepção também afeta as aspirinas. Um estudo feito em 1981, envolvendo 835 mulheres e conduzido pela Universidade de Keele, Reino Unido, descobriu que, se a pílula tivesse uma marca, faria grande diferença em quão eficiente a aspirina seria.

O estudo usou dois tipos de aspirinas e dois tipos de pílulas placebos. Um grupo de mulheres recebeu uma aspirina com aspecto de ser cara, com embalagem bonita e com o rótulo de uma marca famosa. Um segundo grupo de mulheres recebeu uma aspirina com aspecto normal, uma pílula genérica que simplesmente dizia "analgésico" no rótulo. Um terceiro grupo recebeu um placebo, mas estava embalado e rotulado como uma aspirina cara. Um quarto grupo recebeu um placebo, embalado e rotulado como "analgésico".

O teste demonstrou que a aspirina com aspecto de ser cara e com rótulo de marca famosa funcionou muito melhor que a aspirina com aspecto de ser menos cara. O placebo com aspecto de ser caro também funcionou melhor que o de aspecto menos caro, mesmo ambos sendo placebos. Nem houve muita diferença em termos de eficiência entre o placebo caro e a aspirina barata.

Presenciei esse tipo de coisa acontecer com paracetamol também. Pílulas rotuladas com uma marca (Panadol no Reino Unido), que possuem um formato e um rótulo diferente em comparação às pílulas mais baratas e simples, vendidas aos montes no supermercado, pareceram funcionar melhor para pessoas que conheço. Quando perguntei a opinião delas, falaram-me do nome (aparentemente, soa mais forte), da marca, do preço (por volta de dez vezes mais caro), da aparência e da embalagem das pílulas como razões para acreditarem mais no Panadol.

As pílulas vendidas aos montes no supermercado pareciam baratas e mais fracas, por causa dessa percepção, de fato eram menos eficientes (de acordo com minha breve análise), ainda que fosse a mesma droga.

Empresas farmacêuticas geralmente escolhem nomes para as drogas que potencializem a percepção do efeito. Em um artigo publicado na *Advances in Psychiatric Treatment* em 2006, o psiquiatra Aaron K. Vallance sugeriu que o nome "Viagra" potencializava o efeito da droga. A palavra possui um som semelhante a vocábulos como "vigor" e "Niágara", criando uma percepção de força e poder. Além disso, as Cataratas de Niágara são uma "força da natureza". Não há dúvida de que o nome faz a diferença. Se Viagra fosse chamado "Frouxo", creio que não funcionaria tão bem!

O professor de medicina de Harvard, Herbert Benson, autor do best-seller *Timeless Healing*, estudou remédios para angina que eram bem conhecidos e eficientes nas décadas de 1940 e 1950. Na época, os testes sugeriam que eles ajudavam 70-90% das pessoas que os usavam. Quando foram testados novamente com testes de alto nível, resultaram ser muito menos eficientes.

Desde então, parece que deixaram de funcionar bem com as pessoas, mesmo que tivessem funcionado anteriormente. Benson sugere que isso aconteceu porque os médicos que agora os prescreviam já não acreditavam neles tanto quanto antes. Portanto, era pouco provável que ainda mantivessem o mesmo entusiasmo anterior em relação a esse remédio.

Em *Meaning, Medicine and the "Placebo Effect"*, Daniel Moerman se refere a esses resultados ao escrever: "Os céticos podem curar 30 a 40% de seus pacientes com remédios inertes, enquanto os entusiastas podem curar 70 a 90%... usando as mesmas drogas".

Muitas vezes, existe pouca diferença entre duas drogas indicadas para a mesma patologia. Há uma diferença em testes em tubos de ensaio. As drogas são muito poderosas. Como sou químico orgânico diplomado, e por minha experiência trabalhando na indústria farmacêutica, eu costumava fazê-los e estudá-los. Ainda me empolgo ao estudar a parte química de como o cérebro interage com os sistemas corporais. Projetar e desenvolver remédios são trabalhos árduos e também um processo de alta especialização que demanda habilidades excepcionais na manipulação das estruturas químicas de uma molécula.

Mas os tubos de ensaio não possuem consciência humana. Quando você adiciona consciência humana ao tubo de ensaio – ou seja, o tubo de ensaio é um ser humano –, a percepção da pessoa a respeito da droga, do médico, do processo todo, torna-se muito importante. A pessoa pode acreditar que a droga funcionará ou não. Mas aquilo em que acredita muitas vezes afetará a eficiência do remédio.

Gostaria que esse fator tivesse um peso maior na medicina. Muitos médicos de fato o levam em consideração, mas isso não é universalmente ensinado nas faculdades de medicina como algo que deveria ser aplicado durante tratamentos. Em muitas faculdades de medicina, há maior consideração pelas questões éticas que envolvem a aplicação do placebo do que por sua capacidade de cura. Alguns médicos de família e médicos em enfermarias de hospitais costumavam prescrever placebos quando não identificavam razões médicas para as reclamações feitas pela pessoa. Na minha opinião, os médicos deveriam ser treinados para serem curadores, como eram muitos anos atrás, levando em conta quanto eles impactam o paciente, dependendo de como se comunicam, como cuidam e da empatia que transmitem.

Conversei com uma farmacêutica aposentada que, uma vez, atendeu uma pessoa que sofria de enxaquecas debilitantes e já esgotara todas as possibilidades de tratamento. A farmacêutica prescreveu o "novo e extremamente potente" remédio chamado "obecalp". Funcionou para essa pessoa por anos, até que foi dito à farmacêutica que não poderia mais prescrever placebos. Obecalp é "placebo" escrito ao contrário. Quando o paciente recebeu a informação de que o "remédio" não seria mais comercializado, as enxaquecas voltaram e só pararam de novo quando a farmacêutica conseguiu um "estoque secreto" de obecalp.

Você deve tomar todos os seus placebos

Para algumas doenças, quatro pílulas funcionam melhor que duas. O fascinante é que o mesmo é verdade com placebos. Pesquisas apontam que quatro placebos funcionam melhor que dois.

Por exemplo, cientistas combinaram os resultados de 79 testes clínicos de drogas antiúlceras em um estudo e examinaram os resultados de todos os pacientes que receberam placebos (um total de 3.325 pacientes). Nos testes em que os pacientes tomavam os placebos quatro vezes ao dia, a úlcera foi curada em 44% dos casos em quatro semanas, ao passo que, entre os que tomaram duas vezes ao dia, a úlcera foi curada em 36%. Os estudos também demonstraram que as drogas não funcionam tão bem se o paciente não segue à risca o que foi prescrito pelo médico. Novamente, o mesmo é verdade no caso dos placebos.

Em uma investigação conduzida pelo Projeto Droga Coronária nos Estados Unidos, envolvendo a droga para redução de colesterol, clofibrato, 1.103 homens receberam a substância e 2.789 receberam placebo. Os índices de mortalidade e sobrevivência foram registrados cinco anos depois. Entre os homens que receberam o remédio, o índice de sobreviventes foi de 80%; entre os que tomaram placebo, 79%. Ou seja, diferença de 1%, como mencionei no capítulo anterior.

No entanto, os índices dependeram da disciplina das pessoas com o regime prescrito. "Bons participantes" eram aqueles pacientes que tomavam boa parte de suas medicações (80%) e "maus participantes" eram aqueles que não tomavam. No grupo dos bons participantes que receberam a droga, o índice de sobrevivência foi de 85% comparado a apenas 75% entre os maus participantes.

Fica claro que seguir o tratamento com a droga à risca era de suma importância. Mas exatamente a mesma tendência foi encontrada entre os pacientes que tomaram placebos. A taxa de sobrevivência entre os bons participantes foi de 85%, porém apenas 72% sobreviveram entre os maus participantes. Fica evidente que seguir o tratamento com os placebos à risca é de extrema importância.

Os estudos, no entanto, não revelam o porquê dessa significativa diferença entre tomar ou não o placebo de forma consciente. Talvez o fato de a pessoa pensar que não estava tomando a medicação causasse danos, como um efeito nocebo. Ou talvez tenha sido uma consequência do estresse de saber que não estava tomando *toda* a medicação.

Cirurgias fictícias

Estudos mostraram que, para algumas patologias, uma cirurgia simulada pode ser tão eficiente quanto a cirurgia real.

Em um estudo, o procedimento "ligadura da artéria mamária interna" foi realizado em um grupo de pacientes. O procedimento é uma cirurgia para tratar angina, quando artérias são atadas para desviar o fluxo de sangue para o coração. Outro grupo ficou com o procedimento simulado, em que os pacientes passaram por uma cirurgia, mas as artérias não foram atadas.

Após a cirurgia real, 67% dos pacientes notaram melhora significativa – sentiam muito menos dor, necessitavam de menos medicação e podiam praticar exercícios por mais tempo sem sofrer uma crise de angina. Porém, de modo surpreendente, 83% dos pacientes que passaram pela cirurgia simulada obtiveram o mesmo nível de melhora. Foi um estudo consideravelmente restrito – 21 pacientes passaram pela cirurgia real e 12 pela cirurgia simulada –, então é difícil tirar conclusões absolutas; porém, dadas as evidências incríveis dos efeitos da cirurgia simulada, é merecedor de menção.

Para a maioria das pessoas, o fato de estarem cientes de que passariam por uma cirurgia parecia tão eficiente quanto passar por ela de verdade. Mais de cem mil pessoas foram submetidas a essa cirurgia antes que o procedimento, por fim, deixasse de ser realizado pelos médicos em razão da falta de provas de seus benefícios clínicos, ainda que tenha beneficiado um grande número de pessoas; muitas, entretanto, apenas por acreditarem na eficácia do procedimento.

Em cirurgias simuladas para artrite no joelho, os cirurgiões apenas fazem uma incisão no local, mas os pacientes em geral recuperam boa parte de seus movimentos e são capazes de andar sem dores, tanto quanto as pessoas que passam pela cirurgia real. Estudos apontam que, para algumas patologias, independentemente de a cirurgia ser real ou não, se você acredita que é (e por que não acreditaria?) e se é otimista, geralmente receberá o mesmo benefício que alguém que passou pela cirurgia de verdade.

Isso pode ser visto em uma análise feita na Universidade de Oxford, Reino Unido, onde foram realizados 53 testes clínicos comparando a cirurgia real com a simulada. As cirurgias envolviam lasers, incisões, endoscopias, balões e implantes. Em 51% dos testes (ou seja, 27 testes), a cirurgia simulada foi tão bem-sucedida quanto a cirurgia real.

Claro, tal resultado não nega a importância da cirurgia para casos mais graves. Houve efeitos negativos severos em 34% das cirurgias simuladas (assim como em 42% das cirurgias reais feitas ao longo dos testes). No entanto, o ponto a ser ressaltado é que acreditar que passamos por uma cirurgia, para patologias em que não há risco de morte, pode muitas vezes ser tão eficiente quanto a cirurgia real.

Às vezes, apenas ver uma cicatriz já pode ativar o efeito placebo. Uma criança pode se curar mais rápido se receber cuidado, atenção e um curativo. O mesmo acontece, de fato, no caso dos adultos. E, como sabemos hoje, o "efeito placebo" não é apenas "uma coisa psicológica": é uma coisa psicológica real. Crenças, expectativas, até pensamentos e emoções geram consequências físicas reais por todo o cérebro e corpo.

É o que você sabe

Tamanho é o poder da mente em relação a cirurgias, pílulas e uma injeção, que a medicina se potencializa quando você está ciente desses procedimentos. É curioso. Por que você não saberia que está tomando um remédio? Mas isso é estudado pela ciência para examinar a importância do papel desempenhado pela mente em processos de cura.

Se um remédio é dado escondido de você, ou até se você está dormindo quando o recebe (assim não tem consciência dele), não funciona tão bem quanto em situações em que você sabe. Um estudo conduzido em pacientes com Alzheimer descobriu que, com frequência, eles não sentem todos os benefícios de medicamentos indicados para outras patologias (por exemplo, pressão alta) porque não lembram que tomaram o remédio.

Em 1994, em um experimento envolvendo um analgésico poderoso para dores geradas pelo câncer (naproxeno), a droga funcionou melhor em pacientes que foram informados sobre o experimento. Ou os pacientes recebiam a droga e no dia seguinte, sem que eles soubessem, ela era trocada por um placebo, ou recebiam placebo que, de novo sem o conhecimento dos pacientes, era trocado pelo remédio depois. O ponto principal do experimento era que metade deles sabia que isso ia acontecer e a outra metade não.

O estudo mostrou que o naproxeno funcionou melhor que o placebo. Mas ambos funcionaram consideravelmente melhor para os pacientes que sabiam o que estava acontecendo. Possuir a informação potencializou o poder da droga e do placebo. E de forma surpreendente, no grupo que sabia do experimento, o placebo funcionou melhor que a substância para o grupo que não sabia de nada.

Em outras palavras, por incrível que pareça, um placebo pode funcionar melhor que uma droga para certas patologias se você recebe o placebo, mas a droga é administrada secretamente.

Em uma pesquisa publicada em *Nature*, uma injeção de placebo aplicada em um paciente com ciência total do fato foi equivalente a 8 miligramas de morfina administrada por uma máquina. Ou seja, uma dose intravenosa típica de morfina para um adulto, em casos de dor aguda, é de 10 miligramas (como é recomendado pelo NICE – Instituto Nacional de Saúde e Excelência em Cuidado do Reino Unido); no entanto, uma injeção de placebo pode produzir 80% do mesmo efeito, se administrada visivelmente.

O diazepam (valium) quase não produz efeito se você não sabe que o tomou. Parece que só funciona se você está tomando o remédio de maneira intencional.

Nas palavras de Fabrizio Benedetti, "a existência do efeito placebo sugere que devemos ampliar nossa concepção dos limites da... capacidade humana".

E se você sabe que é placebo?

A resposta para essa pergunta parece ser que não importa muito.

Pesquisas mostram que alguns placebos funcionam mesmo quando a pessoa sabe que está tomando placebo. Esses estudos são conhecidos como "placebo com rótulo identificado" (PRI), porque o remédio é dado em um frasco em que se lê de forma clara "placebo". Mas, mesmo que a pessoa saiba que está tomando placebo, ele ainda funciona. Até o momento em que estava escrevendo (abril de 2018), isso se mostrou eficiente com sintomas da Síndrome do Intestino Irritável (SII), dores crônicas na lombar, enxaqueca, depressão, febre de feno, TDAH e até mesmo fadiga em pacientes com câncer.

Enquanto na maioria dos exemplos do efeito placebo apresentados até o momento são a crença consciente e as expectativas da pessoa que possibilitam seus efeitos benéficos, PRIs, ou placebo com rótulo identificado, parecem funcionar por meio de processos não conscientes, segundo pesquisadores.

Por exemplo, o ato de escolher um frasco de pílulas, sentir as sensações físicas pelo formato e textura do frasco, abrir a tampa, sentir as sensações ao colocar uma pílula na palma da mão e levá-la até a boca, tomá-la com a ajuda de um copo de água ativam caminhos muito usados no cérebro. Então, mesmo quando a pessoa sabe que é um placebo, algo nos movimentos físicos e nas sensações ativa uma crença subconsciente que o permite funcionar. É o mesmo tipo de efeito que nos faz sentir que a água é mais fresca quando armazenada em garrafas de vidro em vez de uma de plástico.

Além disso, os sintomas das patologias podem oscilar ao longo do dia; acredita-se que as pessoas se concentram nas mudanças positivas e isso ativa uma resposta placebo normal.

Em um exemplo de estudos com os PRIs, conduzido por Ted Kaptchuk e Irving Kirsch na Universidade de Harvard, Estados Unidos, 80 pacientes com SII foram posicionados aleatoriamente em um grupo placebo, no qual receberiam um placebo com rótulo identificado; ou em um grupo controle, em que não receberiam nenhum tratamento, mas interagiriam com os médicos da mesma forma que o grupo placebo.

O grupo placebo foi informado de que as pílulas de placebo eram "feitas de uma substância inerte, como pílulas de açúcar, e que já fora comprovado em estudos clínicos que causava melhoras consideráveis em pacientes com SII, por meio de processos de autocura mentais e corporais". Os pacientes também foram informados de que o efeito placebo era poderoso e, assim como o cachorro de Pavlov, o corpo de uma pessoa pode responder ao placebo de forma automática. Também foi dito que era muito importante tomar os placebos todos os dias e que uma atitude positiva ajudaria, apesar de não ser essencial. Os frascos estavam claramente rotulados como "placebos" e também traziam a seguinte recomendação: "tome duas pílulas, duas vezes ao dia".

Os pacientes tomaram os placebos fielmente por 21 dias e obtiveram grandes benefícios. Comparados ao grupo de controle, eles apresentaram sintomas de SII muito menos intensos, sendo medidos uma vez no meio do estudo e de novo ao fim dos 21 dias.

Um teste controlado e aleatório com 97 pacientes com dores crônicas na lombar, conduzido por Cláudio Carvalho, do Instituto Universitário de Ciências Psicológica, Social e Natural em Lisboa, Portugal, também com a participação de Kaptchuk e Kirsch, mostrou que placebos com rótulos identificados produziam uma significativa redução da dor após três semanas de tratamento. Comparado a um grupo de pacientes que receberam tratamento normal – o que para muitos significava analgésicos –, tomar placebos estando ciente do que ele é produziu alívio considerável da dor.

Em um acompanhamento, pacientes que continuaram com seus tratamentos de costume durante o teste receberam então a oferta de tomar placebos junto com o tratamento. Quando tomaram os placebos, o nível de dor diminuiu de maneira considerável, e muitas das incapacidades foram reduzidas.

Em um estudo envolvendo placebo com rótulos identificados em casos de fadiga sofrida por 74 sobreviventes de câncer, assim como nos estudos anteriores, pacientes tomaram dois placebos, duas vezes ao dia, por 21 dias. Comparado aos que continuaram com seus usuais, tomar os placebos de forma consciente resultou em uma melhora de 29% em relação à severidade da fadiga, e 39% de melhora na qualidade de vida das pessoas afetadas pelo problema.

Após o estudo principal, mais uma vez, os pacientes que seguiam o tratamento usual e receberam a oferta de usar os placebos com rótulos identificados alcançaram níveis de melhora semelhantes aos do primeiro grupo do estudo.

* * * *

A consciência humana possui a habilidade para fazer com que um medicamento fraco funcione muito melhor, ou que uma substância inerte aja como um remédio poderoso, ou ainda que uma cirurgia simulada tenha os mesmos efeitos de uma real. A mente pode exercer um efeito extraordinário sobre o corpo. No próximo capítulo, vamos aprender como nosso cérebro sofre uma real transformação quando pensamos: mais evidências de que os pensamentos podem curar.

Capítulo 4

O Poder da Plasticidade

"Pensar é praticar química cerebral."
Deepak Chopra

Seu cérebro se altera enquanto você lê estas palavras. O fenômeno é chamado "neuroplasticidade".
Tudo que você vê, ouve, toca, degusta e cheira muda seu cérebro, e todo pensamento causa mudanças microscópicas na estrutura dele. De certa forma, pensamentos deixam uma trilha física no cérebro, assim como deixamos pegadas na areia de uma praia.

No momento em que pensamos, milhões de células cerebrais (neurônios) se movem e se conectam, moldando a substância cerebral como um ceramista molda a cerâmica. As conexões entre células cerebrais são chamadas de conexões neurológicas. Pense no cérebro como um mapa 3D gigantesco com cidades e distritos, e redes de estradas conectando tudo. Novas estradas são constantemente adicionadas ao mapa, assim como alguns distritos se conectam de maneira diferente e algumas estradas são esquecidas, já que não são mais usadas.

De modo semelhante, o cérebro humano possui mapas, os quais se expandem e se contraem, dependendo de quanto são usados.

Por exemplo, se você usou a mão direita por algumas horas sem usar a esquerda, o "mapa" para a mão direita expandiria com as novas estradas (conexões neurológicas) criadas. Assim, enquanto vamos seguindo com a nossa vida, nossos mapas cerebrais estão em contínuo estado de expansão e contração.

Considere o famoso estudo com músicos de uma orquestra sinfônica, por exemplo. Cientistas do Centro de Pesquisas com

Ressonância Magnética e Análise de Imagens, na Universidade de Liverpool, publicaram um estudo na revista *NeuroImage* que apontou a expansão de uma área do cérebro conhecida como "área de Broca", em razão dos anos de prática dos músicos participantes. A área é associada à linguagem e às habilidades musicais. A comparação entre essa área do cérebro e a mesma área em indivíduos que não são músicos revelou que ela era muito maior no cérebro dos músicos.

Seguindo a mesma linha, estudos com pessoas cegas que aprenderam Braille mostram que, quando elas praticam, os mapas cerebrais comandando as pontas dos dedos se expandem porque estão usando as pontas dos dedos com mais frequência.

Outra maneira de refletir sobre a neuroplasticidade é imaginar os neurônios individuais como árvores e não cidades ou distritos. Neurônios possuem ramos, assim como cidades e distritos possuem estradas, e eles buscam se conectar com galhos de outras árvores. Enquanto a atividade em uma área específica do cérebro aumenta, crescem novos ramos na árvore. Quando a atividade diminui, os desnecessários se dissolvem e desaparecem.

Sua mente altera seu corpo

Como já dissemos, não são apenas as experiências físicas – que são processadas pelos nossos cinco sentidos – que alteram o cérebro. Pensamentos, sentimentos, ideias, crenças, coisas que aprendemos, até mesmo os sonhos e esperanças modelam nosso cérebro também.

Como exemplo, um estudo científico com matemáticos, feito em 2007 e publicado no *American Journal of Neuroradiology*, mostrou que a área do cérebro que controla o pensamento matemático era a maior de todas entre os que exercem essa atividade havia mais tempo. A cada ano de exercício da profissão – pensando, abstraindo e analisando como fazem os matemáticos –, novos ramos são adicionados ao "mapa matemático".

No Reino Unido, um estudo com taxistas de Londres encontrou o mesmo tipo de resultado. Os mapas cerebrais expandiram depois de anos aprendendo e memorizando caminhos. Aprender é mais do que o cérebro apenas processar o que vê, escuta, toca, degusta ou cheira. Aprender envolve também as imagens que você cria na mente enquanto pensa, espera, relembra e até memoriza as coisas. Todos esses processos transformam o cérebro.

Estudar para provas altera o cérebro. De fato, um estudo publicado no *Journal of Neuroscience* em 2006 descobriu que os mapas cerebrais mudam quando os alunos estão estudando para uma prova. Cientistas da Universidade de Regensburg, Alemanha, acompanharam 38 estudantes de medicina enquanto estudavam para suas provas médicas e descobriram que as áreas do cérebro que processam a memória e informação abstrata estavam maiores.

Então, nossas experiências e nossos pensamentos alteram o cérebro. O cérebro não é um pedaço de massa cinzenta estático que entrega instruções geneticamente programadas ao corpo, como muitos já acreditaram ser. É uma rede de neurônios e conexões que muda constantemente. E nós somos a razão de todas essas mudanças.

Norman Doidge, MD, autor de *O Cérebro Que Se Transforma*, escreve: "A ideia de que o cérebro é como um músculo que cresce com exercícios não é apenas uma metáfora". Assim como os músculos, regiões do cérebro aumentam de tamanho conforme ele é usado – quando repetimos o mesmo movimento, imaginamos a mesma coisa, ponderamos as mesmas ideias, sentimos os mesmos sentimentos, ou até quando sonhamos os mesmos sonhos repetidamente, assim como os músculos crescem quando repetimos um exercício.

Portanto, não nos surpreende descobrir que a meditação também transforma o cérebro. Muitos estudos mostram que meditação causa neuroplasticidade. Como exemplo, um estudo com meditadores usando a meditação "Insight" budista, conduzido no Hospital Geral de Massachusetts, Estados Unidos, mostrou que a meditação aumentou o córtex pré-frontal do cérebro – a área que controla a concentração.

Uma das formas mais simples de meditação é a "atenção plena" e uma das maneiras mais simples de praticá-la é estar totalmente atento à própria respiração. É isso. Atenção plena nível básico. Mas, ao concentrar a atenção em nossa respiração, ativamos o córtex pré-frontal do cérebro e a neuroplasticidade é ativada. De certo modo, cresce como um músculo. O córtex pré-frontal é como o CEO do cérebro, pois controla não só a concentração, mas também a atenção, compaixão, vontade própria e até mesmo a habilidade para nos controlarmos e suprimir reações emocionais automáticas. É por isso que a atenção plena é associada com melhorias nessas áreas.

Até mesmo a prática de meditações baseadas em bondade e compaixão, como a "Bondade-Amorosa", meditação budista (também conhecida como *metta bhavana*), causa neuroplasticidade, mas no lado esquerdo do córtex pré-frontal, uma região associada a emoções positivas; também na ínsula, uma região associada à empatia e à compaixão.

Quando você usa a visualização – quando imagina algo acontecendo –, uma das coisas que ocorre é a mudança na estrutura microscópica do nosso cérebro por meio da neuroplasticidade. Vamos aprender a usar a visualização mais adiante neste livro. Agora sabemos que o efeito placebo não é "apenas psicológico", mas resulta em mudanças fisiológicas reais, e que a visualização também não é apenas psicológica, mas uma mistura inerte de imagens mentais que estão lá apenas para fazer você se sentir bem. O que você faz com a sua mente tem consequências.

Se, a princípio, essa frase soa como um devaneio da imaginação, pense no que acontece quando concentra a atenção em algo (ou alguém) que gera estresse em você! Pense, então, em alguém que você ama. Como mostrei no meu livro *The Five Side Effects of Kindness*, isso resulta em mudanças físicas no coração, nas artérias e até no sistema imunológico.

Use ou perca – um leopardo *pode* mudar suas manchas

Metaforicamente falando!

Se você flexionar repetidamente a mão direita durante vários dias, o mapa cerebral para a mão direita expandirá porque muitas conexões neurológicas serão formadas. Mas, se você parar e flexionar a mão esquerda, o mapa da mão direita diminuirá porque ela já não é mais usada, e o mapa da outra mão expandirá.

Como Norman Doidge apontou, o cérebro é como um músculo. Quanto mais você usa esse músculo, mais forte ele fica. Se você para, ele atrofia e fica menor. Então, a qualquer momento que você mude sua forma de pensar, muitas conexões que respondiam ao seu antigo eu podem ser dissolvidas e conexões que correspondem à nova maneira de pensar começam a crescer.

Então, vamos dizer que você sempre reclamou das coisas. Você terá construído mapas cerebrais que processam seus pensamentos e emoções negativas. Mas digamos que depois de ler este livro você decida encarar as coisas de maneira diferente. Você percebe que a mente afeta o corpo. Decide então pensar de forma mais positiva e se concentrar nas coisas pelas quais é grato, e não naquilo que o irrita. Agora você constrói novos mapas que processam seu novo modo de pensar. Mapas baseados em reclamações começam a encolher e os de gratidão, a crescer.

Em um curto e surpreendente espaço de tempo (estudos sugerem algo entre três semanas e dois meses), seu novo mapa de gratidões positivas é maior que o negativo, baseado em reclamações. Em um nível neurológico, pensamentos positivos e gratidão se tornam hábitos. Essas novas rotas estão conectadas ao seu cérebro e você de fato é uma pessoa diferente.

Não podemos pensar que é impossível para nós ou para aqueles que amamos mudar a maneira de agir. Tudo de que precisamos é fazer o esforço de mudar nossa mente. O cérebro responde às mudanças mentais e emocionais que fazemos e, com tempo, à medida que desenvolvemos novos mapas, não precisamos mais fazer tanto esforço. O novo comportamento já está conectado e se tornou um novo hábito.

Falando passo a passo

Já não existe nenhuma dúvida de que a psicoterapia pode resultar em mudanças detectáveis no cérebro.

Essas são as palavras do vencedor do Prêmio Nobel, Eric Kandel, e elas se referem ao crescente conjunto de evidências de que as terapias verbais causam mudanças neuroplásticas no cérebro (outra maneira de dizer que os mapas cerebrais se transformam). Na presença de um bom terapeuta, ou amigo, falar sobre nossos problemas realmente transforma o cérebro.

Estudos com ressonância magnética a respeito de terapias verbais mostraram que neurônios do córtex pré-frontal se iluminam (são ativados) e a atividade nas áreas que processam emoções dolorosas se reduz. Terapias verbais nos ajudam a olhar a memória a partir de uma nova perspectiva, para que não sintamos mais dor quando pensamos sobre algo que nos causou estresse emocional anteriormente.

Em termos biológicos, a energia é direcionada para a parte frontal do cérebro e longe da área que guarda dores emocionais. Milhões de novas conexões neurológicas surgem na parte frontal do cérebro e, com menos energia para alimentá-las, as conexões associadas aos traumas começam a dissolver. Dependendo da intensidade emocional do trauma, o estresse crônico ou até a depressão podem causar danos neurológicos. Mas a capacidade regenerativa do cérebro é realmente incrível e estudos recentes mostraram que até esses danos são passíveis de reparação.

Traumas infantis estão conectados a um alto número de doenças relacionadas ao estresse durante a vida adulta. Podem causar uma enxurrada de hormônios do estresse que destroem células em uma área do cérebro que armazena as memórias (o hipocampo), literalmente dissolvendo as células. Alguns cientistas identificam isso como um mecanismo de defesa. Circuitos neurológicos são de fato "queimados" para prevenir o acesso à memória e, em consequência, liberar a pessoa do trauma.

Mas estudos recentes mostraram que neurônios do hipocampo podem ser regenerados. O fenômeno é conhecido como neurogênese. Então, não só podemos trocar os condutores do nosso cérebro, como também podemos regenerá-los. Apenas 20 anos atrás, tal ideia seria um absurdo para a ciência, mas agora sabemos que é um fato. E é muito mais fácil e mais comum do que pensamos.

Neurogênese

Estudos com ratos adultos vivendo em ambientes "enriquecidos" – com roda de corrida, a companhia de outros ratos, brinquedos, etc. – revelaram que o volume de seus hipocampos aumentou em 15% comparado aos ratos que não viviam em ambientes como esses. Ocorreu a neurogênese. E o mesmo é verdade para os humanos.

Em 1998, cientistas do Laboratório Salk em La Jolla, Califórnia, encontraram pela primeira vez as células-tronco dos neurônios no hipocampo humano, evidência da neurogênese. Os neurônios estavam no processo de formação.

Sabemos que viver um período da vida ativo, com estímulos físicos, mentais e sociais pode regenerar danos causados ao cérebro. Pesquisas mostram que, quando fazemos exercício ou vivemos coisas novas, sentimos excitação, entusiasmo, fascinação, admiração; sentimo-nos maravilhados ou até passamos por estados espirituais, então a neurogênese acontece naturalmente. Muitos desses estados estão associados a fortes emoções positivas.

Estudos mostram que a neurogênese continua ao longo da terceira idade, até nossos últimos momentos de vida. Cientistas do Laboratório Salk injetaram uma substância química especial em voluntários com doenças terminais que permite que neurônios recém-formados sejam vistos com um microscópio. Descobriram que a neurogênese acontecia no hipocampo dos voluntários até seus últimos dias, não importando a idade.

As pesquisas expandiram para outras áreas do cérebro, e a neurogênese foi encontrada na área que processa o cheiro (bulbo olfativo), em uma área que processa emoções (septo), em uma área que processa movimentos (corpo estriado) e na medula espinhal. Isso sugeriria que talvez tenhamos um potencial de regeneração muito maior do que a ciência médica pode imaginar. O corpo humano é um milagre em movimento, com poderes incríveis de cura e regeneração... e é influenciado por nossa mente. Ainda estamos aprendendo até que nível.

Estudos recentes mostram que aprender novas coisas quando adultos expande os mapas cerebrais e muito provavelmente causa a neurogênese. Como comentei no primeiro capítulo, aprender uma nova língua é uma ótima maneira de fazer isso, porque encoraja o uso de diferentes áreas do cérebro. Sugeriu-se que, se houvesse uma vacina para Alzheimer, seria aprender uma nova língua quando adulto.

Aprender a tocar um instrumento musical também altera o cérebro. Brincar com jogos de tabuleiro, palavras-cruzadas ou alguns tipos de quebra-cabeças, fazer algum curso em uma universidade podem ter um efeito positivo no cérebro adulto, não importando a idade.

Aprender novos estilos de dança também é excelente porque envolve exercitar o corpo e a mente. Porém, a simples repetição de coreografias e movimentos que já fazemos há anos não é tão eficiente porque não precisamos pensar em coisas novas. Nós nos beneficiamos com a inovação vinda das novas experiências. Para maximizar os efeitos positivos no cérebro, é importante estarmos sempre aprendendo algo novo.

Então, conforme vamos avançando na vida, independentemente da idade, se mantivermos nossa curiosidade por coisas novas e exercitarmos nosso corpo e mente, podemos rejuvenescer mental e fisicamente.

Capítulo 5

A Mente Pode Curar o Corpo

"Embora o mundo esteja repleto de sofrimento, também está cheio de superação."

Helen Keller

Como parte do processo de transformação do cérebro, nossos pensamentos produzem substâncias químicas nele. Muitas são conhecidas como neurotransmissores. Você pode já ter ouvido falar de serotonina e dopamina, que são dois neurotransmissores famosos. Quando pensamos coisas, os neurotransmissores são liberados de um neurônio e se ligam a outro. Isso produz um raio de eletricidade que é conhecido como "disparo" neurológico.

Quando repetimos um pensamento muitas vezes, substâncias extras são estimuladas e enviam sinais para o centro do neurônio (o núcleo), onde o sinal chega ao DNA. Isso pode então ativar (ligar) diversos genes, que produzem as substâncias (proteínas), que produzem novas ramificações (conexões) entre os neurônios. Dessa forma, repetir um pensamento produz novas conexões entre neurônios e é como o cérebro se transforma, com nossos pensamentos e experiências.

O processo é rápido. Os genes são ativados em poucos minutos e um único neurônio pode desenvolver milhares de novos ramos em um espaço de tempo muito curto. Uma das coisas importantes a ser considerada é que o gene foi ativado em poucos minutos por meio de um estado de consciência. É a mente causando efeitos *em nível genético*. Enfatizo tal fato para mostrar que ele acontece todo o tempo.

Quando você se sente estressado, os sentimentos do estresse geram substâncias que levam a ativar ou desativar centenas de genes. Tendemos a não pensar nas coisas dessa maneira, mas talvez, se fizéssemos tal conexão – que nossos pensamentos e sentimentos, ideias, expectativas e crenças possuem efeitos neurológicos, fisiológicos e genéticos –, então acessaríamos um tipo de efeito placebo em que a crença não está em uma substância ou médico, mas em nós mesmos.

Claro, quando falo de efeitos genéticos, não estou sugerindo que estamos mudando a nossa sequência genética ou até mesmo quais genes possuímos, mas o comportamento deles – se estão ativos ou não.

Outro tipo de substância química, conhecida como neuropeptídeo, é produzida no cérebro também. Existem muitos tipos diversos e são associados a diferentes experiências, estados de consciência, emoções e atitudes. Por exemplo, a oxitocina é um neuropeptídeo associado ao amor, a conexão e sentimentos ligados à bondade e à compaixão.

Como outros neuropeptídeos, a oxitocina interage com os neurônios ao se anexar a partes da superfície do neurônio conhecidas como receptores. Receptores são basicamente vagas de estacionamento de diferentes tamanhos e formatos. Assim como as vagas em um estacionamento recebem veículos de tamanhos e formatos diferentes, as vagas nos neurônios são receptivas de neuropeptídeos, hormônios e outras substâncias, justificando o motivo pelo qual são chamadas de "receptores".

Se certo neuropeptídeo é produzido repetidamente em uma parte específica do cérebro, então os neurônios nessa área desenvolvem mais receptores para lidar com a demanda. Por exemplo, se a endorfina (neuropeptídeo) fosse produzida repetidas vezes, os neurônios desenvolveriam receptores extras de endorfina. Se a princípio existissem, digamos, cem, então talvez passariam a mil. Se a produção de endorfina diminuísse, então os neurônios gradualmente cortariam os receptores. Desse modo, nossas experiências podem transformar a superfície das células cerebrais.

Essa é uma versão simplificada de como o vício funciona. Se uma pessoa toma uma substância com frequência – digamos, heroína –, então seus neurônios desenvolvem mais receptores de heroína. Logo, à medida que o cérebro desenvolve mais e mais receptores, a pessoa necessita de mais droga para sentir o mesmo efeito.

Muitos neuropeptídeos não se restringem ao cérebro. São liberados nas correntes sanguíneas e viajam por todo o corpo, onde desempenham papéis importantes. Assim, em uma poderosa conexão entre mente e corpo, nossos pensamentos e emoções produzem neuropeptídeos e eles afetam o corpo. Muitos neuropeptídeos já são produzidos pelo corpo e podem seguir em direção ao cérebro. Por exemplo, algumas células imunológicas produzem neuropeptídeos. Nesse caso, o corpo afeta a mente. A mente afeta o corpo – o corpo afeta a mente! É um processo de mão dupla.

Neuropeptídeos possuem um papel importante no fígado, rins, pâncreas, estômago, cólon, órgãos reprodutivos e pele. Alguns afetam o coração e as artérias. No livro *The Five Side Effects of Kindness*, demonstro como a oxitocina (produzida por sentimentos associados à bondade) ocasiona dilatação das artérias e redução da pressão sanguínea. Neuropeptídeos também influenciam o nível de açúcar no sangue, batimentos cardíacos, respiração, temperatura corporal, sistema endócrino, sistema imunológico, apetite sexual e apetite por comida.

Como a mente afeta o corpo

No livro *Evolve Your Brain*, o dr. Joe Dispenza discute as possíveis mudanças celulares por todo o corpo quando uma pessoa muda seu modo de pensar. Com o exemplo de uma pessoa que passa de impaciente para paciente, ele descreve os impactos prováveis sofridos pelas células do corpo todo.

Assim como os neurônios desenvolvem a quantidade de receptores que possuem, as células nos nossos órgãos e pelo corpo todo também fazem o mesmo. Inicialmente, no exemplo hipotético de Dispenza, neuropeptídeos associados à impaciência encheriam o corpo de células específicas. As células então desenvolveriam mais receptores para o neuropeptídeo em questão.

Quando a pessoa aprendeu a ser mais paciente, o fluxo de "neuropeptídeos da impaciência" cessou e o fluxo de "neuropeptídeos da paciência" dominou o espaço. Em seguida, as células reduziram o número de receptores da impaciência porque já não eram necessários, e aumentaram o número de receptores da paciência. Sendo assim, conforme mudamos nossas ideias, mudamos nosso corpo em nível celular.

Pense no fluxo de neuropeptídeos como pigmentos coloridos e a corrente sanguínea como um rio. Então, quando mudamos nosso pensamento, mudamos a cor do pigmento que diluímos no rio. No fluxo da corrente, as pedras são tingidas pelos pensamentos diferentes. Agora, para essa analogia, pense que as pedras são as células, na verdade pense que são grandes rochas esponjosas em vez de pedras. Sempre que mandamos diferentes pigmentos coloridos rio abaixo, as células se adaptam ao ambiente em transformação desenvolvendo receptores mais ou menos da mesma cor. Altere a cor dos seus pensamentos e mude seu corpo em nível celular!

Então, quando passamos da impaciência para a paciência, ou de relaxado para calmo, ou de um pensamento a outro – do pensamento em comida para pensamento em árvores, por exemplo –, alteramos as conexões entre neurônios, produzimos substâncias químicas no cérebro e afetamos células e sistemas por todo o corpo.

Alguns cientistas acreditam que pensamentos servem somente para aumentar ou diminuir o estresse, e que a conexão entre corpo e mente nada mais é que a conexão entre substâncias químicas do estresse e células. Posso compreender como chegam a essa conclusão, mas não estou de acordo. A mente e o cérebro não são tão "brancos e pretos". Nossos pensamentos não são "branco e preto" – estresse ou não estresse, ligado ou desligado. Existem muitas nuanças entre um e outro. Podemos produzir um número infinito de pensamentos distintos, sentir infinitas variedades de esperanças, ter infinitos sonhos e aspirações, tudo com suas assinaturas emocionais únicas, que então correspondem a misturas de proteínas e neuropeptídeos, assim como efeitos neurológicos e físicos.

O cérebro e o corpo produzem milhares de substâncias químicas e muitas estão constantemente encontrando seu lugar em nosso corpo.

Quando passamos de um estado mental ou emocional a outros, ou de uma expectativa ou crença a outras, mesmo que seja uma mudança sutil, mudamos o tom produzido pela mistura de cores que refletem nosso pensamento. Se você tem inclinações musicais, você pode até pensar na sua mente produzindo notas musicais. Cada estado mental produz uma variedade de tonalidades de cores (ou notas musicais).

Uma mudança sutil de perspectiva produz uma mudança sutil no tom e isso provoca uma mudança sutil nas células do corpo todo. Uma gama de neuropeptídeos correspondentes aos nossos pensamentos, crenças, expectativas e até mesmo nossas esperanças sairá do cérebro e percorrerá o corpo todo, pintando-o com diversas tonalidades ou tocando notas diferentes.

A interface mente-DNA

Assim como a mente afeta os genes dos neurônios, afeta também os genes das células em todo o corpo. Entendo que não seja o tipo de linguagem que temos no dia a dia, com a qual estamos acostumados, e soa um pouco distante. Mas gostaria de enfatizar as muitas consequências diferentes dos nossos estados emocionais e mentais, expectativas e crenças, esperanças, sonhos e o que imaginamos, e as diferentes maneiras como alguns efeitos acontecem.

Se isso soa muito distante, traga sua atenção de volta ao fato de que sentimentos provocados pelo estresse impactam centenas de genes. Considere que, quando um humano macho mentalmente estimula sua imaginação a produzir uma fantasia sexual, a mudança física do fluxo de sangue indo em direção ao pênis é uma consequência do aumento da produção de óxido nítrico, que por sua vez é produzido pela ativação da enzima chamada "óxido nítrico sintaxe", que é desenvolvido pela ativação de um gene... tudo isso acontece por causa de algo que ele imaginou.

Simplificando as coisas, quando os neuropeptídeos se juntam aos receptores, mensagens são recebidas pelas células. Essas mensagens, por sua vez, chegam ao DNA e os genes vão estar acesos ou apagados, ou mais brilhantes ou mais escuros.

O DNA contém por volta de 23 mil genes. Pense nos genes como lâmpadas (eu penso neles como luzes de árvore de Natal porque diversos genes estão envolvidos ao mesmo tempo). Quando um gene está aceso, uma proteína é produzida. Essa proteína pode estar envolvida em construção, como na construção de novas células para tecidos, ossos, tendões, sangue ou sistema imunológico; ou talvez seja uma enzima que ajudará na mudança de algo em alguma outra coisa. Por exemplo, a enzima pepsina ajuda a converter a comida que ingerimos em unidades menores que nosso corpo pode usar. O que é produzido talvez seja um hormônio que enviará uma mensagem a outra célula. Então, quando um gene acende, produz tudo de que o corpo precisa.

Em um processo de cura específico, os genes acenderiam e as proteínas seriam feitas para construírem novas células, pele, tendões, sangue ou ossos, assim como iniciariam (e freariam) um processo inflamatório. Genes também produziriam proteínas que estariam envolvidas em outros aspectos da reação imunológica e, se o corpo tivesse sofrido um corte, diferentes proteínas seriam produzidas para ajudar a coagular sangue ao redor da ferida. Alguns genes produziriam proteínas que afetariam outros sistemas relevantes do corpo para que o organismo inteiro (nosso corpo) recebesse as coordenadas para ir em direção à cura.

Como exemplo, digamos que uma pessoa possui a tendência a ser hostil. Seu cérebro produzirá os neuropeptídeos apropriados (e cessará a produção de outros) e eles irão fluir pelo corpo todo, encontrando células em órgãos e tecidos com as quais possam interagir.

A cura de uma ferida é algo bem sensível para nossos estados mentais e emocionais. Por exemplo, sabemos que a hostilidade e o estresse retardam o processo, e que sentimentos cálidos e conexões podem acelerá-lo. Neuropeptídeos associados a estados mentais e emocionais hostis interagiriam com as células e entregariam mensagens ao DNA. Então, os genes seriam ativados e as proteínas, produzidas.

Alguns genes que são importantes para o processo de cura estariam apenas parcialmente ativados (ou, às vezes, nada ativados) – como um interruptor com regulagem com a metade da potência.

Outros genes estariam desativados, ou o interruptor estaria totalmente apagado (hormônios do crescimento, por exemplo, são muito importantes para o processo de cura). Então, a hostilidade significaria que as proteínas necessárias para a cura não seriam geradas em uma quantidade tão alta quanto seriam produzidas se a pessoa estivesse em um estado mental calmo.

De fato, seguindo com um dos temas do capítulo 1, cientistas da Universidade do Estado de Ohio, Estados Unidos, mostraram que a hostilidade altera de forma significativa o ritmo de um processo de cura. O estudo foi publicado na *Archives of General Psychiatry* em 2005, envolveu 42 casais casados e mostrou que aqueles que eram mais hostis se curaram em 60% do tempo que os menos hostis levaram.

Em outro estudo feito em 2005, descobriu-se que o estresse reduzia os níveis do hormônio do crescimento no local da ferida. Hormônios do crescimento (que são proteínas) são produzidos quando certos genes estão ativados; eles ajudam a curar. Os cientistas descobriram que os estresses mentais e emocionais reduzem os níveis de hormônio do crescimento na ferida. Em parte, é esse o motivo pelo qual as feridas levam mais tempo para curar quando estamos estressados.

Debruçando-se sobre os verdadeiros genes envolvidos, os cientistas descobriram que mais de cem genes estavam "regulados no mínimo" durante o estresse, o que significa que, na analogia das lâmpadas, o brilho de cem lâmpadas estava sendo regulado pelo estresse e mais de 70 estavam "reguladas no máximo", então 70 lâmpadas brilhavam mais. Os cientistas notaram que cem genes regulados no mínimo e 70 no máximo direcionavam o equilíbrio genético no sentido da morte das células em vez de nascimento e crescimento delas – e uma ferida necessita de nascimento e crescimento.

Se em vez do estresse você sentisse calma, quer seja pela sua atitude positiva, quer pela confiança na equipe médica e crença de que tudo vai dar certo, genes diferentes estariam regulados no máximo e no mínimo, o que poderia acelerar o processo de cura. Mais hormônios do crescimento seriam produzidos no local ferido e isso aceleraria a recuperação. De fato, em outro estudo na Universidade do Estado de Ohio, publicado na *Psychoneuroendocrinology*, cientistas mostraram que o apoio social, que leva a um estado de calma (assim como a produção de oxitocina), acelerava o processo de cura.

Portanto, os genes por todo o corpo estão de fato respondendo à nossa mente. Em *The Genie in Your Genes*, Dawson Church escreve: "Agora estamos começando a entender que nossa consciência condiciona nossas expressões genéticas, a cada momento".

Se cada gene fosse uma cor ou um som, uma boa forma de pensar as coisas é que diferentes estados mentais produzem uma infinidade de tonalidades e notas. De fato, nosso corpo cantarola ao ritmo da nossa mente.

Dominando nossos genes

Considerando que existe o efeito da mente sobre os genes, e excluindo o número relativamente pequeno de doenças que são na verdade genéticas, talvez não precisemos viver com tanto medo se tivermos algum histórico de doença na família. Uma mudança de estilo de vida, atitude, comportamento ou estado mental pode, talvez, controlar alguns desses genes "ruins" que herdamos.

Por exemplo, vamos dizer que uma pessoa nasce em uma família com histórico de doença cardíaca, com genes que colocam o risco de uma doença cardíaca acima da média. Isso não significa automaticamente que essa pessoa desenvolverá uma doença cardíaca. O risco é uma média da probabilidade; o real risco depende de um número de fatores, incluindo a dieta, estilo de vida, atitude e hábitos estressantes da pessoa.

Se considerarmos algumas das pesquisas descritas no capítulo 1, em que atitude era associada ao risco de doenças, desenvolver uma boa atitude, ser mais otimista, reduzir hostilidade e reclamações, aceitar mais a vida e as pessoas, concentrar-se nas coisas pelas quais você é grato, compartilhar, ser bondoso e até desenvolver uma disposição mais cálida em relação a outras pessoas, tudo tem efeitos benéficos. Em muitos casos nos quais estatísticas foram apresentadas, genes "ruins" foram desativados em muitas pessoas que poderiam possuir um risco maior que outras, mas que incorporaram hábitos mentais, emocionais e físicos mais saudáveis que seus antepassados.

O estilo de vida afeta os genes. Uma dieta saudável, cortar toxinas e estimulantes, e manter um bom ritmo de atividades físicas, tudo faz uma diferença positiva. Viver assim pode aumentar as chances de um gene, que em outra situação aumentaria o risco de uma doença cardíaca ou câncer, ficar menos ativo ou completamente desativado.

Atitude, dieta e estilo de vida são passados de geração em geração, assim como os genes. A boa notícia é que temos o poder de escolha em relação a nossa atitude, dieta e estilo de vida. Se uma pessoa com "genes de doença cardíaca" (genes que aumentam o risco de desenvolvimento de doenças cardíacas) adotar a mesma dieta, estilo de vida, atitude e hábitos estressantes que os membros anteriores da família que desenvolveram a enfermidade, então seus genes talvez sejam ativados de maneira semelhante.

Portanto, a pessoa pode ser tão propensa a desenvolver uma doença cardíaca quanto os membros de sua família eram. Porém, em muitos casos, isso acontece não somente por causa da genética, mas também em razão da dieta, estilo de vida, atitude e hábitos estressantes. A genética, em muitos casos, possui uma participação muito menor do que se acreditava.

Existem, é claro, algumas exceções. Algumas pessoas com genes de doença cardíaca, má alimentação e péssimo estilo de vida nunca desenvolvem problemas cardíacos e algumas pessoas sem esses genes, com ótima alimentação e estilo de vida desenvolvem; mas a possibilidade de dominar nossos genes é verdade em um sentido bastante amplo.

Então, se sua família possui um histórico de problemas cardíacos ou câncer, examine sua atitude, como pensa acerca das outras pessoas, como as trata, como você se sente, seus níveis de estresse, a dieta, os níveis de atividade física, quanto você fuma ou bebe; depois faça todas as mudanças que sejam necessárias. E consulte o médico para conseguir bons conselhos de saúde.

A interação mente-células-tronco

Seguindo com o efeito mente-gene, o fato de que estados mentais podem influenciar o ritmo do processo de cura sugere que os estados mentais influenciam a produção de células-tronco, pois essas células possuem DNA.

Para enfatizar novamente, não estou sugerindo que a mente seja um tipo de força magnética que flui célula adentro e cuja "energia" ativa os genes, mas sim que, por meio de uma série de eventos que começa com o estado mental ou emocional, uma das coisas que acontece é a ativação ou desativação de certos genes.

Células-tronco são células que se transformam em qualquer outra célula – como flores sem carpelo. Possuem apenas o caule e podem desenvolver carpelos diferentes. Desse modo, uma célula-tronco pode ser uma célula óssea, imunológica, epidérmica, cardíaca, sanguínea e até um neurônio. Quando genes necessários são ativados, as células-tronco se desenvolvem de acordo com a célula que precisam ser.

Você pode estar familiarizado com os debates éticos sobre usar células-tronco embrionárias para tratar doenças. Uma vez transplantadas, digamos, para o fígado, as células-tronco embrionárias tornam-se células hepáticas. Se transplantadas para o coração, as mesmas células-tronco seriam células cardíacas. Assim, transplantar células-tronco pode, teoricamente, estimular o crescimento de tecidos danificados em qualquer parte do corpo.

Já se sabe faz tempo que células-tronco da medula óssea se transformam em células imunológicas, que ajudam a lutar contra infecções. E antes aprendemos acerca da neurogênese. Existem evidências que demonstram que as células-tronco, antes de serem neurônios, começaram suas vidas na medula óssea também. Algumas pesquisas mostraram que células-tronco viajam desde a medula óssea para se tornarem células epidérmicas quando há uma ferida para curar. Também existem evidências de células-tronco que viajam desde a medula óssea até o coração, tornando-se células cardíacas que podem regenerar músculos cardíacos.

Como sabemos, a neurogênese é acelerada por novas experiências, estados emocionais poderosos e exercícios físicos. Portanto, é lógico assumir que nessas situações o estado mental ou emocional de uma pessoa está causando efeitos sobre as células-tronco (por meio de uma sucessão de eventos que começa na mente). Também se sabe que o estresse pode interferir na neurogênese. O estresse também retarda processos de cura, o que sugere que pode coibir os genes do DNA das células-tronco, necessárias para se transformarem na célula essencial para o processo de cura em questão.

Portanto, é muito provável que a mente pode estimular as células-tronco a se transformarem em novas células ou pode interferir no processo. De fato, em estudos sobre o coração, o estresse é conhecido como um supressor dos níveis de células progenitoras endoteliais (um tipo de célula-tronco) que são destinadas a formar a parede dos vasos sanguíneos. Então, como o estresse afeta as células-tronco, é muito provável que outras tonalidades de nossos estados mentais e emocionais também o façam.

Estudos feitos com crianças internadas em instituições, privadas de amor e afeto, revelaram que elas tendem a ser menores que outras crianças da mesma idade. São de estatura mais baixa, a circunferência da cabeça é menor e até possuem um coração menor. Em um processo conhecido como cardiomiogênese, no qual células-tronco produzem células de músculo cardíaco, o hormônio oxitocina é uma peça-chave. Se não houver hormônio suficiente, a cardiomiogênese é mais lenta. A própria oxitocina é produzida em menores quantidades nas crianças que foram privadas de amor.

Em um estudo otimista intitulado "Evidências para recuperação massiva seguida de adoção internacional", cientistas descobriram que o crescimento acelerava em crianças que eram tuteladas ou adotadas nos primeiros anos de vida. É quase certo que parte desse processo depende de como as crianças se sentiam – graças a mais amor, conexão e receptividade dos pais – e o fato de que isso elevaria a produção de hormônios do crescimento e oxitocina, pela ativação dos genes de ambas as substâncias.

Recapitulando, por que estou enfatizando o lado genético de tudo? Em parte, porque ao que parece herdamos a ideia de que a mente é impotente. A ênfase em algumas consequências supostamente exóticas do estado mental de uma pessoa talvez nos permita aprender a confiar mais em nós mesmos agora do que antes. Não à custa dos conselhos médicos, é claro, mas em harmonia com eles.

No excelente livro *The Psychobiology of Gene Expression*, o cientista premiado Ernest L. Rossi escreve: "Muitos dos então denominados milagres de cura por práticas espirituais e hipnose terapêutica provavelmente aconteceram por.... expressão genética em células-tronco por todo o cérebro e corpo".

A mente na verdade possui uma habilidade incrível para afetar o corpo. No próximo capítulo, aprenderemos um pouco acerca das novas evidências científicas dos efeitos físicos no corpo causados pela visualização.

Capítulo 6

O Poder da Imaginação e Observação

"Visualização é sonhar acordado com um propósito."
Bo Bennett

Em um estudo fascinante conduzido por Fabrizio Benedetti, da Universidade de Turim, foi aplicado um creme analgésico na mão (ou pé) direita ou esquerda de voluntários. Pelo menos foi essa a informação que eles receberam. Na verdade, era um placebo e não muito diferente de um creme hidratante diário.

Depois, os voluntários receberam uma injeção com capsaicina em ambas as mãos – é a substância química responsável pela ardência da pimenta, então você pode imaginar como se sentiram. Embora o creme aplicado fosse um placebo, o nível de dor era muito menor na mão com o creme placebo do que na outra, sem o creme. Por exemplo, quando o creme foi passado na mão esquerda de um voluntário, e não na direita, a dor na mão esquerda foi drasticamente reduzida, o mesmo não acontecendo com a mão direita.

Em seguida, Benedetti analisou o cérebro dos voluntários. Como aprendemos no capítulo 2, o cérebro produz seu próprio analgésico natural (opiáceos endógenos) quando uma pessoa acredita estar tomando um analgésico. O cérebro dos voluntários assim o fez no estudo mencionado. De modo surpreendente, porém, os opiáceos foram apenas produzidos na região do cérebro correspondente à mão na qual foi aplicado o creme placebo. Então, se aplicassem o creme na mão esquerda, a região no cérebro referente a essa mão produziria opiáceos endógenos. Mas não foram produzidos na região do cérebro referente à mão direita.

Benedetti escreveu: "... opiáceos endógenos não agem por todo o sistema nervoso, mas apenas nos circuitos neurológicos conectando expectativas específicas a respostas específicas do placebo".

Em outras palavras, houve um efeito placebo seletivo (focado) na região do corpo focalizada, ou onde se esperava alívio da dor, independentemente de ser a mão esquerda ou direita, e o cérebro produziu seus próprios analgésicos naturais nessa região específica do cérebro e em nenhuma outra.

No capítulo 2, expliquei que o cérebro produz o que necessita produzir para nos proporcionar o que esperamos acontecer. E parece que também produz *onde* precisa produzir. Se você direcionar a atenção a qualquer parte do corpo, como o dedo, artelho, orelha ou língua, por exemplo, a parte do corpo escolhida "sente", ou seja, é estimulada, assim como a parte do cérebro correspondente à qual está conectada.

Em uma pesquisa semelhante, realizada antes do estudo de Benedetti, cientistas da Universidade de Connecticut, Estados Unidos, induziram dor aos dedos ou mãos de 56 voluntários. O creme placebo, que os participantes também acreditaram ser analgésico, foi aplicado no dedo ou na mão, e as dores no dedo ou na mão foram drasticamente reduzidas, em especial onde o creme placebo foi aplicado.

Quando uma criança cai e arranha o joelho ou cotovelo e os pais "dão um beijo para curar", a razão pela qual a dor diminui é a produção do analgésico natural feita pelo cérebro da criança na região do joelho ou cotovelo, reduzindo a dor nos mesmos lugares. Não está tudo apenas na mente. Em um sentido muito verdadeiro, a energia flui para onde a atenção está.

Quando sentimos dor e recebemos um placebo – em forma de creme, pílula, injeção, curativo com personagens desenhados ou até mesmo palavras gentis –, nossa percepção de onde a dor está localizada e a expectativa de que vai passar causam a redução da dor no exato local para onde nossa atenção está direcionada e em nenhum outro lugar.

O mesmo tipo de coisa aconteceria se uma pessoa tivesse duas patologias diferentes e recebesse placebo para uma delas, acreditando ser um remédio. No capítulo 2, fizemos referência a um estudo no qual a pessoa recebia um inalador que acreditava estar contaminado com alergênicos e pólen, e essa pessoa desenvolvia sintomas asmáticos e da febre do feno. Em seguida, o voluntário recebia um inalador que supostamente continha apenas alergênicos. O resultado foi o desenvolvimento apenas dos sintomas asmáticos. No terceiro experimento, disseram aos voluntários que o inalador continha alergênicos e pólen e, mais uma vez, eles desenvolveram sintomas de ambas as doenças.

O conhecimento da pessoa a respeito do que deveria acontecer direcionou quais substâncias químicas seriam liberadas e, por conseguinte, o que na verdade aconteceu. Se uma pessoa com asma e febre do feno recebesse um placebo para aliviar os sintomas asmáticos, mas acreditasse que era um remédio, os sintomas asmáticos muito provavelmente iriam desaparecer, mas os da febre de feno não. Inversamente, se recebessem um placebo para febre do feno, os sintomas desapareceriam, mas não os da asma.

De maneira semelhante ao que vimos nos experimentos com dor, mais influente do que o efeito da droga, nossa atenção quanto ao que está errado ou o que deveria acontecer quando recebemos uma medicação parece ser uma força direcionadora que instrui o cérebro e o corpo sobre quais substâncias químicas deveriam ser liberadas, quais deveriam ser ativadas e desativadas, para onde essas substâncias deveriam fluir e, portanto, o que realmente acontece.

O cérebro está conectado ao corpo

Todas as partes do corpo estão conectadas ao cérebro. Os nervos conectam o cérebro à pele, aos músculos, aos ossos, aos tendões e aos órgãos internos. Por esse motivo, quando alguém toca uma parte do seu corpo, você sente. Mas, assim como o toque é registrado pelo cérebro, o simples ato de pensar a respeito de muitas partes do corpo gera o mesmo efeito. Por isso, pessoas sob hipnose ou meditadores treinados podem aumentar a temperatura de uma mão se a imaginam mais quente, também é por isso que algumas dores desaparecem quando nos distraímos.

Embora no passado isso tenha pertencido ao mundo místico e descartado como coisa de charlatões, hoje muitas pesquisas abordam o tema com seriedade. Estudos da neurociência mostram que, se pensamos em mover uma parte do corpo, a área do cérebro que governa essa parte é ativada. Pensar em mover a mão, por exemplo, ativa o "mapa da mão" no cérebro.

Os cientistas do Instituto Karolinska, em Estocolmo, Suécia (onde ganhadores do Prêmio Nobel de Fisiologia ou Medicina fazem os discursos ao receber o prêmio), publicaram no *Journal of Neurophysiology* um estudo no qual demonstravam que, ao imaginarmos que movemos os dedos, artelhos ou língua, a área do cérebro que governa cada parte é ativada.

Usando a mente para desenvolver os músculos

Se você pensar muitas vezes seguidas sobre alguma parte do corpo, vai desenvolver um efeito ainda mais poderoso. Explicamos no capítulo anterior que a repetição de um movimento aumenta o tamanho do mapa cerebral ou a densidade de uma área do cérebro, mas o mesmo acontece quando apenas *imaginamos* o movimento.

Em um estudo coordenado por Alvaro Pascual-Leone, professor de neurologia da Universidade de Harvard, os voluntários tocavam uma combinação de notas de cinco dedos no piano, subindo e descendo uma escala simples, repetidamente, por duas horas diárias durante cinco dias. Uma imagem de seus cérebros era feita todos os dias, em que os cientistas se concentravam em uma região do cérebro conectada aos músculos dos dedos. Essa região cresceu como um músculo, e, como vimos anteriormente, isso é a neuroplasticidade.

Um grupo separado de voluntários imaginava tocar as notas. Imagens dos cérebros deles também foram feitas todos os dias. Incrivelmente, as mesmas regiões do cérebro também haviam se transformado e exatamente no mesmo nível. Os cérebros pareciam não distinguir entre o real e o imaginário, se estavam realmente tocando as notas ou se imaginavam tocá-las. Para o cérebro, parecia que o real e o imaginário eram a mesma coisa.

Observando que os cérebros dos voluntários estavam se transformando da mesma forma, independentemente se tocaram as notas ou imaginaram, muitos cientistas indagaram se o mesmo aconteceria com os músculos. Os músculos ficariam mais fortes se a pessoa imaginasse que estava levantando peso? Parece que sim!

Um estudo feito em 2004 no Departamento de Engenharia Biomédica do Instituto de Pesquisa Lerner, em Cleveland, Estados

Unidos, mostrou um aumento considerável da força quando imaginamos a atividade física. No estudo, voluntários alongavam e contraíam o dedo mínimo de uma mão repetidamente, por 15 minutos diários, cinco dias por semana, em um total de três meses.

Levantar um dedo pode ser trabalho duro, então os voluntários faziam 15 extensões e contrações por vez, seguidas de 20 segundos de descanso. A força era medida no começo do período de três meses e novamente ao fim, e os cientistas descobriram que o aumento de força do grupo foi em média 53%.

Um grupo separado fez as extensões e contrações imaginárias do dedo mínimo pelo mesmo período de 15 minutos diários, cinco dias por semana, três meses no total. Também mediram seus níveis de força. É incrível, mas a força do grupo aumentou em 35%... e eles sequer levantaram um dedo!

Uma pessoa que conheço, muito cética em relação a esses efeitos, uma vez argumentou que esse resultado não era tanto quanto os 53% a mais de força adquirida pelas pessoas que de fato contraíram e estenderam o dedo. No entanto, contra-argumentei que tampouco era 0%. Eles ganharam 35% de força física, sem realmente levantar o dedo.

Enquanto eu trabalhava na indústria farmacêutica, passei um pouco do meu tempo livre como treinador de atletismo em um dos maiores clubes de atletismo do Reino Unido (San Harriers Manchester). Alguns anos depois, mencionei esse fato a um jovem velocista que me contava que teria de passar por uma cirurgia no ombro e que o período de recuperação pós-operatório o deixaria fora dos treinamentos por uma temporada inteira.

Ele temia perder a força dos músculos, então recomendei que fosse à academia em sua mente. Expliquei exatamente como ele deveria proceder: deveria fazer levantamentos de peso como se estivesse na academia e imaginar que estava melhorando em relação a seus recordes pessoais (RP). O velocista não apenas se recuperou da lesão muito mais depressa do que normalmente aconteceria, mas também voltou aos treinamentos mais rapidamente e mais forte do que estava antes da operação. Sua evolução foi acelerada. De fato, dentro de pouco tempo foi escolhido para representar seu país em uma corrida pela primeira vez.

Pesquisas de fato mostram que, se você imaginar que levanta pesos pesados, o cérebro e os músculos serão mais estimulados do que se imaginar que levanta pesos leves. Em 2007, um estudo feito por cientistas da Universidade de Lyon, França, contou com a participação de voluntários que levantaram halteres de diferentes pesos. Os cientistas perceberam de forma significativa que a ativação dos músculos era relativa ao tipo de peso que os voluntários imaginavam levantar. Se imaginavam levantar um peso pesado, seus músculos seriam mais ativados em comparação ao que acontecia quando imaginavam levantar um peso leve.

Há tempos os atletas já entenderam que os músculos são afetados pela visualização e, portanto, visualizar a si mesmos alcançando o nível máximo é o que com frequência separa os campeões dos atletas que a história não registra.

Interação cérebro-computador

Uma das aplicações poderosas que derivam das conclusões encontradas pelas pesquisas acerca do uso da imaginação para mover uma parte do corpo e ativar áreas específicas do cérebro está na área de próteses. Muitas pesquisas usam interfaces entre o cérebro e o computador (ICCs) para gravar o estímulo dos neurônios causado pela imaginação de movimentos.

Por exemplo, se a pessoa imagina dar um passo à frente com a perna direita, a parte do cérebro referente à perna direita é ativada, já que o cérebro não distingue o real do imaginário. Os ICCs registram o local específico da ativação do cérebro e mandam um sinal para a prótese na perna para que ela se mova todas as vezes que a região é ativada.

Se o ICC possui uma tabela simples A, B, C, D *versus* 1, 2, 3, 4 – mais ou menos como um pequeno tabuleiro de xadrez com letras distribuídas acima e os números organizados verticalmente – e, digamos, a localização na tabela A2 corresponde à perna direita, então toda vez que o ICC registrar ativação no A2, que acontece quando a pessoa imagina mover a perna direita, seria interpretado como um comando para a prótese mover a perna. As primeiras pesquisas foram feitas usando simuladores de realidade virtual em que pacientes tetraplégicos aprenderam a controlar seus avatares com a mente.

De fato, pesquisadores da Universidade Graz de Tecnologia, na Áustria, publicaram em 2006 um artigo com o título "Caminhando por intermédio do pensamento", que descreve como pessoas paralisadas podiam fazer com que seus avatares caminhassem por uma rua virtual em um simulador de realidade virtual, apenas imaginando que moviam suas próprias pernas.

Em uma pesquisa pioneira publicada na renomada revista científica *Nature*, em 2006, uma pessoa tetraplégica com um pequeno chip implantado no cérebro para registrar as regiões de ativação dele foi capaz de mover o cursor em uma tela de computador e até abrir um e-mail com a mente. Também conseguiu jogar um jogo de computador, controlou um braço robótico, mudou o canal e o volume de uma TV enquanto conversava com outros.

O chip gravava regiões específicas de ativação do cérebro enquanto a pessoa concentrava a atenção em diferentes partes de seu corpo e o ICC conectava essas regiões de ativação com os controles da sala. Então, se ela imaginava a mão direita, o chip gravaria a ativação da região cerebral da mão direita e o ICC interpretaria isso como uma instrução para, digamos, aumentar o volume da televisão.

Neurônios-espelhos

O cérebro não diferencia se você está fazendo algo ou apenas *imaginando* que está fazendo; e também não distingue muito se você está fazendo algo ou *observando* alguém fazer algo. Isso é conhecido como observação de ações – quando vemos alguém realizar uma ação e isso ativa o observador do cérebro, como se ele mesmo estivesse realizando a ação.

Em uma pesquisa preliminar em 2001, publicada na *European Journal of Neuroscience*, cientistas da Universidade de Parma, na Itália, fizeram imagens do cérebro de voluntários enquanto eles simplesmente observavam pessoas moverem as mãos, a boca e os pés, por exemplo. Enquanto os participantes prestavam atenção aos movimentos, as áreas de seus *próprios* cérebros que controlam os movimentos das mãos, boca e pés foram ativadas como se eles os estivessem fazendo.

Levando o tema mais a fundo, em um artigo fascinante de 2006 intitulado "Driblando como Beckham: incorporando as habilidades motoras de atletas famosos", cientistas do Centro da Neurociência Clínica e Cognitiva, da Universidade de Gales, descobriram que nem precisamos observar pessoas se movendo. Basta vermos uma foto de alguém conhecido por uma habilidade em especial e nosso cérebro e músculos são estimulados de acordo com nosso conhecimento sobre como essa pessoa se move. Observar a foto de um famoso jogador de futebol, por exemplo, ativa partes do cérebro que governam os músculos da perna e do pé.

Por mais incrível que pareça, assistir a um grande atleta em ação melhora o *nosso* próprio desempenho naquela atividade. Nós nos desenvolvemos conforme as habilidades da pessoa que observamos. Assistir a um exímio jogador de golfe torna você um jogador melhor, mas assistir a alguém não tão bom também torna você pior. Se quiser aprender algo, será muito útil passar um tempo com quem domina o assunto.

E assim como a visualização de nossos músculos trabalhando melhora nossa força, o mesmo acontece com a observação de músculos trabalhando de verdade. Em um experimento semelhante ao descrito anteriormente, voluntários observavam outros voluntários alongando uma fita elástica entre o dedo indicador e dedo do meio. Isso foi feito em séries de 25 repetições, a cada dois dias, durante dez dias.

Entre os que alongaram os dedos com a fita elástica, a força muscular dos dedos da mão direita (a que foi usada) aumentou em 50%. Mas, incrivelmente, entre o grupo que só assistiu ao treinamento, a força dos dedos da mão direita aumentou em 32%. Não apenas não levantaram nenhum dedo, como também nem imaginaram.

Se você não tem interesse em fazer exercícios na academia, seria possível apenas sentar em um café, observar alguém se exercitar e conseguir alguns benefícios com isso? Por mais estranho que pareça, a resposta é sim. Treinamento físico, treinamento imaginário e treinamento observado ativam regiões similares no cérebro.

Em uma pesquisa pioneira sobre reabilitação pós-derrame, publicada na revista *NeuroImage*, cientistas do Hospital Universitário Schleswig-Holstein, na Alemanha, estudaram oito pacientes que sofreram derrame. Durante quatro semanas esses pacientes observaram pessoas sem limitações praticarem atividades de rotina, como tomar café ou comer uma maçã. Os pacientes também passaram pela reabilitação padrão durante o mesmo período. Ao fim das quatro semanas, os pacientes que acompanharam as atividades progrediram muito mais que os pacientes que não o fizeram e, um fato surpreendente, as ressonâncias magnéticas do cérebro mostraram que os mapas cerebrais danificados estavam se regenerando.

O cérebro espelha o que é objeto de nossa atenção. Se alguém está feliz, por exemplo, e você está junto a essa pessoa, seu cérebro espelha os movimentos dos dois músculos do sorriso – o *zigomático maior*, que puxa os lábios para formar um sorriso, e o *orbicular ocular*, ao lado dos olhos, que enrugamos quando o sorriso é largo e genuíno.

Quanto mais tempo você passa ao lado dessa pessoa, mais espelhamentos acontecem e mais contente você se sente porque o cérebro estimula seus próprios músculos do sorriso. Isso é conhecido como contágio emocional. Em meu livro *The Contagious Power of Thinking* me estendi acerca dos diferentes tipos de contágio emocional (e como parar o tipo negativo).

Os neurônios do cérebro que são estimulados pelo contágio emocional e observação de ações são chamados com propriedade de "neurônios-espelhos". Eles nos ajudam a aprender coisas novas à medida que observamos pessoas fazendo algo. Por exemplo, em um estudo feito em 2004, cientistas do Departamento de Neurociência da Universidade de Parma, Itália, fizeram imagens dos cérebros de voluntários – que nunca haviam tocado guitarra – enquanto assistiam a alguém tocando. As imagens mostraram que os neurônios-espelhos dos participantes foram ativados como se eles estivessem tocando o instrumento.

Até mesmo escutar frases que descrevem movimentos ativa nosso cérebro como se estivéssemos realizando-os. Cientistas do Departamento de Neurociência da Universidade de Parma demonstraram que, quando voluntários escutavam pessoas falando sobre movimentos do pé, a área do cérebro que corresponde aos movimentos do pé foi ativada de forma semelhante.

Testei isso algumas vezes com grupos de pessoas. Pedi que fechassem os olhos enquanto eu descrevia movimentos, do braço e ombro esquerdos ou direitos, que incluíam alongamentos e rotações. Após apenas um minuto ou dois, a maior parte das pessoas relatou que o ombro do mesmo lado do ombro alongado nas descrições parecia mais flexível.

É por isso que, quando vemos alguém se machucar, sentimos uma pontada. Se vemos alguém torcer o tornozelo, podemos sentir uma pontada repentina que começa no tornozelo e sobe pela perna. É também, em parte (empatia está envolvida aqui também), a razão pela qual nos condoemos diante de alguém que está sentindo dor e até sentimos dores-fantasma, e também sintomas de doenças quando uma pessoa amada está sofrendo. Alguns homens até sentem contrações quando as esposas estão em trabalho de parto.

Podemos usar esse tipo de coisa para nosso benefício. Durante o seminário que ministrei, uma mulher compartilhou uma técnica incrível que a filha dela de 3 anos usou para evitar coçar o rosto quando teve catapora.

O rosto da filha coçava muito. A mãe, então, que leu a primeira edição de *Como Sua Mente Pode Curar Seu Corpo*, teve a ideia de usar um urso de pelúcia para coçar. Ela pediu para a filha escolher o ursinho que também sentia tanta coceira no rosto quanto ela. Quando a menina voltou com o ursinho, a mãe lhe disse que ela podia coçar o rosto do brinquedo toda vez que sentisse seu próprio rosto coçar e isso ajudaria a parar.

E foi exatamente o que a criança fez. De maneira extraordinária, a coceira no rosto diminuiu sem que a menina o esfregasse uma vez sequer.

Capítulo 7

Visualização para Reabilitação e Esportes

"Poucas coisas no mundo são mais poderosas que um incentivo positivo. Um sorriso. Uma palavra otimista e de esperança. Um "você pode" quando as coisas ficam difíceis."

Richard M. DeVos

Visualização, prática mental, imaginação mental, imaginação orientada, imaginação motora e imaginação cinestésica, em geral todas descrevem o mesmo tipo de coisa – o uso da mente para imaginar algo. Ao longo deste livro, faço um intercâmbio entre esses termos, mas uso principalmente o termo visualização, pela simplicidade, já que é mais familiar para as pessoas. Quando uso algum dos outros termos, em geral é porque foi o escolhido pelo cientista que conduziu o estudo que menciono.

Durante as últimas décadas, houve um aumento massivo de pesquisas que abordam o uso da visualização, e muitos dos resultados são aplicáveis na reabilitação e nos esportes. Em 1980, apenas 122 estudos foram publicados em revistas científicas, mas, em 2010, esse número chegou a mais de 20 mil. No começo de 2018, já chegava a 44 mil estudos de acordo com uma busca no PubMed por literatura científica que fiz enquanto escrevia este livro, usando o mesmo termo de busca, "prática mental", que utilizei em 2010.

Grandes avanços foram feitos nesse período, e há espaço para muitas vias novas de pesquisa. Este capítulo inclui alguns dos resultados principais até o momento.

Neurorreabilitação

Imaginação mental pode ser uma intervenção viável para pacientes que sofreram derrame, dados os benefícios de ser segura, de baixo custo e de render oportunidades de práticas múltiplas e ilimitadas.

Essa foi a conclusão de uma meta-análise feita em 2014 da literatura científica concernente ao uso de imaginação mental na reabilitação de AVCs. Estudos a respeito da reabilitação em casos de AVC variam pouco, alguns com duração de apenas três semanas, alguns seis e outros com no máximo 12 meses de duração. Mas a maioria mostra um efeito clínico da imaginação mental significativo, e pacientes se beneficiaram não importando se o AVC era recente ou de muitos anos atrás.

Em um estudo conduzido no Departamento de Medicina Física e Reabilitação, na Faculdade de Medicina da Universidade de Cincinnati, nos Estados Unidos, 16 pacientes que sofreram AVCs crônicos escutaram uma gravação que os guiava por uma visualização da mão, braço e ombro do lado debilitado, durante 20 minutos. A visualização foi seguida por cinco minutos de relaxamento muscular progressivo (relaxamento de um grupo muscular por vez) e cinco minutos de reposicionamento na sala. Imaginavam esticar o braço e pegar um copo ou outro objeto, virar as páginas de um livro e usar de maneira apropriada aparatos para escrita.

As sessões de visualização (imaginação) foram feitas duas vezes na semana, seguidas imediatamente por 30 minutos de sessão fisioterápica. Para servir de comparação, um grupo separado de 16 pacientes recebeu relaxamento muscular por 30 minutos após a sessão de fisioterapia.

Ao fim do programa de seis semanas, os pacientes que visualizaram obtiveram ganhos significativos. Comparados ao grupo que apenas recebeu o relaxamento muscular após a sessão de fisioterapia, o funcionamento básico do braço melhorou bastante e a debilidade deles diminuiu de forma considerável. Os autores do estudo concluíram que as melhoras obtidas com o recurso da visualização eram clinicamente relevantes.

Estudos sobre o uso da visualização para auxiliar a reabilitação após um AVC demostram que é eficiente se usada *em conjunto* com a fisioterapia, não *em vez* da fisioterapia. É um ponto muito importante e aplica-se ao uso da visualização para qualquer patologia. Visualização não é um substituto do acompanhamento médico, mas algo que usamos *em conjunto* com o acompanhamento médico.

Não importa qual terapia ou remédios uma pessoa usa para tratar uma lesão ou condição médica. Ela precisa pensar! Essa é a natureza da mente. A mente vai divagar por uma direção ou outra. Enquanto divagar em direção a pensamentos estressantes, pode não ser de grande ajuda; quando a mente está concentrada de maneira positiva, os benefícios podem ser positivos. Na verdade, a visualização nos guia pelo *conteúdo* de nossos pensamentos, focalizando de forma positiva e construtiva. Mas, como vemos agora, também gera efeitos diretos por conta própria, além de meramente nos poupar de um pouco de estresse.

Um estudo conduzido na Capital Medical University of Rehabilitation Medicine, na China, comparou práticas físicas em conjunto com imaginação mental de movimentos da mão a apenas práticas físicas, sem a imaginação mental, em dez vítimas recentes de derrame. As sessões de imaginação foram conduzidas em cinco dias da semana por quatro semanas. Os pesquisadores descobriram que a imaginação mental aliada a práticas físicas era muito melhor que apenas as práticas físicas; isso foi consistente em outros estudos.

Mas, ao examinar imagens dos cérebros dos pacientes, também descobriram que os progressos nos movimentos da mão eram na verdade consistentes com o aumento da ativação da região do cérebro danificada, demonstrando incrível capacidade do cérebro de regeneração.

De fato, pesquisas no amplo departamento de reabilitação após derrame sugerem que o cérebro possui uma capacidade poderosa de reconhecer e regenerar. É essa "plasticidade" que permite a restauração dos movimentos do paciente.

Essa habilidade cerebral de reorganizar e regenerar é importante para a recuperação de qualquer tipo de lesão que necessita de neurorreabilitação. Em 2007, cientistas ensinaram a visualização para pacientes que sofreram lesões na coluna espinhal. Dez pacientes tetra/paraplégicos foram instruídos a imaginarem que estavam movimentando a língua e os pés, e as imagens do cérebro revelaram uma ativação significativa em regiões-chave, como se estivessem se movendo. Os autores, com o estudo publicado na *Experimental Brain Research*, recomendam que a visualização seja parte de qualquer terapia restaurativa para lesões na coluna espinhal.

A visualização está ajudando pessoas com a doença de Parkinson. Em um estudo publicado na revista *Neurorehabilitation and Neural Repair*, pacientes que faziam uma hora de sessão de fisioterapia duas vezes na semana em conjunto com a visualização foram comparados a pacientes que apenas faziam sessões de fisioterapia. Após 12 semanas, os pacientes que visualizaram melhoraram muito mais que os pacientes que não visualizaram.

Como visualizar ser melhor em um esporte

Além de ser uma ajuda poderosa à neurorreabilitação, a visualização também é ótima para aprimorar habilidades esportivas, como já mencionamos no capítulo anterior.

Há alguns anos, em um evento corporativo, apresentei uma palestra logo depois de Sally Gunnell, OBE (título da Ordem do Império Britânico), ganhadora da medalha de ouro na corrida com obstáculos de 400 metros nas Olimpíadas de 1992. Durante sua palestra, Sally disse: "70% da conquista de uma medalha de ouro nas Olimpíadas é mental". Com isso ela se referia à atitude e à determinação. Ela também disse que, para si mesma, boa parte era visualização diária. A atleta visualizava estar na corrida, repetidamente, por um ano inteiro após chegar em segundo lugar no Campeonato Mundial em 1991. Imaginava a mecânica envolvida em levantar a perna sobre o obstáculo, correr no ritmo, até mesmo a parte cansativa no final da corrida na qual imaginava aguentar firme apesar da dor. Ela deu créditos à visualização como uma das responsáveis por sua medalha de ouro.

A visualização é muito usada em esportes diferentes, incluindo atletismo, futebol, tênis, golfe, basquete, até patinação no gelo, em que os atletas desses esportes, como Gunnell fez, praticam ou ensaiam mentalmente um movimento específico. Por exemplo, um jogador de basquete pode visualizar várias vezes que está lançando a bola de uma forma, imaginar a sensação de segurar a bola, o movimento do braço e dedo no momento em que aplica pressão para girar a bola.

Um golfista pode concentrar na sensação de arremessar a bola com o taco e imaginar a trajetória dela quando voa em direção ao buraco. Por exemplo, em um estudo, voluntários eram observados no momento em que faziam uma tacada curta dentro do *green* (a uma distância de 50 metros do buraco). Um grupo fez a prática física da tacada, outro grupo fez a prática física mais visualização da tacada e um terceiro grupo serviu de controle. O grupo que combinava pratica física com visualização teve um desempenho muito melhor que o grupo que apenas praticou fisicamente.

Um tipo semelhante de estudo comparou quatro grupos de pessoas que tentaram um lançamento de handball. Um grupo praticou o lançamento, um grupo visualizou realizar o lançamento, um grupo fez a combinação dos dois – práticas física e mental – e um quarto grupo serviu de controle. Os pesquisadores descobriram que a prática física em conjunto com a visualização era melhor que a simples prática física, que por sua vez era melhor que apenas a visualização, que por sua vez era melhor do que não fazer nada (o grupo de controle).

A visualização tem grande eficácia nos esportes porque o cérebro parece não distinguir o real do imaginário; portanto, suplementar o treinamento físico com imaginação de um momento específico pode ter o mesmo efeito de um treinamento extra.

No entanto, existe uma coisa importante que precisamos fazer bem quando estamos visualizando. Precisamos saber *o que* visualizar. Nos estudos que abordam a reabilitação após um derrame, a visualização era de movimentos que os pacientes já sabiam fazer, como levantar um utensílio ou tomar uma bebida que está dentro de um copo. No caso dos esportes, a visualização é mais fácil para esportistas de alto rendimento do que para novatos, afinal o esportista experiente sabe exatamente o que visualizar. Mas os novatos nem sempre sabem o que devem imaginar, já que não aprenderam muito sobre os aspectos técnicos de um esporte em especial.

Portanto, se um novato visualizasse um conjunto específico de movimentos de maneira incorreta, ele aperfeiçoaria a habilidade de realizar o movimento incorreto. Teria melhor desempenho ao praticar um movimento falho porque foi isso que imaginou. Os músculos do esportista apenas reagiram ao que ele imaginou.

Esse é o momento em que os neurônios-espelhos podem ser muito úteis. A observação de ações pode ajudar as pessoas a refinar suas imagens e visualizar de maneira mais tecnicamente precisa. Como vimos no capítulo anterior, a observação de ações é a observação repetitiva de um movimento físico. A observação estimula neurônios-espelhos no cérebro, o que ajuda o cérebro a entender com mais rapidez o movimento. É preciso, por isso, escolher com propriedade aquilo que vamos observar.

O uso benéfico da observação de ações no esporte está presente em diversos estudos. Tae-Ho Kim, outrora membro da Universidade Keimyung da Coreia do Sul e agora integrante do Grupo de Pesquisas em Neurocognição e Ações Biomecânicas em Bielefeld, Alemanha, estudou os efeitos da observação de ações e imaginação mental referentes à precisão das tacadas de curta distância do golfe.

No estudo, 60 voluntários do sexo masculino foram divididos de forma aleatória entre seis grupos que iriam medir os efeitos da observação de ações e imaginação mental no desempenho das tacadas de curta distância. Cada grupo de dez participantes fez uma das opções: observação de ações (OA), imaginação mental (IM), prática física (PF), observação de ações mais prática física (OA-PF), imaginação mental mais prática física (IM-PF), ou integrar um grupo de controle e não praticar nada, para servir de base para a análise.

Todos os dias, durante três dias, o grupo OA assistia a um vídeo de um golfista experiente fazendo 60 tacadas leves (assim observando um total de 180 tacadas leves). O grupo IM, por outro lado, imaginou fazer a tacada leve 60 vezes. O grupo PF praticou 60 tacadas leves todos os dias.

Em cada um desses três dias, o grupo OA-PF observava 30 tacadas leves e praticava outras 30, todos os dias (assim observaram 90 tacadas leves e tentaram 90 durante os três dias, em um total de 180 tacadas leves). O grupo IM-PF visualizou 30 tacadas leves e praticou mais 30 por dia. O grupo de controle não fez nada. A análise da precisão das tacadas leves de cada um foi feita um dia após as sessões de treino e repetida depois de uma semana.

Primeiro, o estudo descobriu que a observação de ações combinada com a prática física foi notadamente melhor que todos os outros métodos de treino. Foi muito melhor que a simples prática física. Em outras palavras, observar 90 tacadas antes de praticar 90 tacadas foi muito melhor que tentar 180 tacadas.

A observação de ações ajudou a refinar a técnica, e o desempenho durante a prática das tacadas leves foi mais correto. Seria um equívoco pensar que a observação de ações é apenas separar, de maneira consciente e analítica, o movimento por seus componentes, em que o observador faz notas analíticas em relação ao que ele ou ela deveria ou não fazer. Não é assim.

O motivo pelo qual a observação de ações funciona é porque, como aprendemos no capítulo anterior, observar uma tacada realizada do jeito certo estimula o Sistema de Neurônios-Espelhos (SNE), que então estimula no observador os mesmos músculos usados pela pessoa que realiza a tacada correta. Estimula os músculos precisamente da mesma forma, com as mesmas rotações sutis, a mesma quantidade de peso e deslocamento de equilíbrio observadas no jogador. Então, mesmo não praticando tantas tacadas, os músculos *aprendem* como se mover do modo correto. Como consequência, o aprendizado (e a reabilitação) acontece com mais rapidez.

O segundo ponto importante do estudo é que a observação de ações acrescida da prática física foi melhor que a imaginação mental (visualização) mais prática física. Parte do motivo pelo qual a imaginação mental pode ser de extrema eficiência na reabilitação após derrame é que os pacientes já estão familiarizados com os movimentos que visualizam fazer. Eles têm experiência em levantar objetos, mudar as páginas de um livro, etc., mas golfistas novatos não estão exatamente familiarizados com as tecnicidades de segurar e balançar um taco. No entanto, se um golfista novato tivesse a "representação mental" correta – ou seja, se soubesse *o que* visualizar –, do ponto de vista técnico, ele teria uma tacada mais precisa.

Isso foi testado em um estudo de acompanhamento conduzido por Kim, no qual ele examinou a relação entre representação mental e habilidade. Usando um *design* semelhante ao anterior, mas dessa vez com 40 golfistas novatos, Kim estudou de novo a observação de ações e imaginação no desempenho em tacadas de golfe.

Dessa vez, os golfistas foram distribuídos em quatro grupos. A princípio, todos os grupos tiveram um pouco de prática, e todos tiveram a mesma prática, fazendo 15 tentativas de acertar o buraco.

Um grupo de dez jogadores recebeu treinamento por observação de ações, em que observaram um golfista perito acertar a bola 60 vezes por dia durante três dias; um grupo recebeu treinamento por imaginação, no qual os participantes visualizavam acertar a bola 60 vezes por dia por três meses; um grupo fez a prática física, tentando acertar a bola 60 vezes por dia; o último grupo não praticou nada, por motivos de comparação.

Nesse experimento, Kim mediu a estrutura de representação mental dos voluntários – ou seja, a precisão da representação mental deles – e comparou com a precisão das tacadas, a princípio, após os dias de treino e depois de mais dois dias.

Os grupos que fizeram a observação de ações e imaginação mental progrediram bastante ao longo dos três dias, assim como, é claro, o grupo que ficou com a prática física. Porém, o ponto a ressaltar é que houve conexão positiva significativa entre a estrutura da representação mental e o desempenho das tacadas no grupo que treinou com observação de ações. Em outras palavras, aqueles que fizeram observação de ações progrediram na sua estrutura de representação mental – refinaram suas imagens mentais – e esse ganho foi traduzido em maior precisão nas tacadas.

Possuir uma boa representação mental nos ajuda de duas formas: em nossas visualizações praticadas e inconscientes. A última é quando uma pessoa pode simular de maneira inconsciente aspectos de uma tacada de golfe enquanto está na fila da cafeteria ou no momento em que fala com um colega. A primeira é quando realizamos a tacada de fato. A representação mental produz um efeito imediato em como operamos nossos músculos quando realizamos a tacada de fato.

Então, observar uma ação executada com esmero permite que a pessoa tenha uma imagem clara do que visualizar. Muitos estudos mostraram sem dúvidas que a visualização aprimora as habilidades esportivas, mas o que é fundamental em cada caso é saber *o que* visualizar. Observar alguém cometer erros ensinará o observador a praticar a ação cometendo os mesmos erros. Conseguir uma representação mental correta, em especial nos esportes, é importante. Podemos usar imaginação para conseguir a representação mental certa, contudo, é mais vantajoso observar, em primeiro lugar, as ações sendo realizadas por um especialista.

Colocando em prática

Vivenciei essa realidade em meus treinos de tênis. Pratiquei tênis durante o verão de 2016, pouco depois de me mudar para Dunblane, na Escócia central, a cidade natal de Andy e Jamie Murray, dois tenistas que já estiveram entre os primeiros do mundo.

Minha única outra experiência com tênis foi balançar (terrivelmente) uma raquete de tênis algumas vezes quando adolescente. Já adulto, por volta dos 40 anos, aprender essa habilidade foi um desafio. Entrei para as ligas do clube em 2017 e perdi todos os jogos, o que não foi difícil; meu placar de derrota costumava ser 6-1, 6-0.

Então, decidi tentar a observação de ações e imaginação mental em mim. Sabia que o saque do tênis é um dos movimentos mais complexos do esporte e que eu era muito ruim nisso, o que me tornava um ótimo candidato para observação de ações e treinamento de imaginação mental.

A princípio, tentei visualizações por conta própria, mas percebi que era muito difícil. Tive problema em visualizar, pois não era fácil criar a imagem precisa, com os movimentos corretos, principalmente porque eu não tinha experiência em realizar um saque com a técnica certa. Minha representação mental estava muito longe da ideal.

Então, comecei o treinamento de observação de ações. Consegui um vídeo curto (cinco segundos) de Andy Murray realizando alguns saques, e assisti mil vezes (cem vezes ao dia, em cinco repetições de 20). Simulei os movimentos técnicos corretos com a ajuda do meu Sistema de Neurônios-Espelhos até que pude visualizar sem dificuldade o que eu queria visualizar – um bom saque. Então usei visualização para suplementar as sessões de observação de ações. Também fiz sessões práticas de saques uma vez por semana.

O resultado foi admirável. Meu jogo de forma geral progrediu um pouco, mas meu saque progrediu de maneira expressiva. Meu saque, em termos técnicos, tornou-se mais proficiente; eu acertava a bola com mais precisão, limpo, com giro e mais ritmo. E, importante dizer, ganhei mais jogos do que perdi. Dentro de poucos meses, saí do fim da quarta divisão para terminar no topo da quarta divisão. Apesar de estarmos falando da quarta divisão (eu, é óbvio, não sou um jogador de tênis experiente), o ponto importante a ressaltar é meu nível de progresso por causa do uso da observação de ações e imaginação mental.

Capítulo 8

Visualização para Potencializar o Sistema Imunológico

"Amplamente, o sistema imunológico e nosso sistema nervoso estão em constante diálogo, um afetando o outro."
Daniel M. Davis

Já foi provado que a visualização pode aprimorar o sistema imunológico. Muitas pessoas, no entanto, vão afirmar que a melhora se resume à redução do estresse enquanto praticam a visualização. Isso faz muito sentido porque a visualização costuma ser feita enquanto estamos relaxados, e o relaxamento sem dúvida reduz o estresse. Ao fazê-lo, permite que sistema imunológico funcione de forma ideal. Todavia, o efeito da visualização é bem mais amplo.

Na tentativa de mostrar alguns efeitos específicos da visualização, muitos estudos usaram a imaginação aplicada ao sistema imunológico. O objetivo desses estudos era comparar a visualização relaxante com a visualização do sistema imunológico em especial.

O imaginário-alvo do sistema imunológico

Em um estudo específico, Jeanne Achterberg, da Universidade do Texas, Estados Unidos, convidou 45 voluntários a usar a imaginação em uma tentativa de aumentar os níveis de secreção da imunoglobulina A (s-IgA), um componente do sistema imunológico que foi provado ser um indicador preciso das funções imunológicas gerais.

Um grupo à parte praticava imaginação de relaxamento geral, não focada no sistema imunológico.

Os voluntários escutaram uma gravação de imaginação guiada a cada dois dias por seis semanas – ou direcionada ao sistema imunológico ou às cenas agradáveis e relaxantes. Foram mostrados desenhos e fotografias que continham o sistema imunológico ativo, como um exemplo do que visualizar, para que tivessem uma boa representação mental. Foram mostradas células-B movendo-se para fora da medula óssea e milhares de anticorpos s-IgAs duplos com formato em Y sendo secretados das células plasmáticas.

Ao fim de um período de seis semanas, níveis de s-IgA aumentaram em ambos os grupos comparados a um grupo de controle, como era de se esperar. Mas o fato significativo é que os níveis em quem fez a visualização direcionada ao sistema imunológico eram mais que o dobro dos níveis daqueles que fizeram a visualização sem direcionamento. A visualização do sistema imunológico aumentou de forma seletiva a quantidade de s-IgA em um nível muito acima do obtido por intermédio da visualização relaxante.

Os pesquisadores também notaram uma escala de tempo, o que é importante considerando a outra pesquisa discutida a seguir. Os níveis de s-IgA aumentaram relativamente rápido entre os dois grupos, mas levaram por volta de três semanas até apresentar uma diferença expressiva nos níveis de s-IgA *entre* os dois grupos que começaram a emergir.

Na pesquisa mencionada anteriormente, os participantes visualizaram os anticorpos s-IgA; em outro estudo, Achterberg instruiu voluntários a visualizar células específicas do sistema imunológico em uma tentativa de aumentar seus níveis. Trinta voluntários foram instruídos a visualizar um dos dois diferentes glóbulos brancos – neutrófilos e linfócitos – por meio do que os pesquisadores chamaram de imaginação "célula específica". Dessa vez, os voluntários se concentraram no formato das células, onde estavam e seus movimentos. Os voluntários foram posicionados aleatoriamente em um ou outro grupo (visualização do sistema imunológico e visualização relaxadora) e visualizaram por 20 minutos diários, por seis semanas.

Após as seis semanas, foi feita a contagem de neutrófilos e linfócitos. No grupo que visualizou neutrófilos, os números *diminuíram*, enquanto os linfócitos permaneceram iguais. No grupo que visualizou linfócitos, estes diminuíram enquanto os neutrófilos continuaram iguais. O resultado indicou um efeito evidente da visualização, mas que pareceu seguir em direção contrária à esperada.

Como estamos falando das funções imunológicas, esperava-se um aumento no número das células, principalmente considerando a pesquisa referente à s-IgA descrita antes. Todavia, o que de fato aconteceu foi uma *diminuição* em números de cada tipo de célula visualizada.

Mas o motivo dessa queda, na verdade, não é uma indicação de que o sistema imunológico enfraqueceu: é uma indicação de que estava funcionando. Os pesquisadores propuseram que a diminuição ocorreu por causa de um processo conhecido como marginação e quimiotaxia. É quando as células saem da corrente sanguínea e se direcionam a lugares do corpo onde são requisitadas para auxiliar um processo curativo.

Portanto, a análise, que essencialmente *contava* o número de neutrófilos e linfócitos no sangue, detectou uma diminuição no nível de cada célula visualizada porque muitos neutrófilos e linfócitos já não estavam na circulação sanguínea. Em vez de a visualização não funcionar, parece que, na verdade, ela *potencializou a eficiência* de qualquer uma das células visualizadas pelos voluntários.

O mesmo foi observado por outros pesquisadores. Por exemplo, um estudo usou a imaginação para tentar aumentar a contagem de glóbulos brancos (GB) – principalmente de neutrófilos – em 20 pacientes (dez homens e dez mulheres) que tinham baixas contagens de glóbulos brancos por conta de alguma doença. A contagem de glóbulos brancos dos pacientes envolvidos era consistentemente mais baixa que a média normal dentro de um período de seis meses ou mais. Entre as doenças estavam câncer, Aids, infecções virais, sinusite, endometriose, alergias e hepatite.

Assim como no estudo de Achterberg, os níveis de glóbulos brancos reduziram. No entanto, foi apenas um efeito temporário. A duração desse estudo foi muito maior. A contagem diminuiu logo após o teste e cinco dias depois, mas aumentou de maneira significativa durante os próximos três meses, com contagens feitas após um mês (17% de aumento), dois meses (31% de aumento) e três meses (38% de aumento).

O autor do estudo sugeriu, assim como Achterberg fez em seu estudo, que a contagem de glóbulos brancos diminuiu a princípio por causa da marginação e quimiotaxia. O autor escreveu que a visualização pode não ter um efeito sobre os *números* de células propriamente, porém mais sobre o que as células *faziam*. Então, mais uma vez, a diminuição inicial não era uma queda real do sistema imunológico, mas uma indicação de que o sistema imunológico estava funcionando com mais eficiência.

Os aumentos após dois ou três meses poderiam, no entanto, ser uma elevação real no número de glóbulos brancos, ou talvez indicar que os glóbulos brancos estavam entrando na corrente sanguínea de novo após terminar algum "trabalho".

Até o presente momento, as pesquisas não exploraram a fundo a maneira exata como o processo funciona, e o tamanho das amostras (o número de pessoas nos estudos) é relativamente pequeno. Porém, dadas as evidências apresentadas ao longo deste livro, assim como os estudos que apresentaremos no próximo capítulo – no qual visualizações focadas no sistema imunológico foram usadas por pacientes com câncer em testes de controle aleatórios –, acredito que a visualização produz, sim, um efeito genuinamente positivo no sistema imunológico.

As implicações desse fenômeno são enormes, pois o sistema imunológico é nosso principal sistema de cura do corpo contra lesões, doenças e patologias. Se a visualização pode alterar as funções imunológicas positivamente, então talvez seja correto dizer que poderia impactar um grande número de condições médicas.

Capítulo 9

Visualização para Câncer e Outras Doenças

*"Você é mais corajoso do que acredita,
mais forte do que parece
e mais inteligente do que pensa."*

A. A. Milne

Alguns estudos mostraram que a visualização pode reduzir a gravidade de alguns efeitos colaterais de tratamentos de câncer e também reduzir a reincidência do câncer após o tratamento. Um estudo controlado aleatório feito em 1999 e publicado na *British Journal of Cancer*, por exemplo, examinou o uso diário da imaginação em que pacientes visualizavam o sistema imunológico destruindo as células cancerígenas. O estudo envolveu 96 mulheres diagnosticadas havia pouco tempo com câncer de mama já em estado avançado, e que estavam recebendo seis ciclos de quimioterapia.

Como auxílio à visualização e para que tivessem uma boa representação mental, foram mostrados às mulheres desenhos coloridos representando como o sistema imunológico funciona. Elas também classificaram a vivacidade de suas imaginações. As medidas principais do estudo eram o humor e qualidade de vida, avaliados antes de cada ciclo de quimioterapia e novamente três semanas depois do sexto ciclo. O estudo também media a resposta clínica das pacientes à quimioterapia depois dos seis ciclos.

A qualidade de vida é muitas vezes usada como medida porque é um fator prognóstico para sobrevivência bastante conhecido; ou seja, a qualidade de vida é correlacionada com a chance de recuperação de uma doença e também com as chances de a doença surgir de novo. De fato, estudos mostraram que um nível mais alto de qualidade de vida é conectado à sobrevivência de pacientes com câncer de mama em estágios iniciais e também com doenças em estados avançados.

A qualidade de vida às vezes também é associada a como os pacientes respondem à quimioterapia. Um estudo com mulheres com câncer de mama em estado avançado, por exemplo, apontou que a qualidade de vida podia prever como responderiam ao tratamento com quimioterapia e também à probabilidade de sobreviver. Quanto maior era o nível de qualidade de vida descrito, melhor era a resposta à quimioterapia. Na mesma linha, o estresse é comumente associado a uma resposta pior à quimioterapia.

Diagnósticos e tratamentos de câncer muitas vezes também deprimem as pessoas, levando a depressões e ansiedade clinicamente significativas. Isso pode impactar a qualidade de vida e, por conseguinte, estar relacionado à probabilidade de sobrevivência.

Os resultados do estudo sobre visualização de 1999 mostraram que níveis de qualidade de vida eram maiores no grupo que usava visualização em comparação ao que não usava, o que sugere que a visualização pode ter aumentado as chances de sobrevivência; e também reduzido a probabilidade da reincidência do câncer. E, assim como nos estudos sobre a estrutura de representação mental já apresentados neste livro, a resposta clínica das mulheres foi relacionada à qualidade de suas visualizações. Aquelas que descreveram visualizações mais vívidas apresentaram uma resposta clínica mais positiva ao tratamento.

O impacto da visualização do sistema imunológico durante o tratamento de câncer foi registrado por outros pesquisadores também. Um teste controlado aleatório (TCA) com 80 mulheres com câncer de mama avançado, diagnosticadas havia pouco tempo, usou a imaginação para idealizar o sistema imunológico destruindo as células cancerígenas em conjunto com treinamento de relaxamento. Desenhos descrevendo o processo foram mostrados às mulheres, e elas foram encorajadas a criar suas próprias imagens. Também classificavam a vivacidade de suas visualizações de 1 a 10.

As mulheres receberam quimioterapia, cirurgia, radioterapia e terapia com hormônios. Amostras de sangue foram extraídas dez vezes ao longo de 37 semanas e muitas substâncias imunológicas foram medidas. No grupo que fez as visualizações, a atividade imunológica e a citotoxicidade aumentaram em comparação com o grupo que não fez as visualizações. Em especial, os níveis de CD25+ (ativaram as células-T), CD56+ (células LAK) e CD3+ T linfócitos estavam mais altos em pessoas que fizeram a visualização. Células-T são conhecidas por induzir a morte de células do tumor e também para inibir o crescimento de tumores.

Ademais, como em outros estudos, a vivacidade da imaginação parecia produzir algum efeito. Mulheres que descreveram imagens vívidas tiveram níveis mais altos de atividade das células assassinas naturais (AN) durante e depois do tratamento, e, novamente, no acompanhamento. Células AN são um componente crítico do sistema imunológico e são conhecidas por serem naturalmente citotóxicas (como já foi dito, elas matam células cancerígenas).

De fato, parte dos sistemas imunológicos dessas mulheres mostrou alto nível de citotoxicidade mesmo depois do quarto (e último) ciclo quimioterápico. Os pesquisadores disseram que "o treinamento de relaxamento e imaginação guiada alterou beneficamente as supostas defesas anticancerígenas do hospedeiro durante e depois da terapia multimodal".

Outro estudo, com mulheres com câncer de mama e que iriam passar por cirurgias, empregou o mesmo tipo de visualização do sistema imunológico destruindo células cancerígenas. Envolveu 28 mulheres com câncer de mama nos estágios 0, 1 ou 2, e apontou para o mesmo tipo de aumento da citotoxicidade da célula assassina natural (AN).

As sessões de visualização das mulheres variaram em relação à frequência, desde duas vezes por semana até duas vezes por dia durante um período de quatro semanas. Análises da atividade das células AN foram feitas antes da cirurgia e de novo após quatro semanas. Como ocorreu nos outros estudos, as mulheres que fizeram a visualização obtiveram atividade da célula AN em níveis mais elevados do que as mulheres que não fizeram.

Em um estudo antigo (1988) nos Estados Unidos, conduzido no hospital da Universidade de George Washington e com duração de um ano, um aumento de diversos componentes do sistema imunológico também foi percebido em pacientes com câncer metastático que visualizaram o sistema imunológico destruindo as células cancerígenas.

Amostras de sangue foram extraídas todos os meses com regularidade ao longo de um ano e mostraram mudanças positivas na atividade da célula AN, reatividade dos linfócitos, elevação das imunoglobulinas (como no estudo de Actherberg, descrito no capítulo anterior) e aumento da secreção Interleucina-2. Interleucina-2 (IL-2) é uma substância anticancerígena natural do corpo que ajuda a ativar os glóbulos brancos. Novamente, a visualização teve um impacto positivo no sistema imunológico.

O imaginário-alvo do sistema não imunológico

Alguns estudos mostraram que a imaginação relaxante, na qual as imagens e cenas são agradáveis e brandas, também beneficia os pacientes. Em parte, isso acontece porque o relaxamento reduz o estresse e, portanto, ajuda o sistema imunológico a trabalhar melhor.

Um estudo controlado aleatório, feito com 208 pacientes, conduzido por Andreas Charalambous da Universidade Cyprus de Tecnologia, usou esse tipo de visualização guiada na tentativa de controlar um conjunto de sintomas em pessoas em tratamento com quimioterapia ou radioterapia por câncer de mama ou próstata. Conjunto de sintomas é definido como dois ou mais sintomas relacionados que ocorrem ao mesmo tempo; são efeitos colaterais bastante comuns em pacientes em tratamento de câncer.

Aproximadamente metade dos pacientes do estudo fez a visualização guiada e as sessões de relaxamento, e eles foram comparados a um grupo controle que não visualizou. Antes do estudo, os pacientes relataram o que gostariam de visualizar e a maioria escolheu imagens relaxantes, como flutuar em uma nuvem ou uma cena de banho relaxante.

Algumas sessões de imaginação foram supervisionadas uma vez por semana, e outras, não supervisionadas (os pacientes faziam por conta própria), aconteceram todos os dias por quatro semanas. Após quatro sessões semanais de imaginação guiada e relaxamento muscular progressivo, os níveis de dor diminuíram no grupo de intervenção e aumentaram no grupo controle, que não recebeu o treinamento com imaginação. O grupo da imaginação também sentiu redução de fadiga, ansiedade e náusea, ânsia e vômitos, depressão, assim como a redução dos níveis do cortisol, o hormônio do estresse. Em geral, a qualidade de vida melhorou no grupo da imaginação, mas piorou no grupo controle.

Em outro estudo envolvendo pacientes com câncer de mama que faziam quimioterapia, a imaginação guiada e o treinamento de relaxamento foram feitos com 32 pacientes além da quimioterapia, enquanto outros 33 pacientes fizeram apenas a quimioterapia. Ambos os grupos receberam instruções de autocuidado durante a quimioterapia.

A imaginação e o relaxamento foram conduzidos antes e depois da quimioterapia durante sete dias, por 20 minutos. Ao final dos sete dias, os pacientes que praticaram a imaginação e as sessões de relaxamento sentiram menos insônia, dor, ansiedade, depressão e, no caso de sintomas físicos, dormência (efeitos colaterais típicos), do que o grupo que não praticou a imaginação nem o relaxamento.

Muitas pessoas que conheci graças ao meu trabalho relataram tais efeitos. Ensinei a conexão mente-corpo e imaginação em diversos centros beneficentes para pessoas com câncer, onde os pacientes que estavam fazendo tratamentos contra a doença (quimioterapia, radioterapia ou cirurgia) também recebiam terapias alternativas complementares. Repetidas vezes, as pessoas compartilhavam histórias de como usaram as visualizações e tiveram efeitos colaterais muito menores (você pode ler alguns depoimentos mais adiante neste livro).

Visualização para outras condições médicas

As pesquisas acerca do uso da visualização mostram que ela pode ser aplicada a uma gama variada de condições médicas. Resumi algumas delas a seguir.

Reduzindo a dependência da ventilação mecânica

Um estudo nos Estados Unidos, feito em 2015, demonstrou os benefícios de usar a imaginação guiada para ajudar pacientes a reduzir a dependência da ventilação mecânica (ou seja, a redução gradual do uso do ventilador que auxilia a respiração). Ao ajudar pacientes a respirar, a ventilação mecânica promove a oxigenação dos tecidos e elimina dióxido de carbono. É um tratamento vital e caro; em 2015 (quando o estudo foi publicado), custava por volta de 27 bilhões de dolares ao ano – 12% do custo total dos hospitais nos Estados Unidos.

O estudo envolveu 42 pacientes – 21 de cada hospital participante. Os pacientes de um hospital receberam as sessões de imaginação guiada que focalizava o relaxamento, enquanto os pacientes do outro hospital não praticaram a imaginação, para servir de comparação.

Os primeiros pacientes receberam duas sessões de 60 minutos cada uma, durante o processo de redução gradual, a cada dois dias, e a imaginação foi um grande sucesso. Os níveis de saturação do oxigênio melhoraram de forma expressiva durante a segunda sessão de imaginação. Pacientes que praticaram a imaginação estavam mais calmos e seus batimentos cardíacos e respiração apresentaram ritmos mais baixos em comparação ao outro grupo. Eles também necessitaram de menos sedativos e analgésicos para controlar a dor.

Em geral, o grupo que praticou a imaginação necessitou da respiração mecânica em uma média de 4,88 dias menos e reduziu a estadia no hospital em uma média de 1,4 dia. Se o estudo fosse o reflexo da tendência de uma população maior, essa redução da estadia no hospital, somando a 6,7% menos dias, poderia economizar 1,8 bilhão de dólares por ano em custos hospitalares – com uma terapia totalmente gratuita: o uso direcionado da mente do paciente.

Doença pulmonar obstrutiva crônica (DPOC)

Os médicos do hospital Tai Po, em Hong Kong, usaram a imaginação guiada relaxante em pacientes com DPOC. Vinte e seis pacientes estavam envolvidos. Treze pacientes tiveram seis sessões guiadas de imaginação enquanto os outros 13 apenas descansavam durante esse tempo. Ao fim do estudo, o grupo que praticou a imaginação guiada apresentou um aumento na saturação do oxigênio na corrente sanguínea.

Asma

A visualização também é bem-sucedida para ajudar quem sofre de asma a respirar com mais facilidade. Em um estudo feito no Alasca, envolvendo 70 pacientes asmáticos, alguns participantes praticaram o que os pesquisadores chamaram de "imaginação biologicamente direcionada", em que imaginavam a redução dos broncoespasmos e inflamação. Outros simplesmente receberam informação sobre como lidar com a asma, pois faziam parte de um grupo comparativo.

Após seis semanas de sessões de duas horas, duas vezes por semana, tanto a visualização quanto a informação melhoraram os sintomas da asma; contudo, a melhora foi mais notável entre os pacientes que usaram a visualização.

Substituição total do joelho

A terceira cirurgia mais realizada nos Estados Unidos é a substituição total do joelho. Em um estudo envolvendo 58 pacientes, metade passou por sessões de imaginação guiada, diariamente, por duas semanas antes da cirurgia e por mais três semanas depois do procedimento.

Nessas sessões, os pacientes escutavam um CD que os guiava a visualizar o joelho como forte e capaz de sustentar o peso deles sem dificuldade. Também foram guiados por imagens nas quais caminhavam, giravam um controle de dor para baixo e imaginavam que a medicação fazia o que deveria ser feito. Além disso, afirmações foram incluídas para fazer os pacientes se sentirem positivos, motivados a fazer os exercícios da fisioterapia e acreditar na recuperação.

Tanto depois de três semanas quanto após seis meses da cirurgia, o grupo que praticou a imaginação guiada apresentou aumento na velocidade ao caminhar, menos dores e níveis mais baixos do hormônio do estresse, em comparação ao grupo que não praticou a imaginação.

Osteoartrite

Um estudo conduzido na Escola de Enfermagem da Universidade de Purdue, Estados Unidos, realizado em 2006, mostrou que a imaginação guiada beneficiava mulheres com osteoartrite. Vinte e oito mulheres estavam envolvidas no estudo: metade usou a imaginação guiada por 12 semanas e a outra metade era o grupo controle. O estudo descobriu que as mulheres que praticaram a imaginação guiada tiveram uma melhora significativa na qualidade de vida em comparação a quem não praticou.

Cistite intersticial

Um estudo feito no hospital William Beaumont em Royal Oak, Michigan, usou a imaginação guiada no tratamento de cistite intersticial. Duas vezes ao dia por oito semanas, 15 mulheres observaram imagens direcionadas a curar a bexiga, relaxando os músculos do assoalho pélvico e tranquilizando os nervos envolvidos na doença, por 25 minutos cada sessão. Quinze mulheres do grupo de controle apenas descansavam durante esse tempo. As mulheres que usaram a imaginação guiada obtiveram redução notável dos sintomas e da dor em comparação ao outro grupo.

Cicatrização após remoção da vesícula biliar

A imaginação guiada afeta até o processo de cicatrização, como foi demonstrado em um estudo da Escola de Enfermagem da Universidade do Sudeste de Louisiana, nos Estados Unidos, envolvendo 24 pacientes que passariam pelo procedimento de remoção da vesícula biliar. O estudo apontou que a imaginação guiada não apenas reduziu os níveis de ansiedade e hormônio do estresse, mas também gerou níveis muito mais baixos de eritema na ferida cirúrgica – vermelhidão ao redor da ferida que em geral é associada à infecção ou inflamação. Realmente, a imaginação guiada acelerou o processo de cura das feridas dos pacientes.

Visualização para perda de peso

Uma amiga me contou que uma de suas estratégias para perder peso era beber água antes das refeições. A água, diz minha amiga, suprime um pouco o apetite e ela percebe que come menos. Pesquisadores da Universidade Carnegie Mellon, nos Estados Unidos, descobriram uma nova maneira de usar a visualização para influenciar o apetite de uma pessoa.

Em um estudo, os pesquisadores pediram que as 51 pessoas envolvidas imaginassem estar comendo três ou 30 unidades de um alimento em especial; o alimento usado foi M&Ms. Um conjunto de voluntários teve de imaginar comer três M&Ms, e eles também deveriam imaginar que colocavam 30 moedas para usar uma máquina de lavar roupas. Outro grupo de voluntários deveria imaginar o contrário: eles imaginaram comer 30 M&Ms e que colocavam apenas três moedas para usar a máquina de lavar roupas. Um terceiro grupo apenas imaginou colocar 33 moedas.

Você pode estar se perguntando sobre a relevância de imaginar colocar moedas em uma máquina. A razão é porque os músculos usados para tal ação são similares àqueles utilizados para levar comida até a boca, e era importante que os voluntários imaginassem o mesmo número de movimentos com a mão. Após uma atividade distrativa, os voluntários eram convidados a comer M&Ms que estavam em uma tigela, como preparação para o que acreditavam ser um "teste de sabores". Mas não era na verdade um teste de sabores: era para que os pesquisadores pudessem registrar em segredo quantos M&Ms cada um comia. Surpreendentemente, os pesquisadores descobriram que aqueles que imaginaram comer a quantidade máxima de M&Ms (30) ingeriram uma quantidade muito menor dos doces que estavam na tigela em comparação aos dois outros grupos.

A conclusão do estudo foi que imaginar comer os M&Ms suprimiu o apetite por mais doces, como se os voluntários tivessem comido fisicamente. Era como se o cérebro dissesse: "OK, já comi M&Ms o suficiente. Estou satisfeito", mesmo que a pessoa não tivesse comido nada realmente.

Os pesquisadores fizeram um experimento semelhante com cubos de queijo e obtiveram o mesmo resultado. No entanto, imaginar comer M&Ms só diminuiu o apetite dos voluntários por mais M&Ms, não por cubos de queijo, e vice-versa. Isso é conhecido como habituação. À medida que comemos mais quantidades de um tipo de comida, nosso apetite por essa comida se reduz, caso contrário continuaríamos comendo. Não reduz necessariamente o nosso desejo por outros alimentos. Todos nós sabemos como é estar totalmente satisfeitos após uma refeição, mas de alguma forma encontrar espaço para o pudim. Porém, o importante é que, ao que parece, a habituação aconteceu quando os voluntários apenas imaginaram comer algo.

Como já vimos neste livro até o momento, existe uma linha tênue entre o real e o imaginário no que diz respeito ao cérebro. E no que diz respeito ao estudo da Universidade Carnegie Mellon, Carey Morewedge, que liderou o estudo, disse: "A diferença entre imaginar e praticar pode ser menor do que consideramos".

Parece que, se uma pessoa realmente imagina o processo completo de comer – por exemplo, repetir o ato de mastigar e engolir a comida –, é produzido um efeito no cérebro similar ao de comer de verdade. É possível que, quando imaginamos comer uma refeição, garfada por garfada, antes de realmente apreciá-la, não sentiremos tanta vontade de comer como antes; portanto, perda de peso é um efeito colateral natural.

No entanto, a pesquisa ainda está engatinhando e até agora não existem dados que comprovem se o ato de imaginar que estamos comendo afeta os outros sistemas do corpo, como glicose, ou se nos faz comer muito menos a ponto de faltar os nutrientes necessários. Mas é interessante ver o mesmo tipo de feito quando o cérebro não faz muita distinção entre o real e o imaginário. Parece ser verdade para movimentos, funções imunológicas e até comer. É provável que seja um fenômeno muito mais amplo que mais pesquisas irão revelar no futuro.

Visualizar a medicação funcionando

Em vez de imaginar o funcionamento de seus sistemas imunológicos ou visualizar o momento da cura acontecendo ou, ainda, o mal-estar tornando-se bem-estar, como mencionei anteriormente, muitas pessoas que estão tomando medicação a visualizam funcionando: de drogas quimioterápicas a analgésicos e até mesmo antibióticos.

Algumas pessoas ganham muitos benefícios por criar um pequeno ritual ao redor do momento de tomar os remédios. Acreditam que isso é muito melhor do que engolir duas pílulas às pressas, quando apenas tomam um gole de água e se apressam a seguir com o que estavam fazendo. Algumas pessoas tomam remédios pouco antes ou durante a meditação ou fazem uma oração como parte do "ritual do medicamento".

Muitas pessoas com quem falei e que estavam passando por tratamento de câncer visualizavam as drogas quimioterápicas agindo como *Pac-Man* ou uma piranha, comendo as células cancerígenas ou tumor(es). Imaginavam as células cancerígenas ou tumores diminuindo até desaparecerem. Pessoas passando por radioterapia fazem algo semelhante: imaginam a radiação como raios gradualmente queimando as células cancerígenas ou tumores. Pessoas que tomam antibióticos às vezes imaginam que o remédio é como um aspirador de pó, limpando toda a infecção.

Levando em conta que aprendemos quão especificamente a mente pode afetar o cérebro – desde o efeito placebo até a visualização de diferentes partes do corpo e as mudanças específicas em certas funções imunológicas –, a chave é ser o mais claro e específico possível.

A representação mental em casos de doenças e patologias pode ser um pouco diferente do que em casos de reabilitação e no esporte, porque, ao contrário destes, a fisiologia exata visualizada não parece tão importante quanto uma representação que o paciente sinta que é a certa para ser visualizada. Um símbolo funciona tão bem quanto uma foto precisa, desde que a pessoa *sinta* ser o certo (quer dizer, que faça sentindo para quem está visualizando). Em outras palavras, imaginar uma célula imunológica como se fosse um *Pac-Man* ou piranha é tão eficiente quanto visualizá-la com a aparência real, desde que imaginemos algo que faça sentido para nós e represente aquilo que pretendemos.

Representação mental

Nos estudos sobre câncer apresentados, nos quais a vivacidade da imaginação era avaliada, o impacto positivo no sistema imunológico e na qualidade de vida foi relacionado à clareza da imaginação. O mesmo foi mostrado com as visualizações nos esportes. Em cada um dos casos, o impacto da visualização pareceu ser mais forte quando a representação mental era clara. Como apontado anteriormente, a representação mental – a clareza das imagens – também afeta o sucesso da cura. Pode até afetar nossa habilidade para relaxar.

Em um estudo feito em 2006, cientistas do Departamento de Promoção da Saúde e Comportamento Humano da Universidade de Kioto, no Japão, mediram os níveis de hormônio do estresse (cortisol salivar) e humor de 148 pessoas que receberam duas sessões de imaginação guiada relaxante.

Primeiro, o estudo descobriu que os níveis do cortisol salivar diminuíram bastante depois da primeira e segunda sessões. Os cientistas escreveram que "a informação desagradável, uma causa do estresse mental, é substituída por uma imagem confortável, e essa substituição afeta os níveis do cortisol salivar". Em segundo lugar, aqueles que observaram imagens mais vívidas apresentaram uma redução maior dos níveis do cortisol salivar.

Algumas vezes, imagens relaxantes podem ser mais eficientes que a imaginação direcionada, mas, mesmo assim, a clareza é sempre de muita ajuda. O tipo de visualização que uma pessoa escolhe depende, na verdade, das condições e também da pessoa, de qual é o interesse dela, se é relaxamento ou distração; ou ainda se ela considera uma visualização ativa algo agradável ou estressante.

Isso ficou evidente em um estudo de imaginação guiada usado para tratar dores da fibromialgia. Publicado o *Journal of Psychiatric Research* na revista, em 2002, cientistas da Universidade Noruega de Ciência e Tecnologia compararam "imaginação agradável" (que usava imagens agradáveis para distrair os pacientes da dor) à "imaginação atenta" (visualizando os "trabalhos ativos dos sistemas internos de controle de dores").

Cinquenta e cinco mulheres foram envolvidas no estudo e seus níveis de dor eram monitorados todos os dias por um período de quatro semanas. O nível de dor do grupo da "imaginação agradável" sofreu uma redução impressionante, ao contrário do que ocorreu com o grupo da "imaginação atenta".

* * * *

Não há dúvida de que a visualização gera efeitos biológicos. Impacta o sistema imunológico de maneira seletiva e já mostrou produzir efeitos positivos em diversas condições médicas, incluindo câncer. Capítulos anteriores deste livro também mostraram que concentrar a atenção em uma região do corpo impacta tal parte, assim como a região do cérebro conectada a ela.

No entanto, não se preocupe se você não se considera um bom visualizador. Para algumas pessoas, a vivacidade da visualização pode ser mais sobre a clareza de uma ideia em vez da formação de uma imagem física na imaginação. Compreender como o sistema imunológico funciona e pretender de forma clara e concisa que funcione para você (ou mesmo pedir para que funcione para você, como fazem algumas pessoas), sem realmente "ver" alguma coisa, podem ser técnicas tão eficientes quanto uma imagem mental na imaginação.

Apesar disso, com a prática, a visualização se torna mais fácil. Sei disso por experiência própria. As partes do cérebro envolvidas na visualização expandirão com a prática e sua habilidade ficará melhor. É como progredir em um esporte. Poucas pessoas podem correr dez quilômetros na primeira tentativa; a maioria apenas poderá dar a volta no quarteirão. Porém, com um pouco de treino – tentar diversas distâncias curtas com regularidade – não tardará muito até que uma pessoa comum possa correr dez quilômetros. O mesmo acontece com o aprendizado da visualização.

Então, a visualização funciona apenas mediante o impacto no sistema imunológico? Em muitos estudos mencionados antes, as pessoas direcionaram as visualizações para seus sistemas imunológicos e, em alguns casos, elas até imaginaram os sistemas imunológicos destruindo células cancerígenas. Mas, em outros estudos, a visualização era mais direcionada ao movimento dos músculos, ou alívio de sintomas, ou até mesmo o reparo de um sistema do corpo. Além disso, a crença ou descrença da pessoa na visualização pode até gerar efeitos placebo ou nocebo.

Fica nítido para nós que a visualização funciona de diferentes maneiras, dependendo da natureza da visualização praticada. O próximo capítulo explora de modo breve algumas formas diferentes pelas quais a visualização mostra seus efeitos.

Capítulo 10

Como a Visualização Funciona

"Eu sempre quis saber como as coisas funcionam. Se eu fosse Aladim, tenho certeza de que, após um desejo ou dois, teria desmontado a velha lâmpada para tentar fazer uma lâmpada nova e melhor."
Walter P. Chrysler

Apesar de já termos aprendido bastante sobre alguns dos efeitos da visualização, ela pode gerar benefícios de mais de uma forma. Existem diversos "caminhos" por meio dos quais a visualização funciona, e agora analisaremos seis:

1. A prática de uma pessoa impacta seu sistema imunológico.
2. Efeitos diretos via sistema nervoso (que causa neuroplasticidade no cérebro).
3. Efeitos diretos via neuropeptídeos.
4. Uma pessoa se sente empoderada em vez de desesperançosa.
5. O impacto da crença positiva (facilitada pelo "mecanismo" placebo).
6. O foco da vontade de uma pessoa.

Os seis caminhos da visualização

Para qualquer pessoa, todos os seis caminhos podem funcionar ao mesmo tempo, ou um ou dois podem ser dominantes. Aqui seguem as breves explicações de como cada um funciona:

1. A prática de uma pessoa impacta seu sistema imunológico

Como explicado anteriormente, a visualização impacta o sistema imunológico, e de maneira específica (direcionada). As pessoas que visualizam suas células imunológicas se multiplicando ou o sistema imunológico destruindo patógenos ou células cancerígenas tendem a potencializar as funções imunológicas. Desse modo, a visualização do sistema imunológico pode ajudar o processo curativo e a recuperação de um amplo número de condições médicas.

Além do mais, independentemente do fato de a pessoa visualizar a ação do sistema imunológico ou não, se há um efeito positivo na saúde, isso talvez indique que o sistema imunológico foi estimulado de alguma forma, como consequência direta ou indireta da visualização.

2. Efeitos diretos via sistema nervoso

Quando uma pessoa visualiza algo várias vezes, mudanças físicas são desenvolvidas no cérebro em decorrência da neuroplasticidade. Desde a reabilitação em caso de derrame até progredir em um esporte, isso é acompanhado por mudanças físicas no corpo, principalmente na região onde a atenção da pessoa está concentrada, mas também em outros sistemas do corpo que são relevantes para a mudança.

De fato, o foco constante de uma pessoa causa efeitos acumulativos, assim como os músculos podem ficar fortes de maneira acumulada conforme os exercitamos. É provável que ocorra aumento do fluxo sanguíneo para uma área visualizada, o que carregará nutrientes, fatores de crescimento e células imunológicas para a área desejada.

3. Efeitos diretos via neuropeptídeos

Da mesma forma que sentimentos de estresse produzem hormônios do estresse, alguns estados mentais ou emocionais produzem diferentes hormônios ou neuropeptídeos. Eles são substâncias (peptídeos, como pequenas proteínas ou hormônios) que desempenham funções pelo corpo e cérebro, daí o termo *neuropeptídeos*.

Como exemplo, amor, bondade, afeto, compaixão e sensibilidade emocional produzem oxitocina, um neuropeptídeo que, assim como age no cérebro, gera efeitos físicos por todo o corpo. Os receptores da oxitocina são encontrados em múltiplas partes do corpo, incluindo coração e artérias. Por meio deles, a oxitocina impacta artérias, reduz pressão sanguínea, assim como outras funções no processo curativo de feridas. Também impacta o estômago e age na digestão.

É provável que uma pessoa cujas visualizações sejam caracterizadas por essas emoções positivas e sensíveis produza oxitocina e, assim, terá efeitos benéficos por todo o corpo. Outros estados mentais e emocionais podem produzir neuropeptídeos que levam a outros efeitos benéficos específicos no corpo.

4. Uma pessoa se sente empoderada em vez de desesperançosa

É muito fácil se sentir sem esperança quando estamos doentes ou lesionados, em especial se a doença ou lesão nos debilita física ou emocionalmente. Ouço pessoas dizerem com frequência que entender a conexão mente-corpo lhes dá uma sensação de empoderamento: que usar a mente é algo que elas podem fazer para ajudar o processo em direção ao bem-estar.

Talvez a sensação de empoderamento produza um efeito curativo ainda não identificado. No mínimo, pode reduzir estresse e dar espaço para esperança. Além disso, a redução do estresse otimiza o funcionamento do sistema imunológico.

5. O impacto da crença positiva

Como aprendemos anteriormente, expectativa e crença produzem efeitos físicos diretos. Embora, às vezes, o efeito do placebo seja considerado algo que apenas afeta os sintomas de uma doença, pesquisas revelam que os efeitos da expectativa ou crença são muito mais amplos do que já se sabe até hoje.

Crenças produzem mudanças químicas no cérebro e por todo o corpo, impactando em muito mais sistemas do que antes se pensava. É possível que alguns desses efeitos tenham relevância direta no processo da doença em uma pessoa, acelerando o movimento em direção ao bem-estar.

Fé em um poder maior pode produzir efeitos desse estilo também, ou ainda efeitos calmantes e de aceitação que, por sua vez, reduzem o estresse e fortalecem o sistema imunológico de alguma forma.

6. O foco da vontade de uma pessoa

Acredito que nunca devemos subestimar o poder da vontade de viver de uma pessoa. Vontade de viver é a determinação de sobreviver e, muitas vezes, é caracterizada como esperança e uma expectativa positiva do futuro.

A vontade de viver pode impactar uma pessoa de muitas maneiras, não apenas no estado psicológico. Também reduz estresse e medo, e ainda estimula a pessoa a fazer mudanças necessárias, ainda que sutis, mas importantes para melhorar a saúde. A visualização pode impactar a vontade de viver de uma pessoa ao ajudá-la a se concentrar em sua saúde.

Em geral, o elemento comum a todos esses caminhos é a repetição: acredito que a repetição do processo de visualização refine os circuitos do cérebro. Em outras palavras, repetição causa neuroplasticidade. Creio que em algum momento, como, de certa forma, o cérebro não distingue o real do imaginário, ele irá "conectar" uma imagem de bem-estar. Com o tempo, talvez os circuitos do cérebro conectados a esse bem-estar imaginado se tornem mais dominantes que os conectados à presença da doença.

Nesse momento, talvez algum tipo de ponto crítico aconteça e a bioquímica interna do corpo passe a se encaminhar ao bem-estar, resultando em um movimento físico em direção ao bem-estar. Essa é apenas uma hipótese que considero uma possível explicação para alguns dos efeitos da visualização. Com o tempo, pesquisas poderão confirmar, expandir, refinar ou considerar a ideia incorreta.

Recuperação natural

Existe outro fator relevante não incluído na lista anterior, simplesmente porque não é um efeito intencional. As pessoas geralmente apenas melhoram.

Pode ser o curso natural da doença ou lesão, ou por causa de algum efeito da constituição natural do corpo ou dos genes. Ou, ainda, talvez mediante alguma mudança nos hábitos alimentares ou no ambiente – mudanças na dieta ou ambiente podem, sem que a pessoa tenha consciência do fato, remover o estresse ou uma toxina que impacte a saúde, e isso pode levar à recuperação.

E se a visualização não funcionar?

Há momentos em que a visualização parecerá ajudar alguém e outros em que isso não ocorrerá. Quando temos a impressão de que ela não funciona, isso não significa que não produziu efeitos: talvez existam outros fatores que contribuam para a condição médica e que estejam desempenhando um papel maior.

Podemos pensar da mesma maneira quando mudamos a dieta, reduzimos o estresse, começamos exercícios físicos ou alteramos algum outro hábito (fumar ou ingerir álcool, por exemplo). Em sua maioria, mudanças positivas terão efeitos positivos, mas às vezes não são o suficiente.

Não devemos perder a esperança quando a visualização parece não funcionar. E, por favor, lembre-se de que a visualização não é algo que fazemos *em vez de* seguir as orientações médicas, mas *em conjunto* com elas.

Muitas pessoas me relataram que tiveram menos efeitos colaterais com as drogas quimioterápicas quando as visualizavam como piranhas comendo as células cancerígenas ou os tumores, como mencionei antes. Já abordamos também a redução de efeitos colaterais em virtude do uso da visualização em testes controlados aleatórios. O principal papel da visualização, às vezes, pode simplesmente ser limitação dos danos ou proporcionar um pouco de conforto mental e emocional.

Acredito que a mente está sempre recebendo influências, mesmo quando não percebemos. Às vezes, em vez de um papel ativo com as visualizações, a mente pode ser mais bem usada para reduzir estresse e remover um peso emocional do nosso peito, o que é discutido no próximo capítulo.

Capítulo 11

Estressar ou Não Estressar

*"Não viva no passado,
não sonhe com o futuro,
concentre a mente no momento presente."*

Buda

Sinto que é muito importante dedicar um capítulo inteiro deste livro ao estresse, porque ele tem um grande impacto negativo na saúde.

O estresse já foi conectado a um alto número de doenças. Por exemplo, estresse a longo prazo foi conectado com ansiedade e depressão, dificuldades para dormir, hipertensão, doenças cardíacas, derrames, câncer, úlcera, resfriados e gripe, artrite reumática, obesidade e até mesmo o ritmo de envelhecimento. Também pode deprimir o sistema imunológico e, portanto, enfraquecer nossa habilidade para combater infecções.

Essa foi a conclusão de uma meta-análise, feita em 2004, com 293 estudos científicos, na qual se examinaram as conexões entre estresse e sistema imunológico. A pesquisa mostrou que o estresse enfraquecia o sistema imunológico. Portanto, se conseguirmos reduzir o estresse em nossa vida, podemos aproveitar vidas mais saudáveis. E estudos mostraram que, se reduzirmos o estresse, nos recuperaremos mais rápido de doenças e patologias.

Cientistas conduziram um estudo na Universidade de Auckland, Nova Zelândia, em 2003, no qual investigaram como o estresse afeta o ritmo dos processos de cura. Os participantes foram 36 pacientes que passaram por cirurgias. Os cientistas extraíram amostras de fluido da ferida após a operação e descobriram que a composição química do fluido era diferente se a pessoa se sentia calma ou estressada antes da cirurgia. O fluido de pacientes estressados possuía menos substâncias necessárias para a cura da ferida.

O estresse afeta até mesmo a eficácia dos medicamentos. Cientistas do Instituto Aids Ucla, nos Estados Unidos, em um estudo publicado na *Proceedings of the National Academy of Sciences*, em 2001, registraram que o estresse não só permitia que o HIV se espalhasse mais rápido em pessoas infectadas, mas também evitava que as drogas antirretrovirais funcionassem como deveriam.

Os cientistas mediram a carga viral e a contagem de células CD4 de 13 homens HIV positivo, que nunca haviam tomado o coquetel de drogas antirretrovirais. Também mediram pressão sanguínea, hidratação da pele e batimentos cardíacos em repouso. Os pacientes entraram em um regime forte de drogas antirretrovirais. Durante os trêz a 11 meses seguintes, a carga viral e a contagem de células CD4 foram medidas e comparadas com a situação anterior às drogas. O resultado foi impressionante.

Quanto maior o nível de estresse dos pacientes, menos eles reagiam às drogas antirretrovirais. A média da redução da carga viral foi mais do que 40 vezes para os homens com pouco estresse, mas menos de dez vezes para os homens com muito estresse. As drogas funcionaram quatro vezes melhor para pacientes que estavam calmos em comparação aos que eram mais estressados. Os autores escreveram: "nossas descobertas sugerem que o sistema nervoso causa um efeito direto na replicação viral".

Em outro artigo, publicado na *Biological Psychiatry*, em 2003, os mesmos cientistas descreveram os resultados de um estudo com duração de 18 meses, envolvendo 54 homens HIV positivo. Eles mediram a "personalidade do estresse" de cada pessoa – a maneira como reagiam a eventos estressantes – e descobriram que "pessoas tímidas com alto índice de respostas estressadas possuem carga viral maior". Em vez de diminuir as cargas virais, o que as drogas deveriam ter feito, o estudo mostrou que o vírus se replicou entre dez a cem vezes mais rápido em uma pessoa tímida com alto nível de estresse em comparação ao que ocorreu com outros pacientes.

Algumas pessoas, diante de situações estressantes, dizem aos outros como se sentem, expressam suas emoções, explicam os desafios pelos quais estão passando. Fazer isso pode de fato ajudá-las a lidar com essas questões, porque significa que têm alguém para conversar, e a honestidade funciona como uma válvula de escape para suas emoções. Um problema compartilhado é um problema reduzido pela metade, como dizem. Mas outros reprimem o que sentem e não contam a ninguém porque têm medo de que as pessoas pensem que não são bons o suficiente, ou porque estão com medo da reação delas e acham que serão julgados pelos outros.

Diversas pesquisas encontraram uma conexão entre emoções negativas reprimidas e doenças. Em meu primeiro livro, *It's the Thought That Counts*, descrevi diversos estudos mostrando a conexão com o câncer. Um estudo descobriu que tumores eram mais grossos em pessoas com personalidade "Não Verbal Tipo C". Esse tipo de pessoa foi descrito como sendo "solidária, nada assertiva e repressora de emoções negativas", o que é muito semelhante aos estudos sobre HIV descritos antes, mostrando que pessoas tímidas com alto nível de estresse tinham cargas virais maiores.

Esses estudos nos mostram que compartilhar nossos problemas com as pessoas nos ajuda. Reprimir nossas preocupações e dores emocionais não faz nada bem. O crescimento das emoções negativas reprimidas é como um balão inflando na psique. À medida que o balão fica maior, os sintomas da doença podem aparecer por todo o corpo. Precisamos encontrar uma válvula de escape por onde liberamos com frequência um pouco de ar do nosso balão do estresse.

Libere tudo

Alguns estudos mostraram que o mero ato de escrever como você se sente pode liberar o ar do balão do estresse.

Na década de 1980, o psicólogo James Pennebaker, da Universidade do Texas, pediu que metade dos alunos de uma de suas turmas escrevesse por 15 minutos, durante quatro dias seguidos, pensamentos e sentimentos mais profundos em relação a experiências traumáticas em suas vidas. À outra metade, ele pediu que escrevesse apenas a respeito das coisas cotidianas. No fim do ano, os dois grupos foram comparados e descobriu-se que os estudantes que escreveram sobre seus sentimentos eram os mais saudáveis da turma toda.

Em um estudo semelhante, publicado em 1995 em *Journal of Consulting and Clinical Psychology*, estudantes de medicina escreveram acerca de experiências traumáticas ou sobre a vida cotidiana, por quatro dias. Todos foram vacinados contra Hepatite B no quinto dia. Quando as amostras de sangue foram extraídas, após quatro ou seis meses, o grupo que relatou as experiências traumáticas tinha níveis de anticorpos contra Hepatite B muito mais elevados em comparação aos estudantes que apenas escreveram sobre o cotidiano deles.

Um estudo publicado em 2004, na revista *Psychosomatic Medicine*, mostrou que escrever sobre temas emocionais pode melhorar a saúde de pacientes com HIV. O estudo envolveu 37 pacientes, no qual mais ou menos metade deles escreveu 30 minutos por dia, por quatro dia consecutivos, e os pesquisadores descobriram que aqueles que relataram suas experiências emocionais apresentaram cargas virais mais baixas e contagem de células CD4 mais altas.

Em um artigo publicado na revista *Brain, Behaviour and Immunity* em 2007, cientistas da Universidade do Estado de Ohio, nos Estados Unidos, mostraram que sessões de apoio emocional voltadas à redução do estresse melhoraram a saúde de pacientes com câncer. O estudo envolveu 227 pacientes com câncer de mama, das quais aproximadamente metade passou pelas sessões. Ao fim de um ano de estudo, as mulheres que participaram das sessões estavam mais saudáveis em comparação às outras, baseando-se em testes no coração, fígado, rins, sistema imunológico e até mesmo na saúde emocional.

Assim como nos estudos anteriores mencionados neste capítulo, esses quatro estudos mostraram que conversar sobre suas preocupações e estresse pode melhorar sua saúde. E, quando realmente compartilhamos com outras pessoas como nos sentimos, também damos a elas a oportunidade de nos ajudar, que é um desejo profundo que nós, como espécie, buscamos realizar – a necessidade de ser necessitado. Então, não estamos fazendo um favor apenas a nós mesmos ao expressar como nos sentimos, também estamos fazendo um favor aos outros.

Relaxe com meditação

Assim como falar com outras pessoas, um conhecido antídoto para o estresse é a meditação. A meditação, feita de maneira regular, pode ter um impacto extraordinário sobre os níveis de estresse. A meditação regular acalma a mente e torna mais fácil encarar os desafios da vida.

Essa foi uma das primeiras coisas que notei quando aprendi meditação pela primeira vez – algumas coisas que me incomodavam na época e causavam estresse já não tinham o mesmo impacto. E já que a maioria das técnicas de meditação se concentra na respiração, com a prática meditativa eu podia induzir um estado de relaxamento em situações desafiadoras apenas respirando de maneira consciente, ou seja, respirando e percebendo o que eu fazia.

Assim, quando eu era desafiado de uma forma que antes seria estressante, respirava com toda a minha atenção a isso. Depois, repetia o mesmo procedimento. Isso me fazia sentir diferente diante da situação. Eu não reagia. Ao contrário, escolhia o que iria dizer e fazer. Conseguia manter o controle.

Essa foi minha experiência pessoal, mas é também uma experiência compartilhada por milhões de pessoas que meditam diariamente. Se você quer meditar e não sabe como, inscreva-se em uma boa aula, leia um livro a respeito do tema, ou apenas sente por dez minutos e preste atenção em sua respiração. Afinal, a forma mais simples de meditação é simplesmente ter "atenção plena" quanto ao fato de que você está respirando. Portanto, ouça o som de sua respiração e sinta o ar entrando pelas narinas. É uma técnica de meditação muito simples, mas muito eficiente.

O poder da meditação é tão reconhecido que hoje a prática é usada com frequência em tratamentos clínicos para ajudar com diversas doenças nas quais o estresse é um fator agravante. Muitos estudos sobre meditação envolveram redução de estresse com base na atenção plena (Rebap), inspirada na técnica budista de se sentar em silêncio e estar com atenção plena voltada à respiração e a qualquer pensamento que apareça. Quando os pensamentos surgem, apenas os deixamos dissipar. A Rebap geralmente também envolve sessões de ioga tranquilas.

Em um estudo feito em 2007, foram investigados os efeitos de um programa de Rebap na saúde de pacientes com câncer de mama e próstata em estágios iniciais. A pesquisa envolveu 49 pacientes com câncer de mama e dez com câncer de próstata. Cientistas mediram os humores, sintomas de estresse, níveis de cortisol (hormônio do estresse), contagem de células imunológicas, pressão sanguínea e batimentos cardíacos antes do estudo, após seis meses e novamente após 12 meses. Os resultados mostraram uma sensível melhora nos sintomas do estresse, redução da pressão sanguínea, baixos níveis de cortisol e aumento da contagem de células imunológicas.

Um estudo conduzido em 2007, no Departamento de Medicina Emergencial da Universidade Thomas Jefferson, Estados Unidos, mostrou que a Rebap poderia ser usada para controlar níveis de glicose em pacientes com diabetes mellitus tipo 2. Após praticar Rebap, pacientes obtiveram baixos níveis de hemoglobina glicosilada (hA1c) – em média 0,48% menos – e também pressão sanguínea mais baixa, menos ansiedade, depressão e tensões psicológicas, em comparação aos pacientes que não praticaram a meditação.

A meditação foi avaliada em pessoas saudáveis. Um estudo publicado em 2007 por cientistas do Centro Médico da Universidade Duke envolveu 200 adultos saudáveis que aprenderam a técnica meditativa com base em um mantra simples durante quatro sessões curtas e em grupo, com a duração de uma hora; então a praticaram durante o estudo por 15-20 minutos, duas vezes ao dia. O estudo mostrou melhoras expressivas no humor, e redução de estresse e ansiedade. Os cientistas descobriram que práticas mais frequentes produziam resultados melhores. Mais meditação era melhor que pouca, ou nenhuma.

Um importante estudo feito em Harvard, em 2008, mostrou que a meditação nos afeta em um nível genético. Isso explica um pouco mais por que ela impacta a saúde de forma tão profunda. No estudo, 20 voluntários foram treinados com diversas técnicas de Resposta Relaxante por oito semanas. A Resposta Relaxante é a reação psicológica às técnicas que incluem meditação, ioga, orações repetitivas, tai chi, qigong, exercícios de respiração e imaginação guiada.

A análise genética do sangue dos voluntários descobriu que 1.561 genes foram expressos de forma diferente (ativados ou desativados) após o treinamento. Praticantes de longa data dessas técnicas possuem 2.209 genes expressos de maneira diferente. Em especial, após oito semanas de treinamento, 874 genes foram regulados para cima (movendo o botão do regulador para cima) e 687 foram regulados para baixo (movendo o botão do regulador para baixo). A mudança geral das regulagens para cima e para baixo dos genes estava produzindo uma rede de mudanças positivas no corpo em relação ao estresse e até mesmo ao envelhecimento.

Portanto, a meditação já nos beneficia ainda que a pratiquemos há pouco tempo. Os estudos citados mostram os benefícios para a saúde até em nível genético, mas podemos notar melhora quase imediata em nosso estado mental.

Em 2002, fui convidado, pela Universidade Espiritual Mundial de Brahma Kumaris, a um retiro meditativo de uma semana, nas montanhas Rajasthan, Índia. Os dias envolviam uma meditação de 45 minutos às 6 horas da manhã, seguida de meia hora de caminhada silenciosa. Após o café da manhã, os participantes tinham algumas aulas. Um pouco de tempo livre à tarde e, em seguida, outra meditação de 45 minutos e, após o jantar, uma última sessão.

Quando retornei para casa, notei que minha mente nunca esteve tão calma. Não podia deixar de notar que havia uma ausência de pensamentos buzinando pela minha cabeça. No momento foi uma sensação estranha, sentir apenas o vazio da minha mente, apesar de que a sensação era boa. Sentia-me muito bem física, mental, emocional e espiritualmente. Senti-me motivado a fazer algumas mudanças em meu estilo de vida, mudanças que logo se tornaram permanentes. E esse estado mental muito pacífico ficou comigo por mais ou menos um mês antes que eu, aos poucos, voltasse aos meus pensamentos diários, porém nunca revoguei as mudanças no estilo de vida.

No mundo real

Todos nós sabemos que a vida acontece. Muitas vezes, não podemos controlar o que ocorre, mas com certeza temos mais controle sobre como respondemos ao que acontece, temos a liberdade de escolher nossa atitude.

O estresse pode chegar sem que você perceba. Trabalhei em um ambiente corporativo onde "tinha" de atingir certos objetivos. Mas eu realmente "tinha" de fazer tudo isso? O mundo acabaria se eu não fizesse? Às vezes necessitamos parar com o hábito de estarmos ocupados e perguntar o que é mais importante – o trabalho ou a saúde? Um emprego vale a vida?

Muitas vezes, apenas quando levamos um susto na saúde causado por estresse é que sentamos, percebemos tudo e nos damos conta de que temos uma escolha de como lidar com as situações. Várias pessoas reavaliaram suas prioridades na vida após sofrerem um ataque cardíaco ou um derrame, e sobreviveram com uma atitude completamente diferente: "Nada é mais importante que a minha saúde".

Lidar com o estresse é algo que pode ser aprendido. A habilidade está em fazer a mudança no que você acredita ser importante, nas suas prioridades. E, como vimos neste capítulo, compartilhar nossas preocupações com outras pessoas ajuda, e meditação também nos auxilia. Uma atitude positiva ajuda.

Também deveríamos reconhecer que não são exatamente os eventos em nossa vida que causam o estresse, mas nossas atitudes em relação a eles. Reconhecer que o estresse vem da nossa própria percepção da situação nos dá maior possibilidade de controlar as coisas ou nós mesmos. Porque, às vezes, as coisas acontecem! Porém, como essas coisas nos afetam depende de nós!

Possuímos a habilidade para ver as coisas de maneira diferente na vida. Quando mudamos prioridades – o que é algo que fazemos em nossa própria mente –, podemos de imediato reduzir nossos níveis de estresse.

E, a partir do espaço conquistado após a redução do estresse em nossas vidas, podemos começar o processo de cura. Muitas vezes, tudo o que temos de fazer para nos curar é sair da frente – cortar pensamentos estressantes da nossa mente – e deixar os sistemas naturais de cura do nosso corpo trabalhar. Ao usarmos a visualização para ajudar um processo curativo, é sempre melhor quando estamos menos estressados.

No próximo capítulo, vamos aprender algumas das melhores maneiras de visualizar.

Capítulo 12

Como Visualizar

"Imaginação é tudo. É a prévia das grandes atrações da vida."

Albert Einstein

Existem muitas maneiras de usar a visualização, algumas das quais já conhecemos. Podemos visualizar partes do corpo se movendo. Podemos visualizar uma cena agradável que ajude a relaxar ou o sistema imunológico trabalhando, remédios fazendo o que deveriam fazer ou apenas imaginar uma doença se transformando em bem-estar. A chave para usar a visualização é visualizar o que você quer que aconteça ou como se estivesse acontecendo *realmente*.

Por exemplo, em algumas pesquisas descritas antes, pessoas visualizaram seus sistemas imunológicos destruindo células cancerígenas. Algumas pessoas também imaginaram um tumor (ou tumores) encolhendo até desaparecer por completo. De fato, elas visualizaram uma doença se transformando em bem-estar.

As pessoas fazem isso com frequência. Algumas visualizam todo dia; outras, duas vezes ao dia. Outras, ainda, visualizam algumas vezes na semana. A continuidade parece ser importante; talvez mais do que o tempo que passamos visualizando.

Como vimos, você não precisa enxergar com alta definição em sua imaginação. Algumas pessoas acreditam que não conseguem visualizar, porque se comparam às supostas descrições da visualização de outras pessoas. Eu gostaria de substituir a palavra *visualizar* por *imaginar*, já que dá uma impressão menos "visual". Cada indivíduo imagina de maneira própria, pessoal. Ter uma intenção clara é mais importante do que a aparência que algo tem em nossa imaginação ou quão claro o vemos. Uma intenção clara ajuda o processo de visualização ou imaginação.

Você pode imaginar células, órgãos, componentes do sistema imunológico ou quaisquer partes do corpo como personagens com personalidades. Você pode até imaginar a si mesmo participando de um processo de cura, como se fosse uma versão em miniatura de si – como um Minieu.

Não é necessário saber exatamente como algo se parece, embora ter uma ideia de como uma coisa é pode ajudar a clareza mental. A exatidão científica de uma imagem importa menos que a clareza com a qual você a enxerga em sua imaginação.

Desenhar coisas em um papel antes da visualização muitas vezes ajuda as pessoas a desenvolver uma ideia mais clara do que imaginarão.

Os sete tipos diferentes de visualização

Ao longo dos anos pelos quais passei falando com as pessoas sobre os tipos de visualização que fazem, concluí que eles se inserem em uma entre sete amplas categorias. Elas não são, de maneira alguma, as únicas visualizações que podem existir, mas pensei em listar como guias gerais que podem ajudar o leitor a formar as próprias visualizações.

Para explicar cada tipo, compartilhei um breve exemplo. Como veremos, embora os tipos de visualização estejam categorizados individualmente, muitos se encaixam em duas ou mais categorias.

1. Mudança ativa

Descreve qualquer visualização em que você altera algo de forma ativa. É uma estratégia bastante ampla e é mais como um "vale-tudo", no sentido que descreve visualizações que não necessariamente se encaixam em nenhuma das outras categorias.

Um exemplo de uma visualização de mudança ativa seria visualizar a diminuição de uma célula cancerígena ou tumor(es). Na sua imaginação, você imagina o tumor ativamente mudando de aparência, tornando-se cada vez menor, a ponto de sumir por completo.

Em relação ao câncer, muitas pessoas imaginam o sistema imunológico no palco principal; outras imaginam drogas como se fossem piranhas comendo as células cancerígenas ou tumor(es). Outras imaginam os tumores derretendo, como se fossem feitos de gelo. Ainda outras imaginam que são lixas e gastam o tumor até virar pó, depois coletam o pó e jogam para fora do corpo. Em cada caso, estão ativamente mudando a natureza da doença.

Algumas pessoas usam uma estratégia semelhante com inflamações. Por exemplo, pessoas com artrite às vezes imaginam reduzir inflamações e lubrificar uma articulação, depois imaginam a articulação recém-lubrificada se movendo livremente.

2. *Limpar e polir*

Esse tipo de visualização se dá quando você imagina limpar e polir algo. Por exemplo, uma mulher uma vez compartilhou comigo que tinha melhorado as funções do rim ao imaginar células renais limpadoras. Ela tinha doença renal crônica e baixa funcionalidade do órgão. Não sabia exatamente como uma célula doente parecia, mas imaginou algo enrugado e cinza.

Todos os dias passava um tempo limpando as células doentes, tornando-as, em sua imaginação, células saudáveis, cor-de-rosa e bulbosas. Quando as células eram limpas, a mulher beijava e abraçava cada uma delas, agradecendo pelo incrível trabalho que faziam para mantê-la saudável. Encontrei-a um ano depois e ela explicou que seu médico havia confirmado havia pouco tempo que as funções renais estavam normalizadas de novo.

Algumas pessoas usavam esse tipo de estratégia para imaginar a limpeza das artérias. Alguns imaginavam usar um limpador a vapor e, quando as paredes eram limpas, coletavam todos os restos em lixeiras e as levavam para fora do corpo.

As pessoas usavam essa estratégia até para imaginar a limpeza de infecções. Como exemplo, elas imaginavam uma infecção como pimenta polvilhada em cima de uma área infeccionada. Então, imaginavam um aspirador sugando tudo, imaginando inclusive os estalos que um aspirador costuma fazer enquanto suga resíduos de um tapete.

Certa vez uma mulher me disse que a visão melhorara muito, porque imaginou limpar e polir as lentes dos olhos, e também massagear os músculos.

3. Intervir em um processo

Esse tipo de visualização tende a ser usada por pessoas que entendem alguns dos processos biológicos que estão visualizando. Por exemplo, pessoas com alergias ou patologias autoimunes usam essa estratégia às vezes.

Uma patologia autoimune é caracterizada pelo sistema imunológico atacando partes do corpo, talvez percebendo essas partes como alienígenas. Artrite reumática, lúpus, diabetes (tipo 1), esclerose múltipla e miastenia grave são exemplos de patologias autoimunes.

As pessoas visualizam uma intervenção no processo e mudam o que está acontecendo. Imaginam o sistema imunológico retrocedendo, por exemplo, e até fazendo amizade com a área do corpo afetada. Apresentamos um exemplo de visualização autoimune na seção A-Z das visualizações, na Parte II.

Pessoas com alergias fazem algo semelhante, imaginam o sistema imunológico se tornando menos sensível ao alergênico. Veremos um exemplo de visualização para alergias na seção A-Z das Visualizações, na Parte II.

4. Falar com as próprias células

Para esse tipo de visualização, as pessoas às vezes imaginam que estão tendo uma conversa com as células de uma parte do corpo lesionada ou que seja foco de uma doença. Talvez perguntem às células do que precisam, ou se precisam que a pessoa faça alguma mudança de vida, como alterar hábitos alimentares ou estilo de vida, ou se há algo (ou alguém) que ela precisa evitar, por exemplo. As pessoas fazem esse tipo de visualização como parte de uma meditação, então primeiro entram em um estado relaxado antes de iniciar uma conversa.

5. Mudança simbólica

Nesse tipo de visualização, as pessoas criam uma versão simbólica do que querem visualizar. É usada por pessoas com patologias não físicas, já que não possuem nada físico para basear a imaginação.

Como exemplo, conheci um senhor anos atrás que sofria muito com depressão. Ele decidiu tentar a visualização, mas não sabia o que poderia visualizar. Dizia que se sentia destruído, pois sua vida estava totalmente despedaçada. O homem fora um profissional de sucesso no passado, teve casamento feliz e viveu em uma boa casa. Agora, era divorciado, vivia sozinho em um pequeno apartamento, não tinha emprego e nenhuma perspectiva, tomava remédio todos os dias. A vida dele – e o modo como se sentia em relação a si mesmo – era uma lembrança obscura do que havia sido um dia.

Decidiu então que visualizaria o ato de transformar destruição em plenitude. Imaginou a destruição simbólica, como um espelho que caiu e se partiu em pedaços. Em sua imaginação, ele varria os pedaços de espelho e os depositava em um caldeirão. Depois, acendia um fogo abaixo e os derretia até uma consistência líquida, como prata líquida.

Em seguida, imaginou despejar a prata líquida em um novo molde. Assoprava para esfriar e levantava o espelho novo e inteiro. Assim, conseguiu transformar destruição em plenitude e, ao fazê-lo, transformou sua própria destruição em plenitude. Ele se recuperou totalmente da depressão.

6. Mudança de cores

Esse tipo de visualização tende a ser parte de outras, mas às vezes pode ser feita como uma visualização única. Muitas pessoas gostam de usar cores nas visualizações, cores possuem significados simbólicos para nós. Por exemplo, azul é uma cor calmante, enquanto o verde geralmente representa natureza e crescimento. No exemplo da célula renal citado, a mulher transformava células cinza e enrugadas em células rosa e saudáveis.

Algumas pessoas enxergam a doença ou patologia como uma sombra escura ou cinza e, simplesmente, imaginam que adicionam cores às sombras até que desapareçam por completo.

7. Impulsão imunológica

Esse é o tipo de visualização que aprendemos anteriormente no livro, em que pessoas imaginam células imunológicas sendo criadas, multiplicando-se ou destruindo células cancerígenas. Também podemos imaginar o sistema imunológico destruindo vírus invasores e outros patógenos perigosos. Incluímos um exemplo de visualização de impulsão imunológica na seção A-Z das Visualizações, na Parte II.

Da doença ao bem-estar

O ponto-chave para usar a visualização é lembrar que você está transformando um estado doente (ou lesionado) em um estado de bem-estar.

Por exemplo, ao encolher um tumor a pessoa o imagina ficando cada vez menor. A doença é representada pela presença do tumor e o bem-estar é representado pela ausência dele. Se alguém se cortou, a doença seria a presença do corte e o bem-estar seria o corte já curado. A doença é o ponto de partida, o bem-estar é o ponto final.

Algumas pessoas repetem o processo "da doença ao bem-estar" em todas as visualizações que fazem. Em outras palavras, imaginam os tumores sendo reduzidos a nada ou um corte sendo curado toda vez que praticam a visualização. Para certas pessoas, quando começam cada sessão de visualização, o ponto de partida da doença se moveu uma fração mais perto do bem-estar. Então, nas sessões de visualização seguintes, começam com um tumor um pouco menor do que imaginaram na sessão anterior.

Outros preferem apenas o "da doença ao bem-estar" uma ou duas vezes e, então, voltam toda a atenção para o bem-estar desse ponto em diante, em que suas visualizações consistem na imaginação da região doente ou lesionada como já saudável.

Outros, ainda, fazem algo entre esses dois processos. Em suas imaginações, fazem um pouco do processo curativo em cada visualização e, em consequência, o ponto de partida da doença está um pouco mais próximo do estado de bem-estar nas visualizações seguintes, como se estivessem talhando algo de forma gradual.

Algumas pessoas têm receio de que ao "ver" a doença todas as vezes em suas visualizações reforcem a existência dela. Dependendo da visualização em especial, isso talvez não faça diferença, pois elas não estão imaginando um estado doente estático, mas o vendo ser transformado espontânea e progressivamente, até chegar ao bem-estar.

O mais importante é que o foco da visualização é o bem-estar – que o ponto final é sempre o bem-estar – e que a visualização seja feita de maneira constante.

Com que frequência devemos visualizar?

As pessoas variam em relação às suas práticas. Normalmente, dependendo da seriedade de uma doença, é possível se dedicar às práticas mentais por um período de dez minutos a uma hora, tanto em uma sessão completa como em blocos curtos de sessões ao longo do dia ou semana.

Não existe uma regra exata – nem em relação ao que a ciência estudou, nem no que se refere aos milhares de exemplos que vi ao longo das duas últimas décadas em que estudei a conexão mente-corpo. Há uma variação considerável nas visualizações das pessoas.

No entanto, uma coisa é constante, e é o fato de que a visualização em si mesma precisa ser contínua. Para mim, isso sugere que a maioria das formas de visualização cria certo nível de neuroplasticidade no cérebro.

Abordaremos agora a duração e a frequência mais comuns das visualizações. Algumas pessoas fazem uma ou duas sessões de dez a 20 minutos por dia, três a cinco vezes na semana; outras fazem uma única sessão de cinco a 45 minutos. Se você for um completo iniciante nas visualizações, comece com sessões de apenas alguns minutos.

Algumas pessoas preferem visualizações matinais, enquanto outras preferem à tarde ou à noite. Outras, em substituição a visualizações formais, preferem fazer versões rápidas que duram de cinco a dez segundos, mas o fazem todas as vezes que a patologia lhes vem à mente – de certa forma, cortam o pensamento pela raiz e o substituem por uma imagem ou sentimento positivos.

Enfim, você pode descobrir sua maneira preferida. O mais importante é a constância. Manter uma constância nas práticas é mais significativo do que a duração de cada visualização. Um martelo pequeno pode quebrar uma rocha enorme se você golpear com regularidade. De forma semelhante, se quiser ser um campeão olímpico em um esporte, ir à academia apenas uma vez não ajudará em nada. Ir à academia todos os dias, talvez. É o mesmo com a visualização.

Aproveitando as visualizações ao máximo

Aqui estão algumas dicas extras para sua prática.

- **Grave suas visualizações.** Algumas pessoas consideram útil gravar um áudio de suas visualizações. Você pode escrever um roteiro da visualização e ler para si mesmo ou pedir a um amigo que o leia. Também é uma boa ideia adicionar uma música suave, se ajudar.
- **Desenhe ou pinte suas visualizações.** Algumas pessoas consideram essa prática útil, pois permite atingir clareza e foco no que querem imaginar.
- **Não existe apenas uma visualização "correta".** Existe apenas o que funciona para você. Se imaginar o processo curativo de uma parte do corpo reparando as células danificadas, você pode visualizar as células da maneira que preferir. Algumas pessoas imaginam células saudáveis como bolhas translúcidas com um pequeno ponto no centro – como uma ova de rã. Outras imaginam quadrados ou círculos gelatinosos de cor rosa. Outras ainda as visualizam como tijolos de borracha em uma parede ou ovos crus após serem quebrados em uma frigideira. Alguns veem uma célula danificada em um órgão como uma célula murcha e escura, como uma uva passa ou uma ameixa seca. Durante as visualizações, imaginam limpá-la com um pano ou escova e ver como recupera um aspecto, cor e textura saudáveis. Depois, seguem para a próxima célula e fazem o mesmo até que todas as células danificadas voltem ao estado totalmente saudável. Outros imaginam alimentar a pequena

ameixa seca até que esteja recuperada. Visualizam cuidar e usar medicamentos mágicos, e observam a restauração da força e da cor.

- **Que seja leve.** Para garantir que as cenas estejam livres de estresse, para que você sinta menos medo da sua patologia, é aconselhável um pouco de diversão de vez em quando. Por exemplo, em casos de lubrificação das articulações com artrite, você espreme o óleo para fora do tubo e pode imaginar o barulho de esguicho enquanto ele é expelido. Você pode exagerar esse som se quiser.

  Ou imagine todos os átomos do óleo como bolinhas com carinhas sorridentes. Imagine que elas gritam "OOOOPAAA-AAA!" enquanto são espremidas para fora do tubo de óleo, como se estivessem se divertindo em um tobogã. Adicionar um pouco de humor e leveza às cenas faz você sorrir.

- **Faça uma dança da vitória.** Para deixar as coisas mais leves, é útil adicionar uma dancinha boba, tanto real quanto imaginária, durante ou após a sessão de visualização. Isso ajuda a distanciar o cérebro de um estado de preocupação ou estresse e chegar mais perto de um estado positivo.

- **Seja quão criativo você quiser.** Essa é a sua imaginação, então você pode imaginar tudo o que quiser. Pode imaginar que usa uma varinha mágica para transformar algo em outra coisa. O que o impede de usar uma varinha mágica, como Harry Potter? Invoque um anjo, se quiser, e peça orientações. Os únicos limites aos tipos de visualização são os que nós mesmos impomos. O modo como você atinge o "bem-estar" em sua imaginação é pessoal e depende apenas da sua decisão.

- **Seja paciente.** Não fique ansioso se você não se curar em um ou dois dias. A maior parte das coisas na vida leva tempo. Seja paciente e, no mínimo, vai conseguir aliviar um pouco do estresse.

Recursos para visualizações

Adicionei alguns recursos para visualizações em meu website, desde o básico, como o sistema imunológico funciona, até áudios MP3 com visualizações guiadas. Também incluí um áudio de uma visualização simbólica que chamo de Cura do Campo Quantum, que guia o ouvinte a imaginar a doença a partir de uma perspectiva subatômica e, depois, por meio da imaginação, mudar as "ondas" de doença para "ondas" de bem-estar.

Você pode acessar esses recursos em <www.drdavidhamilton.com/howtovisualize>.

* * * *

Uma das coisas que fazemos quando estamos doentes é nos concentrar na doença ou em quão doentes estamos. Ao usar visualizações, temos uma sensação de poder ou esperança e ela nos estimula mentalmente a fazer algo quanto a isso. Uma das melhores coisas quanto ao uso das visualizações é que, por espaços de tempo, a mente está concentrada em resultados positivos.

Capítulo 13

O Poder das Afirmações

"Uma pessoa começa a acreditar em qualquer coisa que repita para si mesma com certa frequência, não importando se a afirmação é verdadeira ou falsa."

Robert Collier

Afirmações são suas conversas consigo mesmo. São simplesmente declarações afirmativas sobre algo. Podem ser úteis para manter o foco no bem-estar ou no desejo por ele.

A afirmação mais conhecida foi criada pelo psicólogo francês Émile Coué, que a denominou autossugestão otimista: "Todos os dias, em todos os sentidos, estou melhorando cada vez mais".

Usamos autossugestões ou afirmações o tempo todo, sem perceber. Contudo, para muitos de nós são afirmações negativas, declarações para nós mesmos acerca de algo que consideramos negativo ou estressante: "Nunca irei conseguir", "Isso é muito chato" e "Isso sempre acontece comigo" são afirmações negativas comuns.

Criar afirmações positivas pode ajudar a aliviar o estresse e fazer nascer a esperança. Porém, até certo ponto, necessitam ser realistas. Por exemplo, uma pessoa com baixo autoestima pode não reagir muito ao repetir "eu me amo" muitas vezes ao dia. Essa afirmação talvez funcione para algumas pessoas, mas muitas vão sentir que usá-la é uma montanha muito alta para subir no momento – é muito para depositar as esperanças.

No entanto, podemos criar afirmações-pontes, que seriam como pequenos passos na direção em que queremos ir. São declarações de *movimentos* em uma direção positiva. "Estou aos poucos aprendendo a amar a mim mesmo" é um exemplo de uma afirmação-ponte que seria útil para alguém com baixa autoestima.

O uso de tais afirmações nos ajuda a concentrar na recuperação. A seguir, estão alguns exemplos de afirmações – pontes que podem ser usadas para a cura:

- "Estou em recuperação."
- "Estou ficando cada vez melhor."
- "Estou me sentindo melhor."
- "Estou melhorando."
- "O movimento do meu braço/perna está melhorando todos os dias."
- "As células cancerígenas estão sendo destruídas."
- "O tumor está encolhendo/dissolvendo/derretendo."
- "Está indo… indo… se foi."
- "Meu sistema imunológico está se tornando eficiente."
- "Posso me mover com mais facilidade e liberdade agora."
- "Minha pressão sanguínea está voltando ao normal."
- "Meu coração está ficando cada vez mais saudável."
- "Estou respirando com mais facilidade."

Com essas afirmações não estamos tentando nos iludir, mas declarar a intenção de ajudar a nós mesmos a concentrar a atenção no estado de bem-estar que desejamos criar. Portanto, é importante que sejam positivas. Por exemplo:

- "Eu estou me recuperando rápido" é mais positivo que "Meu resfriado está sumindo".
- "O tumor está se dissolvendo" é mais positivo que "Meu câncer está ficando menos severo".
- "Estou em recuperação" é mais positivo que "Não me sinto mais tão mal".

Afirmações podem ser úteis com a visualização ou independentemente dela.

Afirmações como comentários nas visualizações

É possível usar afirmações nas visualizações. Algumas pessoas consideram útil fazer comentários verbais sobre o que está acontecendo, especialmente se você não se considera muito bom com as visualizações. Nesse caso, os comentários ajudam a manter o foco. Por exemplo, durante a visualização, enquanto você – digamos – suga as bactérias usando um aspirador de pó, afirme: "eu amo saber que todas as bactérias prejudiciais estão desaparecendo do meu corpo".

Ou enquanto você imagina as "balas" da radioterapia queimando as células cancerígenas, afirme: "eu amo saber que a luz está queimando as células cancerígenas, mas deixando todo o resto intacto".

Outro exemplo: digamos que você esteja visualizando a si mesmo despejar lubrificante mágico em uma articulação com artrite. Enquanto segura o recipiente com o lubrificante e o tubo para aplicar o produto sobre a articulação, diga: "este lubrificante é mágico, 100% eficiente e dura eternamente".

No momento em que aplica o produto, lembre-se de que "o lubrificante está sendo absorvido pela articulação. Essa articulação está parecendo solta agora".

De maneira simples, fazemos comentários enquanto continuamos com a visualização. Acrescente muitos ou poucos comentários ou até nenhum. Muitas pessoas acreditam ser útil adicionar esses tipos de comentários se estiverem gravando um áudio de suas visualizações para servir de imaginação guiada.

Portanto, afirmações são úteis, mas são uma escolha pessoal. Algumas pessoas gostam de usá-las, como foi descrito, outras não. Use se você sentir que podem ajudar.

Parte ll
Visualização em Ação

Capítulo 14

Histórias Verídicas de Visualizações Bem-sucedidas

Este capítulo possui algumas histórias verídicas de pessoas ao redor do mundo que usaram a visualização como parte de suas jornadas para a recuperação de uma doença. Essas histórias foram gentilmente enviadas por elas com a intenção de ajudar outras pessoas – com a esperança de que suas experiências com a visualização possam transmitir esperança ou mais clareza, inspirar crença ou confiança em pessoas que estão passando por algo semelhante. Sou profundamente grato a todos que compartilharam suas histórias.

Como veremos, na maior parte dos casos, a visualização foi utilizada em conjunto com outros tratamentos e também com os estudos sobre visualização descritos anteriormente. Nenhuma história foi verificada do ponto de vista médico por mim: eu as recebi com o mesmo espírito com o qual foram enviadas, com confiança e esperança de que possam ser úteis para a vida de outras pessoas.

Agrupei as histórias sob o título de cada doença ou patologia: câncer, síndrome pós-pólio, psoríase, EM/SFC, patologias cardiovasculares, inflamações, náuseas, verrugas/verrugas plantares, lúpus, febre do feno, perda de peso e hipotireoidismo.

Câncer

A história de Sallie – amor dourado líquido

Dezembro de 2003 começou com um grande choque! Eu... câncer de mama estágio 3?!! E esse foi apenas o começo do meu grande passeio pela montanha-russa das emoções. Minha vida (e minha saúde) de repente foi controlada por outros! O que eu poderia fazer para me manter forte, para me curar e sobreviver a isso?

O primeiro passo foi recuperar o meu poder e aprender a "desapegar" – essa foi a primeira lição! As próximas lições foram: confiar em mim mesma e escutar meu corpo; acessar meu próprio poder de cura, conhecimento e sabedoria; não escutar a história de terror das outras pessoas e negatividades delas ao redor da situação. Eu precisava me cercar de pessoas positivas e pensamentos positivos para proteção, sempre que possível!

Então, acessei meu eu interior e tive algumas ideias. Escolhi a cor amarela como minha cor "de apoio" (flores amarelas pela casa, bolsa amarela, um pedaço de alguma coisa amarela dentro da mochila, etc., etc.) – tudo que me lembrasse do calor, do poder e da cor da luz do Sol.

Após a cirurgia, eu me projetava como limpa, saudável e em processo de cura. Para mim, as células ofensivas que representavam minha antiga vida foram removidas. Eu estava em processo de purificação e começando a vida do zero.

Quando comecei a quimioterapia, imaginei as seringas liberando amor dourado líquido e curativo dentro do meu sistema. Em cada tratamento, eu transmitia amor de cura e aplicava Reiki diretamente nas seringas quando elas estavam prontas em cima da bandeja médica. A princípio, a equipe médica pensou que eu era um pouco louca, mas não me importava, era importante para mim e para meu processo de cura. A cada dia de tratamento, era inacreditável para a equipe quão bem eu aparentava e não demorou muito para que entendessem minha rotina e acreditassem nela também, já que podiam ver a evidência! Também estipulei que a equipe só poderia usar palavras positivas perto de mim; para alguns foi mais fácil do que para outros, mas acredito de verdade que a escolha de palavras é importante!

Aprendi a me amar quando perdi meu cabelo. Eu era uma adulta-bebê careca no começo de uma nova vida! Não seria governada por como meu cabelo estava a cada dia. Na verdade, foi muito libertador e economizei uma fortuna que antes gastava com xampu e tratamentos capilares!

Após a quimioterapia, chegou o momento da próxima etapa do tratamento – radioterapia. Imaginei a radioterapia como o Sol cálido me curando enquanto eu estava ali deitada, sem poder me mover, escutando a bela música que a equipe tocava para mim.

Meu companheiro, que estava comigo há apenas 18 meses, foi muito amável, solidário e forte; ajudou-me a fazer uma lista de músicas que eu amasse dançar, música que me fizesse sorrir e sentir feliz – isso era importante. Ele fez questão de que eu comesse direito e de maneira saudável, cozinhava tudo para mim.

Todos os dias eu repetia os mantras positivos, como: "todo dia fico cada vez melhor", "meu corpo está saudável, feliz e curado", etc. Eu demonstrava reconhecimento e gratidão a todos que conheci nessa jornada, a quem me ajudou e esteve comigo, pelos tratamentos em si e a ciência por trás, e a todas as pessoas que permitiram que eu me curasse.

Licenciei-me do trabalho por cerca de dez dias durante oito meses de tratamento. Trabalhar foi uma grande distração, mas o fato inacreditável é que eu estava bem para isso! Tive muita sorte por toda a rede de apoio ao meu redor e aprendi a pedir ajuda quando necessário. Descobri quem eram meus amigos – esse foi um aprendizado duro!

Acredito que os principais pontos do processo de cura foram minha autoconfiança, pensamento positivo, gratidão, apoio, visualização, homeopatia, hipnoterapia, Reiki, etc., em conjunto com a medicina tradicional.

Além disso, ter apenas pessoas positivas ao redor e escutar somente palavras positivas, e claro, o mais importante, meu amado e solidário companheiro que hoje é meu marido!

Obviamente, não foi sempre fácil: muitas vezes minha confiança foi abatida, minha feminilidade jogada pela janela, de uma grande altura; e meu relacionamento ainda recente com o meu companheiro foi desafiado muitas vezes. Mas quer saber? Sou grata por ter passado por tudo isso! Uma das coisas mais incríveis é que eu não tinha mais meu sentido olfativo havia 15 anos. Não conseguia respirar pelo nariz, porém, após minha primeira sessão de quimioterapia, o sentido voltou! Senti o cheiro do jantar no forno ou da grama recém-cortada pela primeira vez em anos!

Transformei-me em uma nova versão de mim. Era um filhote e saí do outro lado como um lindo cisne. Sou eternamente grata.

A história de Lynn – a jornada de volta à saúde

Em dezembro de 2008, fui diagnosticada com câncer de mama estágio 3 e nódulos nas axilas. Em 2009, fiz a mastectomia, reconstrução, quimioterapia e radioterapia.

Em 2010, tive a sorte de passar bastante tempo no Haven, em Londres, onde conheci David Hamilton. Ele estava ministrando o workshop "Como sua mente pode curar seu corpo". Na época fiquei fascinada e inspirada, e pensei que, se o ouvisse antes da sessão de quimioterapia, entraria em um estado mental muito diferente, pois, até então, eu só conseguira exergar o tratamento como um veneno que meu corpo tinha muita dificuldade em aceitar. Sem surpresas, tive efeitos colaterais muito graves.

Em agosto de 2012, celebrei meu aniversário de 50 anos e meus três anos livres do câncer. Porém, durante abril de 2013, eu estava de férias em Marrocos e tinha dificuldade de subir os morros, sentindo muita falta de ar. Na época eu não sabia se era por causa dos danos causados pela radioterapia ou por estar fora de forma, mas uma semente foi plantada na minha mente.

Em julho de 2013, além de estar sem fôlego, senti leves desconfortos e fui ao hospital pedir uma ressonância. Os resultados mostraram uma mancha nas paredes do meu pulmão/tórax. Ao inserirem uma câmera no meu tórax, descobriram que eu tinha dois litros (três pintas) de fluido quase parando os meus pulmões e sete pontos de tumores, sendo o maior deles do tamanho de um ovo.

Fiquei nove dias no hospital para me recuperar e drenava fluido constantemente. Fui mandada para casa com um tubo que saía do tórax e, a cada dia ou dois, eu tinha de acoplar uma garrafa especial para drenar o fluido que continuava a se formar. Após alguns meses nessa condição, percebi que tinha de ser proativa e controlar a situação. Não era suficiente desejar que tudo desaparecesse.

Foi quando comecei a visualizar. Todos os dias eu deitava no chão com os pés em uma máquina Chi – você acomoda os pés na máquina e ela balança com rapidez de um lado para outro, mandando ondulações pelo corpo todo. Quando a máquina para, após 15 minutos, você coloca o pé no chão e, por causa da estabilidade do chão, sente uma corrente de Chi passando pelo corpo.

Como vira uma imagem da parte interna do meu tórax, eu tinha uma clara noção de como eram os tumores e, então, imaginei que o Chi era uma energia curativa fluindo pelo meu corpo. Concentrei-me no tumor grande e visualizei a energia curativa derretendo-o, e as células ruins se misturando ao fluido e saindo do meu corpo.

Eu falei constantemente com os tumores e com o fluido, agradeci pelas lições aprendidas e afirmei ser uma pessoa mais feliz por causa deles. Eu agradecia, mas não os queria mais, então era hora de dizer adeus. Agradeci ao fluido por purificar os tumores e permitir que as células fossem expelidas. Agradeci ao tubo por ser o meio de remoção do câncer de dentro do meu corpo.

Um dia, pude sentir que o tumor grande já tinha desaparecido e então eu me concentrei no menor. Quando ele desapareceu, concentrei-me em purificar as paredes do tórax, os pulmões e meu corpo todo.

Nove meses após ter inserido o tubo, os médicos o removeram. Houve um momento de temor quando percebi que sem o tubo eu seria responsável por manter o fluido longe e, então, segui com as visualizações de purificação.

Agora, em 2017, ainda faço ressonâncias a cada três ou quatro meses, mas nos últimos três anos não há atividade nenhuma. A princípio, os médicos diziam que o *status* era "sem mudança". Por fim, como foram pressionados, admitiram que as imagens não apontavam nenhum sinal visível de tumores e fui classificada como "em remissão".

Todos os dias, agradeço ao câncer por ter me despertado e me forçado a mudar; o mais importante foi aprender a me amar e não temer. Sou grata a meu corpo por ser saudável, a mim mesma por ter a força e confiança para lidar com as coisas dessa maneira. Agradeço pelo amor e apoio que recebo da minha família e amigos, e ao amor que compartilho com eles.

Sou grata pelo fato de que essa jornada me ajudou a ser uma pessoa melhor, e uso tudo que aprendi e descobri para ajudar e tratar as pessoas ao meu redor. Sei que sou uma pessoa mais feliz e mais multifacetada do que era antes do câncer. Agradeço por ter sido guiada em direção às pessoas, aos livros e às oficinas que foram uma mudança de vida, que salvaram minha vida. David, obrigada do fundo do meu coração!

A história de Cynthia – faíscas de cura

Quando fiquei doente em janeiro de 2015, enquanto vivia na Itália – eu tinha dificuldades respiratórias, fadiga e tosse constante –, visualizar-me saudável era instintivo. A doença era um mistério que levou alguns meses para ser resolvido. Durante os seis meses que os médicos demoraram para chegar a um diagnóstico, pratiquei falar suavemente comigo mesma e ouvir meu corpo, descansando sempre que necessário. Acredito que nossa mente é a ferramenta mais poderosa que temos e tomo cuidado na maneira como a alimento.

Voltei para o Canadá no final de maio de 2015 e recebi o diagnóstico de um linfoma não Hodgkin, difuso de células grandes B, primário de mediastino. Logo que tomei conhecimento do diagnóstico, visualizei a informação recebida. Havia uma massa de nove centímetros dentro do meu pulmão e a visualizei como uma grande laranja no meu peito. Mantive o senso de humor e zombava, afirmando que eu não era uma fruteira humana e que a laranja podia ir embora quando quisesse.

Durante a quimioterapia, visualizei faíscas viajando pelo meu corpo, escoltando as drogas quimioterápicas até as células-alvo. As faíscas funcionavam como proteção para as outras células, órgãos e tecidos do meu corpo. Deixei a criatividade da minha imaginação se divertir com os cenários, que eram trocados à medida que os efeitos colaterais apresentavam problemas diferentes.

Eu me comprometi a não fazer pesquisas na internet e usei livros para encontrar imagens que melhorassem minhas visualizações. Visualizava pulmões, veias, nervos, folículos capilares roseados e saudáveis, e os componentes do sangue, enquanto meus níveis de neutrófilos caíam. Criava e praticava visualizações para alcançar as necessidades sempre variantes de conforto e cura todos os dias.

Enquanto eu seguia com a quimioterapia, visualizava as faíscas e as drogas trabalhando juntas para reduzir a laranja ao tamanho de uma mandarina até o teste no meio do tratamento! O resultado foi que o tamanho fora reduzido drasticamente e a massa ficou semelhante a uma mandarina achatada.

Continuei a visualizar a massa encolhendo até o tamanho de uma amora silvestre pequena, que logo iria explodir. Em dezembro, o resultado da última tomografia apontava para ausência de células cancerígenas ativas. Nem mesmo uma amora silvestre! Alguns restos de tecidos de cicatrização continuei visualizando envoltos às faíscas, para que estivessem contidos com segurança.

Em janeiro de 2016, comecei a radioterapia e melhorei meu cenário de visualização. Enquanto estava na máquina de radiação, eu visualizava o processo como cinco raios de luzes verdes e escudos com faíscas animadas em meu peito para proteger órgãos vitais e a pele, enquanto direcionava os raios para as células microscópicas que restavam. As 15 rodadas de radiação foram bem, sem nenhum efeito visível na minha pele.

Fico feliz em dizer que estou há dois anos do lado bom. Visualizações ajudaram durante o tratamento e continuam auxiliando com os efeitos colaterais. Uso quando necessário, diversas vezes ao dia, para lidar com as questões variantes ao longo do tratamento e com o processo curativo após o tratamento. No decorrer da minha jornada, compartilhei minha história no meu blog, <www.cinziasadventure.com>, que foi a base para meu livro publicado por mim mesma, *Sparkle On! One Woman's Creative Way of Reclaiming Her Wellness and Living Life*. Além do livro, estou planejando oficinas e eventos de palestras para compartilhar a mensagem sobre como usar estados mentais criativos e visualização para lidar com os desafios da vida. Meu site é <www.sparkleon.ca>.

A história de Kim – minha sessão explosiva

Eu usei a visualização quando fui diagnosticada com câncer de mama em 2012. Logo após o diagnóstico, sempre me visualizava em forma, com saúde e bem viva.

Tive de fazer quimioterapia, então eu visualizava uma grande explosão destruindo minhas células em cada sessão. Costumava dizer: "estou indo para a minha sessão explosiva".

Toda vez que eu descrevia a quimioterapia, usava essas palavras "explosão e explosiva", então tinha um impacto cada vez maior; eu visualizava isso todos os dias continuadamente.

Acredito que a visualização é tão poderosa que terminei um curso de visualização criativa e espero embarcar em uma carreira para ensiná-la. Estou muito agradecida por ter sobrevivido ao câncer de mama e o vejo como uma bênção em vez de uma maldição, já que não subestimo nada e me transformei em uma pessoa melhor.

A história de Petula – reciclando as células cancerígenas

Eu fui diagnosticada com um câncer de mama inoperável dez anos atrás. O prognóstico foi de apenas 15% de chance de sobrevivência. O câncer havia se espalhado pelo sistema linfático e pescoço. Fiz quimioterapia e radioterapia para diminuir os tumores e então, se algo sobrasse em meu peito, seria removido com cirurgia.

Enquanto fazia meu tratamento, eu visualizava um coelho que chamava "Pura Saúde" e que saltitava pelo meu corpo e comia todas as células cancerígenas. As células cancerígenas eram alimento para o coelho e ele as adorava. Não faziam mal a ele porque eram sua comida. O coelho parecia muito saudável e tinha uma pelagem muito brilhante. Quando já estava satisfeito, saltava para fora do meu corpo e corria para o bosque onde, em certo momento, excretava todo os resíduos. Nesse mesmo lugar, com o tempo, uma linda árvore nasceu. Todos que viam a árvore, ou sentavam sob ela, sentiam paz profunda e bem-estar. Era chamada de árvore curativa.

Fiz essa visualização ao menos duas ou três vezes por dia e todas as vezes que fazia o tratamento. Ao final, os médicos estavam maravilhados com minha ótima reação ao tratamento. O câncer desaparecera e eu não precisava da cirurgia.

Outra visualização que fiz foi a de ver as células cancerígenas como balões e, duas ou três vezes por dia, observava-os estourarem. Os restos vazios eram descartados pelo meu corpo e saíam como resíduo que, por sua vez, era mandado à terra para ser transformado em energia positiva para o bem de todos.

Na terceira visualização que fiz eu me via embaixo de um chuveiro de água pura e curativa. A água entrava pelo topo da minha cabeça e fluía por dentro do meu corpo, levando embora todas as células cancerígenas. A água saía pelo meu pé como um líquido preto e espesso a princípio. Isso gradualmente mudava para um líquido mais ralo e marrom e, então, para água límpida quando as células cancerígenas haviam sido removidas. Essa água descia pelo ralo em direção à terra, novamente para ser transformada em energia positiva. Então visualizei uma luz branca, pura e curativa preenchendo os espaços do meu corpo onde as células cancerígenas estiveram uma vez.

Além disso, todas as noites digo a mim mesma antes de dormir: "Eu tenho um corpo incrível que está reluzindo com perfeita saúde" e "Cada uma das minhas células é perfeita, normal e completa". Também visualizo meu corpo cheio de luz curativa rosa, pois essa é a cor do amor e da harmonia. Outra coisa que faço é entoar "Om" para o lado esquerdo do peito e, em determinada nota, posso sentir o tecido vibrar. Tenho certeza de que tudo isso me ajudou, já que ainda estou viva e bem depois de mais de dez anos. Os médicos e os enfermeiros ainda se surpreendem com o fato de eu ser tão saudável.

A história de Cathie – coelhos não contraem linfoma

Dez anos atrás, fui diagnosticada com linfoma não Hodgkin. Havia tumores muito grandes em meu abdômen e virilha. Eu tinha quimioterapia agendada, mas fui orientada a esperar cinco semanas para ver como a doença evoluiria. Os médicos acreditavam que seria um tipo de evolução lenta, mas pensavam que o câncer estava prestes a mutar para uma forma mais agressiva, porque os tumores eram muito grandes.

Durante essa espera, li bastante e fiz reflexologia três vezes por semana. Eu já me preparava para ser reflexologista, então sabia que essa prática poderia ajudar. Minha reflexologista me falou dos reais perigos da quimioterapia – coisas que não me disseram antes. Para resumir uma longa história, decidi não fazer nenhum tratamento convencional e recorri à dieta orgânica com sucos de vegetais, longas caminhadas na natureza e muita risada com os amigos. Também desisti de ensinar.

Mas fiz uso das visualizações para concentrar minhas células em me livrar do câncer. Em primeiro lugar, disse a mim mesma que meu corpo não era o inimigo, mas que algumas células perderam o rumo por algum motivo. Desenhei uma imagem que representava minhas células cancerígenas como bolhas cinza sem formato ou substância. E, depois, desenhei minhas células T como pequenas piranhas – elas tinham olhos muito amigáveis e concentrados, e dentes bem afiados!

Nenhuma das bolhas cinza teve uma chance! Visualizei as pequenas piranhas (as células T) abocanhando as células cancerígenas e aspirando-as para dentro do estômago... os peixinhos com certeza gostavam da comida. Até consegui ouvir o som que produziam ao mastigar: "Miam, miam, miam!" (é o mesmo que "yum, yum"... sou francesa).

A princípio, tinha de parar e repassar a visualização diversas vezes ao dia, mas logo ela se tornou parte de cada momento em que eu estava acordada. Era como se tivesse uma pequena tela de TV no canto da minha mente que mostrava a mesma animação de forma constante. Isso me fez rir muito.

Também usei afirmações, que variavam. No começo, quando ainda me sentia muito ansiosa por ter sido diagnosticada e por estar morrendo, criei uma afirmação, uma variação de "Todos os dias, em todos os sentidos, estou melhorando cada vez mais". A minha era: "Meu sistema imunológico é muito forte e todos os dias minhas células estão ficando mais limpas e mais saudáveis, meu sistema imunológico é muito forte". De alguma forma, a repetição parecia necessária para gravar no meu cérebro.

Funcionou. Porque todas as vezes que acordava no meio da noite com uma crise de pânico, minha afirmação era ativada e eu conseguia voltar a dormir após me concentrar nela por um tempo. Na noite seguinte eu acordava de novo e, dessa vez, assim que meus olhos abriam, eu escutava as palavras soando em meu cérebro e voltava a dormir imediatamente. Dormia com a certeza de que, mesmo adormecido, meu corpo ainda estava trabalhando para mim.

Após um tempo, assim que abria os olhos já escutava a afirmação ecoando dentro de mim – o disco tocava sem precisar apertar "play", por assim dizer! Depois que percebi isso, nunca mais acordei durante a noite.

Também brincava com a afirmação durante o dia: olhava-me no espelho, fingia que estava falando com outra pessoa e dizia ao espelho: "Você sabe, meu sistema imunológico é forte!" E, na maior parte das vezes, eu ria ao pensar na possibilidade de alguém passar por mim enquanto tinha essa conversa louca com o meu espelho.

Também recorri a afirmações para lidar com questões emocionais que estavam na raiz do câncer. Uma muito simples, sugerida por Louise Hay – "Eu me amo e me aprovo, tudo está bem" – parecia impossível a princípio. Não podia olhar para mim e dizer "eu me amo e me aprovo" sem chorar ou rir histericamente... Mesmo assim, usando a afirmação de Louise Hay, encarei o câncer como se fosse uma ferida profunda – um ressentimento duradouro, etc. – e funcionou. Também me esforcei ao máximo ao fazer uso da afirmação "eu perdoo com amor e liberto todo o passado". Ainda a repito atualmente e sinto que meu coração se abre enquanto falo.

Fui diagnosticada em abril, no meu aniversário de 45 anos, e em dezembro os tumores cancerígenos haviam diminuído em 70%. No começo do ano seguinte, todos desapareceram. Todos esses fatos podem ser comprovados: minha médica no Hospital Vale do Leven (na Escócia) é a dra. Patricia Clarke.

Um brinde à vida sem limites!*

Síndrome pós-pólio

A história de Mary – meu mestre eletricista

Onze anos atrás (2007), fui diagnosticada com síndrome pós-pólio, uma doença neuromuscular progressiva. Minha vida ficou de pernas para o ar.

Eu estava no auge de uma carreira prestigiada como assistente social de AV (Assistência a Veteranos), mas os médicos me disseram que, se existisse alguma "esperança" de estabilizar os sintomas como se apresentavam, eu teria de parar de trabalhar e estar preparada para passar o restante da vida em uma cadeira de rodas, possivelmente precisando de um tubo

---

*N.A.: Cathie escreveu um livro sobre suas experiências desde então: *Rabbits Don't Get Lymphoma*.

para me alimentar, porque passaria a aspirar a comida em razão do enfraquecimento do lado esquerdo do esôfago.

Sentia-me fraca e com dores crônicas, ansiosa e deprimida. Respirei fundo e pedi Orientação Divina; comecei a escrever poesias nas quais me imaginava completa, curada e livre com meu corpo. Meu primeiro poema foi "Correndo a Corrida" – sim, sei, bastante incrível, enquanto me sentava em um suporte para pernas, usando uma bengala e às vezes uma cadeira de rodas para me mover. Segui em frente até correr a Maratona de Boston, em 2009, como uma maratonista com mobilidade reduzida!

Em conjunto com a poesia como veículo para visualizações, eu meditava várias vezes ao dia, imaginando Deus como meu mestre eletricista, fazendo a manutenção dos cabos do meu sistema neuromuscular e curando os efeitos, tanto da poliomielite na infância quanto do trauma infantil grave que se manifestou como síndrome pós-pólio.

Três anos atrás, meu joelho esquerdo "explodiu". Eu estava forçando muito o meu corpo nas corridas sem fortalecimento muscular. Uma ressonância mostrou um músculo gástrico atrofiado, esporões nos ossos, mudanças degenerativas por causa da osteoartrite e de diversas cirurgias no joelho, cartilagem destroçada e um lipoma com muita gordura. Fui orientada a parar de correr e me preparar para uma substituição total do joelho dentro de alguns anos.

Voltei a visualizar e descobri um quiroprata maravilhoso que apoiava essa prática; também seguia a filosofia de "objetivos, não limites". O quiroprata também era um *personal trainer* e prescrevia exercícios para me apoiar como corredora. Usamos fitas kinésio e o poder da visualização para curar meu joelho e desenvolver um novo músculo gástrico.

Dediquei mais tempo à meditação, recorrendo a visualizações que aproveitavam o poder da minha mente e do Divino ao redor e dentro de mim. Em janeiro, terminei em terceiro lugar na meia maratona de Bermudas, como acontecera anos antes.

Agora, aos 64 anos, não estou em uma cadeira de rodas nem substituí meu joelho. Pelo contrário, tenho uma vida completa e vibrante por causa do poder de me visualizar passando da doença ao bem-estar – reivindicando meu direito de ser saudável.

As visualizações vieram enquanto escrevia poesias e, a princípio, fizeram-se na cadência do Dr. Seuss. Depois que tive poliomielite quando criança, meu fisioterapeuta (que foi meu anjo na Terra), por causa do vício dos meus pais em álcool e drogas, lia Dr. Seuss antes de cada sessão de terapia e me pedia para recitar junto, assim me distraindo da dor dos tratamentos. Uma técnica muito avançada para o final dos anos 1950, começo dos 1960!

Bem, as visualizações incluíam correr e saltar em poças d'água, e me via completa, livre e saudável. Visualizei-me dançando balé. Tudo com o ritmo e a cadência das rimas do Dr. Seuss que, sei, me inspiraram a curar mente, corpo e alma. Eu sempre tinha comigo papel e caneta para escrever as visualizações. De fato não sentia dor quando me visualizava livre e feliz, sem meu suporte para as pernas... eu estava lá, completamente no momento.

Pensando no joelho, estudei as ressonâncias para entender o que precisava ser curado. Imaginei os esporões ósseos dissolvidos. Imaginei a cirurgia que ia reparar a cartilagem dilacerada, embora o médico tivesse dito que não havia cartilagem saudável suficiente para reparar e crescer uma nova. Eu assistira à cirurgia do menisco destruído pela qual passei, então havia uma imagem mental incrível para usar. Imaginei a fita kinésio, que meu quiroprata usava, como estimulante da cura.

Meu quiroprata sugeriu que eu lesse *You Are the Placebo*, do dr. Joe Dispenza, um livro que fortaleceu minhas crenças acerca das habilidades de cura do corpo por meio do amor (aprendi essas crenças com o escritor e cirurgião aposentado, dr. Bernie Siegel –, em especial pela história de Evy McDonald, que curou sua vida e seu corpo de uma doença neurológica degenerativa chamada esclerose lateral amiotrófica, ou ELA).

Assim, utilizei as sugestões de meditação do dr. Dispenza para curar meu joelho. Também pratiquei uma meditação do curador e professor, dr. Mitchell May, que dizia: "Eu sou filha de Deus – isso é fácil para Deus curar"; e me imaginava em uma máquina de ressonância recebendo raios com luz e amor curativos, renovando tudo.

Quando eu não estava escrevendo poesia, meditava várias vezes ao longo do dia. Deus era meu mestre eletricista e eu imaginava meu corpo como uma casa que precisava de reparação em alguns cabos soltos. Deus vinha com todas as ferramentas de um eletricista para retirar as partes danificadas e reconectá-las com solda. Eu me imaginava como uma casa nova em folha, com estrutura nova para sustentar as novas fiações.

Atualmente, medito ao menos duas vezes ao dia, escrevo quando preciso e, se/quando sinto dor durante o dia, paro e me visualizo saudável, completa e curada.

Psoríase

A história de Esther – OK, psoríase, hora de tirar férias

Quando eu tinha 17 anos, desenvolvi uma coceira persistente na parte de trás da cabeça. Após alguns meses, senti que a pele engrossara e o pequeno "retalho" que havia estava aumentando. Um médico concluiu que era psoríase, uma patologia na qual as células epidérmicas se dividem de sete a dez vezes mais rápido do que deveriam, resultando em uma pele mais grossa, vermelha, escamosa e pruriginosa. Disseram-me que era uma patologia genética (supostamente) sem cura. "Bom, é isso aí então", pensei.

Nos anos que seguiram, o retalho continuou crescendo. Por fim, cobriu a metade da parte de trás da minha cabeça, mas ficava coberto pelo cabelo. Depois, acho que me acostumei com ele. Sentia coceira e coçava. Escamava e me acostumei a limpar os pedacinhos de pele que caíam sempre nos ombros, assim as pessoas não pensariam que eu tinha um caso grave de caspa e que apenas precisava cuidar melhor de mim.

Nos anos seguintes ao diagnóstico, tentei todo tipo de tratamento existente no mercado – óleos, cremes, xampus. Alguns suavizaram um pouco a coceira, outros reduziram um pouco a espessura da pele, mas nada realmente acabou com o problema – o que eu esperava que acontecesse em algum nível, mesmo existindo o fator "incurável".

Alguns anos depois, prescreveram-me outra pomada e pesquisei os efeitos colaterais: era um creme corticosteroide que aparentemente poderia causar terríveis efeitos colaterais, inclusive piorar a psoríase! Eu estava cansada. Já não aguentava mais. Resolvi então que simplesmente teria psoríase!! Foi quando decidi desistir. Nada de cremes, nada de pomadas gordurosas. Sem xampus caros. Apenas aceitar e conviver com isso. Seria bem mais simples.

Sempre tive interesse por métodos de cura alternativos e, conforme o tempo passava, aprendi mais sobre abordagens holísticas em relação à saúde e também à conexão mente-corpo. Vinte anos depois do diagnóstico inicial, deparei-me com o livro de David Hamilton, *Como Sua Mente Pode Curar Seu Corpo* (primeira edição). Foi como se eu tivesse encontrado a peça que faltava para o quebra-cabeça. Hamilton explicava o efeito placebo, o que acho muito interessante. Senti isso como uma cutucada e percebi que estava finalmente pronta. Pronta para mandar a psoríase de volta para o lugar de onde veio. Não de uma maneira agressiva. Sem ressentimentos. Mas de forma pacífica e consciente. Sem resistência.

No livro, David compartilha histórias de pessoas que relatam como se curaram de patologias e doenças graves, como o câncer. Por sorte, a psoríase não é uma ameaça à minha vida, embora alguns estágios sejam bem graves. Percebi que poderia usar os mesmos métodos, essas ferramentas, para atingir meu objetivo.

Alguns anos antes de encontrar o livro, ouvi a história de uma criança com tumor no cérebro em estágio terminal que, em vez de passar por tratamentos invasivos (e inúteis), foi indagada sobre o que gostava de fazer (talvez eu esteja inventando alguns detalhes, mas a ideia central é a mesma).

A criança disse que gostava de jogar Space Invaders no computador, então deixaram que jogasse. Quando ela atirava nos alienígenas, pediram que imaginasse que estava atirando no tumor, que iria se despedaçar aos poucos, como os alienígenas no jogo. Alguns meses depois, o garoto anunciou que o tumor desaparecera e que não estava mais doente. E vejam só: o fato foi confirmado pelos médicos após alguns exames.

Eu amo essa história. As visualizações descritas no livro de David são de natureza semelhante, ainda que cada pessoa tenha uma maneira diferente de atuar – alguns usavam métodos agressivos (como atirar no tumor, quebrando em pedaços), enquanto outros usavam métodos mais gentis (como abraçar as células do tumor, agradecer pelo que estavam evidenciando e pedir gentilmente que se retirassem).

Criei minha própria versão. Decidi me visualizar pequena, parada em cima do meu ombro e falando com as células do meu couro cabeludo. Eu disse que as valorizava, que trabalhavam duro, mas que agora era hora de tirar férias – parar de trabalhar tanto. Na época, dizer que me sentia boba era pouco. Sentia-me ridícula na verdade. Mas eu apenas ria de mim mesma e me mantive firme.

Um dia, visitei minha Mestre Reiki e contei sobre a visualização que estava fazendo. Ela me deu outra peça do quebra-cabeça. Eu estava tão acostumada à psoríase que todos os hábitos ao redor disso (como limpar os pedacinhos que caíam nos meus ombros) já eram quase inconscientes. Ela sugeriu uma abordagem "reversa". Ao limpar os ombros, eu dava uma desculpa para a cabeça descamar mais! Isso me fez perceber que as visualizações eram apenas uma parte (importante) do quebra-cabeça.

A outra parte da equação era desenvolver uma atitude consciente do tipo "eu costumava ter psoríase", em vez da atitude inconsciente habitual do tipo "eu tenho psoríase". Assim, era preciso parar de limpar os ombros. Não devia mais prestar atenção aos pedacinhos de pele. Eu tinha de sentir, fazer e ser como se não tivesse mais psoríase.

Esse foi o maior desafio. Quebrar um hábito de 20 anos não é fácil, mas não de todo impossível. Toda vez que percebia que estava limpando os ombros forçava-me a parar. Toda vez que via os pedacinhos de pele nas minhas roupas, eu os deixava lá. Foi difícil e frustrante – sentia-me uma alienígena –, mas persisti e aos poucos quebrei o hábito. Isso, em combinação com a abordagem amorosa de autocura, permitiu que eu pudesse dizer, após 12 a 18 meses de visualizações, que "eu costumava ter psoríase" – e era verdade.

Estou livre da psoríase há três anos agora. Além das visualizações, também comecei a usar argila (argila rhassoul de Marrocos) para lavar o cabelo. Meu cabeleireiro disse que o produto tornou meu cabelo mais saudável e volumoso, e não ter de lutar para passar pela camada grossa de pele de antes com certeza ajudou! Ainda uso a argila – é ideal para problemas de pele ou pele sensível, e adoro usá-la para lavar o corpo também.

Sinto que essa experiência me deu um lampejo de percepção quanto ao poder da mente... não sabemos nem metade de todo o seu potencial. Espero que a visualização se torne uma parte importante da medicina moderna quanto antes, para que tratamentos potencialmente danosos sejam um plano B em vez de uma primeira escolha. Pensamento positivo!

A história de Debbie – como nos velhos tempos

Fui diagnosticada com uma doença autoimune chamada psoríase pustular generalizada (também conhecida como Von Zumbusch), uma forma rara de psoríase que pode ser letal. O único país no mundo que fez algum tipo de pesquisa sobre isso foi o Japão.

Em fevereiro de 2014, a doença começou com uma infecção na garganta. As células T começaram a sair pela pele em vez de passar pela corrente sanguínea e fazer o trabalho delas. Esse foi o começo de uma psoríase gutata, que não é comum em mulheres, especialmente entre aquelas com mais de 30 anos. Sou uma mulher com mais de 30.

Em março, a doença saiu do controle e os médicos acreditaram se tratar de psoríase em placas, presente no peito, barriga, costas, braços e pernas. Em junho, minha pele começou a parecer e sentir como se estivesse queimada pelo Sol, quando nem me expusera ao Sol. Isso é conhecido como psoríase eritrodérmica (toda a pele fica vermelha, inflamada e dolorida).

Em julho de 2014, além da psoríase eritrodérmica, pústulas começaram a se formar (pareciam pequenas bolhas ou acne grave). Estavam cheias de fluido. Em vez de a pele se renovar a cada 30 dias, agora se renovava a cada duas horas. As pústulas completavam o ciclo na minha pele em alguns dias, eu não podia tocar meus braços (por causa da dor) e fui internada no hospital. Sabia que, se a doença atingisse os pulmões e coração, haveria pouca chance de me recuperar, e eu poderia morrer até por desidratação.

Em agosto de 2014, fui medicada com o supressor imunológico metotrexato. Apenas dois anos depois, em dezembro de 2016, por causa do livro de David, descobri que o cérebro em geral não percebe a diferença entre o real e o imaginário; a partir desse momento, comecei uma rotina com minha própria prescrição e, após uma consulta no hospital, parei com os supressores imunológicos.

A visualização que criei e fiz foi a seguinte:

Imaginei que batia à porta do meu sistema imunológico e seguranças corpulentos atendiam. Pedia para ver as células T e eles me levavam ao que parecia ser uma caverna onde todas elas se assemelhavam aos *minions*. Digo a elas que precisam fazer algo diferente e que apenas necessitavam seguir pela corrente sanguínea – não precisam sair pela pele.

As células T respondem em sincronia: "Ah, como nos velhos tempos!". Uma delas tem um bote de plástico, pula para dentro do bote e circula no interior da minha corrente sanguínea. Finalmente, quando ela volta, grita: "Foi divertido", e todas as outras células começam a festejar e formam uma fila ao redor da corrente sanguínea. Todas pulam para dentro do bote e começam a circular.

Enquanto escrevo isso, estamos em março de 2018. Disseram-me que eu iria piorar muito quando deixasse de receber os supressores imunológicos. Não piorei! Também me disseram que seria hospitalizada ao menos uma vez ao ano. Não fui! As pústulas na pele praticamente desapareceram, embora algumas placas de psoríase ainda permaneçam. Faz mais de um ano que não tomo os supressores imunológicos. Não estou curada, mas acredito que, em um pouco mais de tempo, estarei.

Encefalomielite Miálgica/Síndrome da Fadiga Crônica (EM/SFC)

História de Rebecca – visualizando as luzes das árvores de Natal

Fui diagnosticada com EM/SFC moderada à grave em janeiro de 2012. Eu tinha pouca energia; estava debilitada e impossibilitada de fazer muitas coisas. Aos 47 anos, fui obrigada a me aposentar da minha carreira incrível, e fiquei dependente do meu parceiro em muitos aspectos da vida. Não havia/há tratamento para EM/SFC.

Meu parceiro se deparou um dia com o livro de David Hamilton, *Como Sua Mente Pode Curar Seu Corpo* (primeira edição), em dezembro de 2013. Entendi tudo! Meu conhecimento de enfermagem e terapia complementar por 20 anos serviu como base para compreender. Aderi totalmente ao conceito. Nada mais funcionava, mas acreditei que essa prática funcionaria para mim.

No dia 11 de dezembro de 2013, comecei com uma hora de visualização. Como era próximo do Natal, visualizei que todas as minhas células, por todo o meu corpo, estavam acesas como as luzes da árvore de Natal. Elas brilhavam com uma luz branca muito forte. Ao mesmo tempo, imaginava o brilho branco em cada célula como se fosse minha energia, preenchendo cada célula com energia profunda e forte, como se a bateria estivesse completa. Eu conseguia sentir e perceber a energia. Via meu corpo inteiro acender assim que eu fechava os olhos para visualizar, deitada em minha cama, respirando devagar, calma e relaxada.

Foram visualizações das luzes da árvore de Natal por três dias, durante uma hora, para me deslocar na linha da "doença ao bem-estar". Havia certa sinergia harmonizando meu corpo todo – era simplesmente incrível! Eu com certeza senti uma mudança no primeiro dia de visualização e, no terceiro dia, senti que a "sombra escura" se dissipara. Fiz um teste! Usando apenas um maiô, pulei no mar no *Boxing Day*,* conhecido como "Mergulho do *Boxing Day*". Verifiquei... nada de sintomas da EM/SFC. Nada de sintomas no próximo dia, nenhum no terceiro dia.

Utilizei a técnica da visualização todos os dias por dois meses, por aproximadamente 20 minutos. Ao longo desses dias eu cantava: "Estou em forma; estou bem; estou cheia de energia", como se fosse canção de Natal. Às vezes tinha uma melodia de coro, quando meu companheiro participava da cantoria.

Fiz essa afirmação todos os dias por mais de três meses. Perdi a conta de quantas vezes ao dia. As palavras saltavam da minha boca enquanto eu acordava, escovava os dentes, vestia-me, passeava com os cachorros. As palavras estavam lá, consistentes e persistentes, ao longo desse período da minha vida. Durante os meses seguintes, meus níveis de energia eram recarregados constantemente com energia sustentável. Comecei a viver de novo, gozando de um estilo de vida mais balanceado. O resto é história!

Patologias cardiovasculares

A história de Lyndsey – aumentando a intensidade

Eu comprei a primeira edição de *Como Sua Mente Pode Curar Seu Corpo* quando foi lançado. Na verdade, sinto que leio obras acerca de mente-corpo e visualizações, sem parar, desde a época da minha adolescência – começando com o livro de Louise Hay, *Você Pode Curar Sua Vida* –, e agora sei por quê!

---

*N.T.: Dia após o Natal quando as mercadorias restantes estão em promoção. "Boxing" é referência às embalagens de produtos.

Casei-me no começo dos meus 30 anos e planejei começar logo uma família, mas não aconteceu. Eu "via" meus filhos e tinha sonhos vívidos deles se preparando para chegar!

A felicidade foi imensa quando afinal engravidei e dei à luz um filho maravilhoso um pouco depois do meu aniversário de 40 anos. Foi uma gravidez ansiosa, perdi muito sangue durante o parto e fui levada à cirurgia imediatamente. Passei os primeiros dias na unidade de tratamento intensivo, onde meu coração batia muito forte e eu tinha dificuldade em respirar.

Fui diagnosticada com cardiomiopatia idiopática – uma patologia na qual o coração não é capaz de bombear sangue para o corpo de maneira eficiente. Eu estava com falência cardíaca grave. Entrei em um programa de medicação e recebi cuidados excelentes, mas me disseram que era "muito provável" que eu não sobrevivesse por mais de 12 meses.

Meu coração precisava apresentar uma "fração de ejeção" dentro do nível normal, acima de 55. Eu me imaginava girando um indicador para valores superiores ao normal. Imaginava isso todas as vezes quando passava perto do termostato da nossa casa. Fica no pé da escada, então eu visualizava ao menos duas vezes por dia. Porém, era muito rápido – imaginar que o indicador aumentava minha fração de ejeção. Na minha mente, eu via o 55 e logo passava para um número maior. As pessoas diziam que eu parecia muito bem para alguém em tão más condições.

Nas visualizações, o cardiologista dizia que eu tinha atingido esse número e me via vibrante e saudável. Na verdade, isso era mais um sonho acordado prolongado do que uma sessão estruturada, em que eu imaginava a conversa com o cardiologista e, também, com meus amigos e família. Essa visualização fazia com que eu me sentisse mais animada/emotiva. É complicado fazer qualquer coisa estruturada e ao mesmo tempo cuidar de uma criança pequena, então eu criava esse sonho quando me sentia inspirada, mas também para combater os momentos em que estava preocupada/negativa/em pânico. Fiz isso cerca de uma vez por semana.

Segui o programa on-line de David, chamado "I Heart Me", e empreguei meu tempo para conversar com meu coração e mostrar-lhe amor. Com frequência, eu comprava rosas vermelhas para meu coração!

Pouco depois de um ano após o diagnóstico, estava viva para comemorar o primeiro aniversário do meu filho, e uma ressonância revelou que a fração de ejeção estava acima de 55 e passara de grave para normal! De fato, minha última ressonância apontou 62.

Hoje uso a visualização para melhorar mais ainda minha saúde, e sempre acreditarei que, se podemos ver, podemos ser! Ainda não saí da zona de perigo com meu coração – ainda está aumentado, por isso estou trabalhando para que fique mais compacto e também sempre imagino pequenos trabalhadores lá dentro fazendo tudo de modo mais eficiente!

A história de Kevin – células imunológicas grandes e amorfas

Eu terminara de trabalhar em meu computador no quarto e peguei a tábua de passar roupa. Nesses poucos segundos, meu polegar direito ficou totalmente inchado e duro.

A primeira coisa em que pensei foi na possibilidade de trombose e não queria de modo algum que isso se alastrasse até o cérebro ou coração. Fui direto para o pronto-socorro do hospital local. A essa altura, o polegar já estava ficando azul, o que me dava mais medo.

Recomendaram-me que procurasse um clínico geral (disseram-me que um encaminhamento dele para voltar ao hospital seria mais rápido do que esperar). O médico foi muito minucioso e examinou meus dedos e olhos, disse que eu tinha febre e que podia ouvir um sopro no meu coração. Os sintomas indicavam uma infecção na válvula do coração, algo potencialmente grave e que talvez envolvesse uma cirurgia para substituí-la.

O clínico geral explicou que bactérias podem ser formadas na válvula e que pequenos pedaços vão soltando e causam entupimentos (o que talvez fosse a causa do polegar azul). Ligou para o hospital e disse que estava me encaminhando com urgência. Nesse momento, o polegar estava completamente azul e entumecido por causa do inchaço.

Caminhando de volta ao hospital, eu pensava em como nossa vida pode mudar em questão de segundos. Tornei-me muito ciente de minha mortalidade (não é necessariamente algo ruim, mas causa muita ansiedade e puro medo!).

Após mais exames no pronto-socorro, os médicos concluíram que havia mesmo uma grande probabilidade de ser a infecção na válvula do coração. Fui internado bem tarde da noite, com um ecocardiograma e raios-X do peito agendados para o dia seguinte.

Foi difícil dormir e fiquei pensando nas coisas que ainda queria fazer na vida e como eu não queria passar por uma cirurgia séria com possibilidade de morte. Quanto mais pensava nessa linha de raciocínio, com mais medo ficava. O medo se alimentou dele mesmo e cresceu, até que de repente gritei "Pare!" em minha mente.

Lembrei-me de que havia uma alternativa para responder a tudo isso. Fiz um acordo comigo mesmo que estava tudo bem reconhecer o medo em vez de suprimi-lo, mas seria pior deixá-lo se desenvolver em uma espiral descendente de negatividade. Decidi que não precisaria de cirurgia na válvula do coração e que poderia me curar. Eu não morreria nem permitiria que o medo impactasse negativamente minha situação. Comecei a falar com o meu corpo, relembrando quão maravilhoso, poderoso e forte ele era e quantas habilidades incríveis de cura ele possuía. Encorajei-o a entrar no modo "supercura"!

De repente, tive uma visualização em minha mente, tão espontânea e clara que me surpreendeu. Eu estava dentro do meu coração, olhando para uma das válvulas. Vi as três partes que abrem e fecham juntas, formando uma parede vedada, e vi as bactérias ali.

Vi, então, que eu segurava uma mangueira de pressão, do tipo que se usa para limpar calçadas, e sabia que estava prestes a mandar as bactérias para longe da minha válvula cardíaca. Contudo, percebi que, se fizesse isso, pedaços das bactérias estariam livres por meu sistema circulatório e poderiam causar outros entupimentos. Por isso, visualizei células grandes e amorfas do sistema imunológico formando uma linha protetora próxima da situação. Eu sabia que iriam envolver e absorver os pedaços de bactéria que seriam explodidos e evitariam que seguissem causando danos.

Liguei a mangueira de pressão. Como já havia usado uma antes, eu sabia como era, e tinha conhecimento do recuo quando a água pressurizada atinge alguma coisa. Mirei o jato de água na direção da válvula cardíaca e vi os pedacinhos de bactérias voando e sendo absorvidos pelas células amorfas.

Eu aos poucos dormi, mas, sempre que acordava (o que era frequente!), revia a visualização, ao mesmo tempo que falava com o meu corpo de maneira positiva e empoderada. Eu o encorajava e dizia que tinha fé na quantidade massiva de energia e habilidades de cura que ele possui. Sentia a determinação para estar totalmente saudável e vibrantemente vivo, para continuar por aqui por muitos anos ainda.

Na manhã seguinte, fui examinado por um médico especialista e sua equipe. Foi interessante, eu não tinha mais febre e o dedo estava menos inchado e já não estava tão entumecido. Fiz o ecocardiograma e os raios X, ambos apontaram que tenho um coração ótimo! Não havia sinal de infecção bacteriana.

Para ser honesto, não posso dizer com certeza que havia uma infecção na válvula cardíaca antes da minha visualização. Porém, nenhum especialista ou clínico geral (na época ou em consultas de acompanhamento) pôde dar alguma explicação alternativa para os sintomas que tive. No mínimo, minha visualização permitiu que eu entrasse em um estado mental positivo e eliminasse o medo. Talvez tenha salvado minha vida.

A história de Helen – corações rosa com asas de anjo

Há duas semanas, disseram-me que meu bebê tinha batimentos cardíacos irregulares a 167 batidas por minuto (bpm). Após praticar um processo de cura todos os dias (indo até as células do coração do meu bebê e colocando corações com asas de anjo nelas para representar o amor, e as palavras "batimento cardíaco regular normal"), fui informada ontem de que o bpm baixou para 147 e que a batida estava totalmente normal e regular. Não tenho certeza se os responsáveis foram todo o amor e processo de cura, mas gosto de pensar que sim.

A história de Flora – os comilões

Cerca de nove anos atrás eu não estava nada bem e pensava que tinha câncer de intestino. Todos os testes deram negativo, mas, antes de se saber os resultados, um exame de sangue mostrou que eu tinha um nível de colesterol perigosamente alto e um entupimento na artéria carótida esquerda. O problema com o intestino ocorreu em razão da quantidade de colesterol no meu sistema!

Um dos médicos auscultou meu coração e a área ao redor do pescoço, o que me pareceu estranho na época. Mais tarde, ele me contou que, quando decidiu trabalhar na Escócia, sempre averiguava a possibilidade de derrame/problemas cardíacos. Graças a ele o entupimento da minha artéria carótida foi encontrado. Era por isso que eu sentia tonturas.

Na época, eu não sabia nada a respeito de problemas de colesterol, mas, como é de meu costume, li tudo que pude acerca do assunto. Meu nível de colesterol estava muito fora do desejável e passei a tomar estatina. Eu era vegetariana, mas gostava muito de queijo, manteiga, creme; tudo isso foi cortado da alimentação e perdi bastante peso.

Após nove meses, durante os quais eu sempre relatava ao médico dores musculares e cansaço, etc., em vão, fui levada ao hospital com suspeita de AVC. Acordara sem conseguir fazer nenhum movimento do lado esquerdo do corpo. Graças a Deus eu não sofrera um AVC, mas os músculos paralisaram por causa do uso de estatina.

Os médicos queriam mudar o tipo de medicação, mas recusei qualquer uma. Eu era uma grande seguidora de Louise Hay e do pensamento positivo, então comecei meus exercícios de visualização. Imaginei minha artéria carótida entupida. Pensei que não seria uma boa ideia explodir o que a entupia, pois não queria que partes disso se espalhassem pelas artérias.

Muitos anos atrás, o primeiro jogo de computador que minha filha teve se chamava "Parkie", no qual você era um "parkie" e perseguia umas "coisas" pelos canteiros antes que elas comessem todas as flores. (Eram como bolas amarelas que abriam como uma boca para comer as flores.) Então, imaginei o que entupia se dissolver vagarosamente e as boas células, assim como esses "comilões", vinham comer o colesterol dissolvido, removendo-o do meu sistema e descartando com segurança.

Funcionou. Não tenho mais o entupimento. Controlo o colesterol com pensamento positivo, dieta e atividade física.

Náuseas

A história de Pat – gengibre imaginário

Desde criança sofria com náuseas nos ônibus. Já havia tentado remédios para náuseas, mas foi em vão. Eu viajava a Iona com frequência (uma pequena ilha na costa sudoeste de Mull, nas Hébridas Interiores da Escócia), mas odiava a viagem de ônibus por Mull.

Certa vez alguém sugeriu chupar gengibre cristalizado – e funcionou. Um dia, na balsa entre Oban e Mull, percebi que esquecera o gengibre cristalizado. Morri de medo de entrar no ônibus. No entanto, já dentro do ônibus, imaginei pegar um pouco de gengibre cristalizado da minha mochila, colocar na boca e chupar. Passei toda a viagem por Mull sem sentir náuseas.

Por fim, consegui viajar em ônibus sem sequer visualizar e, uma vez, quando os trens de Oban para Glasgow estavam cheios, viajei de ônibus sem sentir náuseas. Agora já não tenho problemas com ônibus.

Verrugas

A história de Kevin – uma tela protetora

De alguma forma, desenvolvi uma verruga do lado direito do artelho maior, na parte de cima. Apresentava todos os sinais típicos – uma área protuberante na pele com um centro preto onde o vírus que a causou estava alojado. Tentei usar um kit antiverruga, que se pode conseguir na farmácia hoje em dia; no entanto, a localização da verruga, em uma parte sensível do artelho, causava-me arrepios.

Então, decidi que tentaria a visualização. Sentei, fechei os olhos e relaxei. Criei uma intenção de uma visualização que seria apropriada nesse caso. Quase de imediato, tive uma imagem clara na minha mente, na qual eu estava embaixo da verruga. Podia ver o centro preto em cima de mim.

De repente, a parte inferior ficou parecida com uma construção! Uma rede quadriculada de pele protetora se formou entre a verruga e a pele de baixo. A rede parecia a estrutura de metal onde o concreto é derramado para fortalecê-lo. Havia uma intenção interna clara de que o vírus não poderia penetrar essa rede de pele protetora. Na verdade, essa camada ia subindo aos poucos, para empurrar a verruga para fora do pé.

Apesar de ter feito a visualização apenas uma vez, ela era muito clara e poderosa, com um sentimento de intenção por trás.

Após uma semana, após o banho, perguntei-me se algo teria acontecido. Para minha decepção, o centro preto ainda estava lá. Porém, para meu deleite, quando passei o dedo por curiosidade, ele saiu na minha mão! A pele já está quase cicatrizada.

A história de Tomek – dançando até gastá-las

Eu tinha duas verrugas grandes nos pés. A do pé esquerdo ocupava quase toda a superfície do artelho maior. David me falou que eu poderia curá-las com visualizações. Eu as fiz e desapareceram! Uau! Tive as verrugas por cinco ou seis anos e já tentara de tudo (queimar, tomar remédios e ervas), e agora se foram. Agora vou receber uma massagem nos pés – que coisa boa!

Primeiro, imaginei que estava queimando as verrugas com ácido. Às vezes apenas as pincelava com um pincel com ácido e, outras vezes, eu tinha uma arma que disparava ácido e mirava as verrugas. Após uma semana os resultados foram impressionantes. Depois, também tentei visualizar meus pés e artelhos sem verrugas, apenas pele boa, e à vezes imaginava que as estava queimando.

Ah, sim! A melhor parte – eu fazia com frequência (algumas vezes ao dia) uma dança da vitória nos banheiros do trabalho, de casa ou no carro. Bem divertido.

Também percebi que, no passado, eu era sempre negativo em relação às verrugas. Todas as vezes que a minha namorada me dizia para tentar algo, eu respondia: "não, não vai funcionar". Então, muito obrigado – 100 milhões de vezes obrigado.

Lúpus

A história de Lynn – a bela fera interior

Em dezembro de 1978, contraí uma gripe. Não gostei disso porque me deixava inútil, dolorida e me sentindo miserável o tempo todo. Prometi que nunca mais ficaria gripada! E nunca mais fiquei! Alcancei o objetivo com o uso de visualizações e afirmações; todo ano declaro que não me serve estar de cama com influenza e que estou saudável.

Todos os anos desde 1978, quando sinto o que pode ser o começo de uma simples gripe ou resfriado, visualizo meu sistema imunológico como meu exército pessoal. No começo, o "Exército de Lynn" estava armado com arcos e flechas, mas ao longo dos anos foi evoluindo para um exército de luzes guerreiras, usando raios de luz vermelha para aniquilar o inimigo que atacava, seguidos de luzes azuis para curar e luz verde para regenerar. Eu me visualizava dentro de uma bolha que alternava entre azul e verde e todos os tons intermediários.

No entanto, isso não me preparou para outra doença, diagnosticada na noite de Natal de 2002. Fui internada no hospital com falência renal e a biopsia revelou lúpus eritematoso disseminado, ou apenas lúpus. É uma doença autoimune que ocorre quando o sistema imunológico se volta contra si mesmo. Meus soldados fizeram um motim!

Durante a permanência no hospital eu estava muito doente para fazer qualquer coisa que não fosse dormir. O tratamento envolvia um coquetel tóxico de drogas nucleares, incluindo quimioterapia, e tinha de passar por diálise de quatro horas, três vezes na semana.

Sou uma pessoa muito espiritualizada e durante esse tempo senti como se estivesse rodeada e protegida por anjos; acho que era como meu subconsciente interpretava o sentimento de confiança que aprendi a sentir por quem estava encarregado de minha saúde e bem-estar. Enquanto eu estava acordada, tinha certeza de que havia uma aura com cores do arco-íris ao redor de mim, curando-me e me protegendo; nunca duvidei de que iria me recuperar desse infortúnio.

Quando por fim me liberaram do hospital, eu não conseguia andar por causa da apatia muscular. Odiava estar confinada à cadeira de rodas, isso resultou em um sonho frequente em que eu aproveitava a liberdade de poder correr com o cabelo ao vento. Considerando que todo o meu cabelo caíra por causa dos efeitos da quimioterapia, esse sonho foi bastante positivo!

Esse sonho deu início à visualização deliberada em que me via caminhando, seguida da prática real da ação de andar cada vez mais ao longo das semanas, até poder me livrar da cadeira de rodas. Ainda estou longe de aguentar uma caminhada diária de 12 quilômetros como gostava de fazer antes de ficar doente, e ainda sou considerada deficiente. Mas, com o uso das visualizações, mantive-me esperançosa quanto ao progresso das minhas habilidades.

Lidar com lúpus me forçou a revisar o uso da visualização. Motim é o resultado de desarmonia dentro do exército. Passei a ver a doença sob uma luz diferente; lúpus é uma palavra em latim que significa "lobo" e acho que meu interesse por mitologia foi crucial para aprender a lidar com a doença. O trecho seguinte é extraído de um artigo que escrevi para a revista oficial da Lupus UK (instituição de caridade do Reino Unido), a *News & Views*, e o intitulei "A bela fera interior":

Por muitos anos, desde a infância, fui fascinada por mitologia, em especial por lendas de metamorfos: humanos que podem tomar a forma de um animal, pássaro ou peixe. Passei boa parte da minha vida adulta fazendo treinamentos espirituais, que incluíam passar pelos caminhos xamânicos e aprender sobre animais de poder. Conheci meu animal de poder há muitos anos. Ela apareceu para mim na forma de uma linda loba com pelo cinza-prateado. Nós viajamos juntas e ela me ensina muitas coisas. Na tradição dos índios americanos, o lobo é o professor e Rudyard Kipling usou essa descrição nas histórias contidas em O Livro da Selva. *Arkela é o lobo macho alfa que encontra o órfão Mogli e cuida dele como se fosse filho. É por esse motivo que o movimento dos escoteiros adotou esse nome para designar o líder do grupo.*

Na mitologia celta, o lobo é o mentor. Ele é visto como o companheiro do deus da natureza, Cernunnos, e também da deusa do nascimento, Bridget; acredita-se que ambos tomam a forma de um lobo e transitam entre os mundos. Para o lobo, a comunicação e a comunidade são de alta importância. O macho e fêmea alfas são escolhidos por suas habilidades para ensinar e liderar os outros, então a cooperação é vital entre os membros da matilha. Essas qualidades são coisas que a maioria das pessoas considera vitais em uma sociedade que deseja viver em harmonia.

Para mim, lúpus é muito mais que uma doença. É uma bela fera que vive dentro de mim. Como com um animal selvagem, tenho de ter cuidado para chegar perto; ela precisa de cuidados especiais e consideração, mas é feliz o suficiente para aceitar a oferta de um bife de vez em quando! Se a faço trabalhar demais, ela uiva e me faz sofrer por minha falta de consideração, e sei quando tenho de dar um passo para trás e deixar que a fera descanse por um dia ou mais.

Às vezes, dou um passo para trás e a observo com atenção; ela é selvagem e feroz, porém linda e sábia, e sei que tem algo muito importante para ensinar a mim e àqueles que trabalham com pesquisa sobre lúpus. Apesar das cicatrizes que possuo, conseguidas por minha própria falta de cuidado ao lidar com a fera, eu a amo. Ela é parte de mim e aprendi que a única maneira de caminharmos lado a lado depende de aprender a considerar suas necessidades, assim como as minhas.

Visualizar a doença como *um alter ego* me ajudou a lidar com o fato de que tenho lúpus. Seis meses depois que saí do hospital, meu médico ressaltou quão bem eu estava considerando a gravidade da situação. Agora, quatro anos depois, parei com todas as drogas relacionadas ao lúpus e estou tirando proveito da remissão.

Inflamações

A história de Natalie – água mágica

Tenho uma patologia genética chamada Síndrome de Ehlers-Danlos(SED) tipo 2 (um distúrbio nos tecidos conectores) que também desencadeou uma patologia autoimune chamada doença de Behçet, que é da mesma família do lúpus. Isso causa dores consideráveis por todo o corpo e inflamação nas articulações, órgãos internos, olhos, ouvidos, boca, etc. É uma atividade de equilíbrio diária para me manter funcional, uso a visualização o tempo todo e a faço há anos.

Um bom exemplo de um progresso definitivo conectado à visualização aconteceu 18 meses atrás, quando meu olho esquerdo ficou inflamado. Meu olho inteiro estava inchado e eu mal podia enxergar. (Isso aconteceu muitas vezes ao longo dos anos, mas esse caso foi um surto muito ruim: a inflamação se espalhou por meu rosto e ouvido esquerdo.)

Não posso tomar antibióticos sem ir ao hospital e receber medicação intravenosa, e meu oftalmologista estava preocupado com a possibilidade de a inflamação alcançar a córnea e outras áreas onde poderia causar danos permanentes à visão, por esse motivo fui levada ao hospital oftalmológico naquele dia. O especialista que me atendeu recomendou cirurgia, mas, como o olho estava muito inflamado e inchado, não era possível operar de imediato; o médico me mandou para casa e receitou uma pomada antibiótica, deu instruções para que eu consultasse meu oftalmologista todos os dias e voltasse ao hospital dentro de uma semana, a não ser que a situação piorasse muito antes desse prazo. Segundo o especialista, o inchaço estava pressionando o globo ocular, que se tornaria rígido e teria de ser extirpado assim que a inflamação diminuísse.

Decidi que as coisas não iriam piorar, então, além de seguir as recomendações, comecei a massagear a área uma hora por dia (às vezes mais tempo), ao mesmo tempo que visualizava a pomada penetrando a pele e dissolvendo os cristais no inchaço ao redor do olho. Também imaginei tomar água mágica que faria qualquer remédio funcionar melhor e estimularia meu próprio sistema imunológico a se acalmar, enquanto ativaria todas as células do corpo que precisavam funcionar para curar essa área.

Repetia a afirmação: "Eu tenho total fé e confiança na habilidade do meu corpo para se curar". Imaginava qualquer infecção sendo descartada na terra pelos meus pés para ser transformada. Eu podia ver todas as células se ativando com alegria, entrando em ação com energia para curar meu corpo.

Não só a inflamação diminuiu, mas o inchaço também – cheguei a consultar meu oftalmologista quanto a voltar ou não ao hospital. Ligamos para o especialista, que insistiu na necessidade da cirurgia, então fui. Quando ele me viu ficou incrédulo. Disse que, em todos seus anos de profissão, nunca vira um inchaço desse tipo desaparecer sem ser removido cirurgicamente.

Examinou com muito cuidado a parte interna e concordou que o inchaço desaparecera quase por completo e que uma cirurgia apenas causaria outras complicações. As palavras exatas dele foram: "Bem, não sei o que você tem feito, mas continue fazendo o que quer que seja porque está funcionando". Contei o que aconteceu e ele afirmou que nunca ouvira falar disso, mas que algo funcionou. Após um mês não havia sinal de que existira um inchaço em algum momento.

Duas semanas atrás, tive um surto da mesma patologia e de imediato comecei com as visualizações. Dessa vez fiz uma consulta com o oftalmologista na segunda e na sexta-feira, os sintomas haviam desaparecido por completo, sem que eu precisasse voltar ao hospital.

Na semana passada, conversei com uma enfermeira que perguntou como eu cuidava de todas as questões relacionadas à SED, e eu disse que era com meditação e atenção plena. A profissional respondeu: "É isso que a mantém viva".

Febre do Feno

A história de Elizabeth – sem necessidade de brigar

Tive febre do feno durante anos e tomava anti-histamínicos todos os dias. Decidi tentar a visualização e, após fazer uma ou duas vezes, passei a tomar o anti-histamínico duas ou três vezes nos últimos oito meses. Não apresentei os sintomas da febre do feno pelo restante do verão.

Eu via uma pequena versão de mim indo em direção ao sistema imunológico, que eu imaginava ser feito de centenas de pequenas pessoas. Enquanto caminhava na direção delas, não conseguia vê-las com nitidez e o contrário também acontecia – aquelas pessoas não podiam me ver muito bem por causa da neblina. Por isso meu sistema imunológico estava me atacando, com medo de que eu fosse o inimigo. No entanto, quando a neblina se dissipou, eu e o sistema imunológico nos olhamos e eu disse: "Ei, sou eu, não há motivo para brigar. Então relaxe e faça apenas o necessário para manter minha saúde. Tire o restante do dia de folga".

Depois, via o comandante gritar para todas as tropas: "Ei, é só a Elizabeth – não precisamos brigar". As tropas vibraram e começaram a jogar tênis e deitar para tomar sol. Eu abraçava o comandante e ia embora.

Perda de Peso

A história de Tamara – Pac-Men explosivos

Passei por dificuldades por estar acima do peso durante toda a minha vida. É – digo – *era* a minha rede de proteção, a barreira para manter o sofrimento longe e, finalmente, tomei a solene decisão de que eu não precisava mais do peso extra.

Há alguns meses, comecei a visualizar um ser parecido com um Pac-Man comendo minhas células de gordura. Perdi por volta de seis quilos desde janeiro (três meses). O processo é longo e, a não ser pelas mudanças inconscientes nos meus hábitos alimentares que às vezes percebo, nada mudou no meu estilo de vida – é tão frenético quanto antes.

Consigo fazer a visualização em média cinco vezes em uma semana proveitosa, na maioria das vezes à noite antes de dormir. Alterno com intervalos sem visualização. A visualização consiste em seres "Pac-Men" que comem a gordura de pontos específicos do meu corpo e depois explodem e desaparecem no ar.

Outros transportam a gordura das pernas e cintura para os seios (como vocês devem saber, a primeira parte no corpo feminino que é reduzida durante a perda de peso são os seios, mas, em vez disso, aumentei meio tamanho com essa prática; é uma maravilha!) e, então, tentei visualizar minha pele ficando mais firme. Termino o processo com uma revisão/cura do corpo todo para acelerar o metabolismo e avaliar se existem partes que não estão em sintonia com o restante.

Os resultados até o momento são: em quatro meses perdi 9,5 quilos; fui de um tamanho 22 apertado a um tamanho 20 confortável; os seios aumentaram metade do tamanho; em vez de oito horas de sono posso dormir por apenas seis e ficar bem, sem me sentir cansada; não tenho nenhuma nova marca de estria! Eu como o que quero, quando quero, quando tenho fome – incluindo *fast food* (a vida é muito agitada) –, mas parece que perdi interesse por coisas como chocolate e doces em geral; sinto-me saciada mais rápido quando como. O cérebro e a mente são ferramentas muito incríveis!

Hipotireoidismo

A história de Jacqui – "minha tireoide está funcionando com 100% de eficiência"

Alguns anos depois do nascimento do meu segundo filho, comecei a me sentir cada vez mais diferente de mim mesma e tinha certeza de que a causa era o hipotireoidismo. Eu apresentava uma variedade de sintomas, como perda de cabelo, muita tristeza (não relacionada a mim), constipação e inchaço abdominal grave, nove infecções urinárias em um período de um ano, ganho de peso (apesar de uma dieta muito saudável e exercícios), eczema, dor nas articulações, dormência ocasional na face e membros, coriza nasal, fadiga grave, fome constante.

Consultei os médicos muitas vezes, apenas para me dizerem que minha tireoide ainda estava dentro dos parâmetros esperados, então não havia nada a fazer. Na época questionei se o problema poderia ser algo como EM, fibromialgia ou esclerose múltipla, mas, como os médicos diziam que não havia nada a ser feito, eu continuava a viver dessa maneira. Porém, era difícil aceitar o quão distante de mim mesma eu estava.

Alguns anos depois, quando cheguei e passei dos 40 anos de idade, durante exames de rotina realizados no consultório do meu médico, o flebotomista marcou uma análise da tireoide, pois verificou que ela fora examinada no passado. Quando o resultado chegou, vimos que minha tireoide estava hipoativa. Fiquei aliviada por ter um diagnóstico e logo me prescreveram levotiroxina – que pensei que seria a pílula mágica, a solução para meu problema de saúde. Agora meu caso fica interessante.

As pílulas funcionaram por volta de três meses: sentia minha energia de volta, o cabelo voltava a crescer, perdi todo o peso extra. Porém, depois dos três meses, as coisas voltaram a frear, e comecei a acreditar que as pílulas tinham simplesmente parado de funcionar. Como já tinha lido *Como Sua Mente Pode Curar Seu Corpo* (primeira edição), eu sabia do impacto massivo que meus pensamentos poderiam ter em relação às funções da minha tireoide e eficiência dos remédios.

Percebi que, ao longo dos anos, não fiz nenhum favor à funcionalidade da tireoide quando afirmei repetidas vezes que ela não funcionava, e depois acreditando que as pílulas pararam de funcionar! Percebi que, se meus pensamentos eram tão poderosos, eu mesma poderia reverter a situação criando uma visualização, como muitos já fizeram alguma vez.

Foi o que fiz. Eu visualizava minha tireoide pulsante e vibrante – como um coração pulsa – todos os dias (às vezes mais de uma vez ao dia). Ao mesmo tempo, imaginava uma tiroxina dourada e linda fluindo ao longo do meu corpo todo.

Para potencializar o processo de cura, adicionei outros aspectos, como imaginar meu intestino pulsando e uma arma *laser* soltando faíscas prateadas e limpando entupimentos – tudo sendo levado por um limpa-neve. Imaginava as faíscas prateadas dissolvendo a gordura extra que eu estava carregando na região abdominal e, então, dava um zoom na área toda e raspava a gordura com um desses utensílios para decorar bolo (no caso, a espátula usada para alisar o glacê em cima de um bolo).

Acrescentei afirmações. Todas as manhãs, enquanto tomava banho, eu afirmava repetidas vezes: "Minha tireoide está funcionando com 100% de eficiência, minha tireoide está funcionando perfeitamente, agora é seguro perder peso". Enquanto fazia as afirmações, imaginava minha tireoide pulsando com a tiroxina dourada fluindo por todo meu corpo e sorria. Eu continuava afirmando ao longo do dia, quando tinha tempo. Segui essa rotina por quase dois meses.

Notei os resultados depois de três semanas; minha energia estava voltando e meu peso começou a baixar. Isso seguiu por um período de dois anos. Sempre que eu sentia meu corpo baixando o ritmo de novo, voltava às visualizações e às afirmações, e, dentro de um dia ou dois, sentia-me renovada. Fiquei maravilhada e admirada com o que o pensamento positivo e a intenção poderiam conquistar.

Em fevereiro do ano passado, as coisas frearam novamente e não consegui voltar à posição positiva empregando a mesma visualização. Quando a mente começa a acreditar que não funciona mais, é preciso tentar algo novo, pois as crenças negativas pesam mais que a crença no poder de mudança. Descobri que tinha baixos níveis de ferro, o que afetava o funcionamento da tireoide, então me comprometi a modificar minha dieta para contra-atacar o problema e consultei um homeopata para tratar a fadiga suprarrenal.

Após participar de um dos seminários do David, desenvolvi uma nova visualização. Durante a meditação de todos os dias, imaginava dissolver a crença negativa de que meu "corpo não consegue voltar à forma", enquanto lixava um bloco de argamassa. À medida que o bloco diminui de tamanho, sopro a poeira até sobrar um disco plano, que continuo lixando com cuidado, até dissolver toda a crença negativa.

Então, concentro-me em afirmações positivas: "Minha tireoide está funcionando perfeitamente, meu sistema hormonal está em perfeito equilíbrio, estou fora de perigo". Enquanto afirmo, imagino pequenas carinhas felizes, positivas e sorridentes nas minhas glândulas tireoide, adrenal e pituitária. As carinhas sorridentes na glândula da tireoide pulsante ligam um interruptor e a tiroxina dourada começa a fluir pelo meu corpo.

O tempo todo, tenho um sorriso no rosto e imagino que realmente está acontecendo e funcionando. Uma vez mais, faço as afirmações com regularidade ao longo do dia, declaro que meu corpo está em equilíbrio e que minha tireoide funciona com perfeição. Estou confiante de que posso voltar a esse bom lugar apenas me concentrando nos pontos positivos e sei que o poder dos meus pensamentos pode causar as mudanças que quero ver em minha saúde.

* * * *

Você consegue

Essas histórias mostram as maneiras diferentes de cada pessoa usar a visualização – maneiras pessoais para cada indivíduo. Como escrevi antes, não existe visualização "correta", apenas aquilo que o faz se sentir bem.

Na maioria dos casos, ao menos nos casos graves, cada pessoa usou a visualização como parte do tipo de tratamento que estava fazendo. Como foi sugerido pelas pesquisas apresentadas anteriormente, estou convencido de que as visualizações ajudaram. No mínimo, a visualização traz esperança e, na maioria das vezes, a prática é um momento de relaxar e reduzir o estresse.

Ao longo deste livro, fiz o meu melhor para mostrar a ciência da conexão mente-corpo de forma simples e realista, para transmitir as diferentes maneiras que a mente impacta o corpo. Uma das principais razões pelas quais discuto ciência é para que você, caso esteja usando a visualização, tenha fé em si mesmo e creia que aquilo que realizamos pode fazer a diferença.

A visualização pode mudar a estrutura microscópica do cérebro, expandindo e contraindo os mapas cerebrais. Pode impactar o sistema imunológico e, em muitos casos, talvez até mudar o curso da doença. Focar a atenção na maneira como respiramos, como acontece na meditação, impacta mais de mil genes. Pensar em alguém que você ama dilata as artérias, reduz a pressão sanguínea e potencializa um pouco o sistema imunológico.

Se você pode fazer todas essas coisas, imagine o que mais consegue conquistar!

Não devemos subestimar nossa capacidade. Não quero dar falsas esperanças, mas ao mesmo tempo desejo *criar* esperança, em especial para pessoas que necessitam dela. Depende de cada um, como indivíduo, decidir como quer usar a mente.

Talvez muito do que podemos conquistar depende daquilo em que estamos dispostos a acreditar.

Se você é uma pessoa religiosa, talvez encontre conforto nas palavras de Cristo. Quando curou o cego, disse: "Será feito a você de acordo com sua fé" (Mateus 9:29). E gostaria de chamar a atenção para o fato de que ele disse: "De acordo com *sua* fé!". Acredito que o que chamamos de milagre comece em nossa própria mente.

Conclusão

O Poder do Amor

"Onde existe muito amor, sempre acontecem milagres."
Willa Cather

Gostaria de mencionar outra coisa em relação aos processos de cura; algo que merece um capítulo inteiro, de tão potente que é para curar a mente e o corpo. O amor. O amor nutre a alma.

Aaron era terrivelmente estressado. Estava com dificuldades financeiras. Não estava se dando bem com seu chefe. O último aumento esperado não veio. Todos os dias eram um pesadelo para ele. Não conseguia vencer a ansiedade, o medo e o pavor constantes. Certo dia, inesperadamente, a mulher por quem ele estava apaixonado em segredo declarou que o amava. Em um instante, todos os problemas de Aaron desapareceram.

Claro, as situações ainda existiam. Mas a forma de Aaron vivê-las mudou de maneira drástica. A ansiedade, o medo e o pavor se dissolveram da noite para o dia.

O amor muda a nossa percepção das coisas. É aí que o milagre acontece – dentro de nós. O amor nos toca fundo e incita algo, a alma talvez. Faz a vida parecer diferente, mais leve, mais alegre.

Minha pesquisa sobre a conexão mente-corpo me convenceu de que a dor emocional pode desempenhar um papel em muitas doenças e até mesmo ser a raiz de muitas delas. Onde quer que esteja, o amor pode nos curar.

A situação mais óbvia para viver o amor é em um relacionamento. Relacionamentos são comida para a alma. São o fundamento para nossas experiências de vida. Sem eles, a vida teria menos sentido. Mas, é claro, apesar de pensarmos que isso se refere a relacionamentos românticos apenas, podemos amar em todos os tipos de relacionamentos. Pais amam seus filhos, amigos se amam, familiares se amam, pessoas amam seus animais de estimação. O diferente é o estilo de amor e a maneira pela qual o demonstramos.

No livro *Aikido and the Harmony of Nature*, Mitsugi Saotome, fundador das Escolas de Aikido de Ueshiba, escreve:

Se você estivesse sozinho no Universo, sem ninguém para conversar, ninguém para compartilhar a beleza das estrelas, ninguém com quem rir, tocar, qual seria seu propósito na vida? É outra vida, é amor, que dá sentido à sua vida... Devemos descobrir a alegria no outro, a alegria do desafio, a alegria do crescimento.

Acredito que o nosso principal propósito de vida, se algo assim existe, seja aprofundar a experiência de amar. Muitas pessoas, em seus últimos dias, refletem sobre o que foi mais importante em suas vidas. A maior parte fala da qualidade dos relacionamentos – o tempo que passaram com quem amavam. Todo o resto eram apenas detalhes.

E, à medida que vivemos o amor, também passamos pela cura da mente, das emoções e do corpo. Não estou sugerindo que só precisamos de relacionamentos para nos curar de doenças graves. Mas o amor – amor verdadeiro – mudará como vivemos cada uma dessas experiências. Então, muitas das coisas que importavam antes não importarão mais. Descobriremos por nós mesmos o que é importante.

O estresse, que acelera o adoecimento da mente e do corpo, desaparece e é substituído por gratidão e uma reverência intensa a todas as formas de vida. E, a partir desse ponto, se existe algo prático que precisamos fazer para facilitar o processo de cura, o amor nos deixa em uma situação perfeita para isso. Temos mais energia, vibração e motivação ao alcance de nossos dedos, como nunca antes.

O amor nos expande, faz-nos ser muito mais, alonga-nos. Nós nos tornamos mais, tornamo-nos a pessoa que estávamos destinados a ser.

Às vezes, são nossos amados que enxergam esse "algo mais" em nós e nos ajudam a melhorar em todos os níveis; e nós, em troca, os ajudamos também.

No poema "Amor", Roy Croft escreve:

Eu te amo
Não apenas por quem você é
Mas por quem eu sou
Quando estou com você.

É claro que os relacionamentos, como todas as coisas, precisam de atenção contínua. Precisam ser trabalhados. Como haverá crescimento se não formos desafiados de vez em quando a trabalhar as questões? Na popular coluna de conselhos "Doce Razão", Molleen Matsumura escreveu:

O amor é como uma fogueira: pode começar rápido
e, a princípio, as chamas emanam bastante calor,
mas se apaga rapidamente. Para um calor duradouro e contínuo
(com adoráveis lampejos de calor intenso de tempos em tempos),
você deve cuidar do fogo com atenção.

A escritora americana Ursula K. Le Guin expressa de outra maneira: "O amor não está lá estático, como uma pedra, precisa ser produzido, como pão, refeito diversas vezes, feito novidade".

E existe a habilidade para refazê-lo, que aprendemos com a experiência. Aprendemos que, às vezes, precisamos deixar nossas próprias necessidades de lado para cuidar das necessidades do outro. Todos os pais sabem disso. O bem-estar das crianças sempre em primeiro lugar. Em relacionamentos românticos, conforme o amor fica mais forte, colocamos nossas necessidades de lado para que possamos contribuir com a realização das necessidades da pessoa amada. O desejo de escutar substitui a necessidade de estar certo. Descobrimos muita alegria e vivemos um forte processo de cura nesse momento.

Aprendi que amor é, ao mesmo tempo, a coisa mais complexa que se pode imaginar e também a mais simples: aprendendo o que devemos ou não fazer, o que é melhor e como lidar com as emoções de quem amamos, aprendendo a nos abrir e a nos expressar. Essas coisas podem ser complicadas. Mas quando, por fim, fazemos a mesma escolha que o amor se fosse racional também faria, vemos que ele é e sempre foi muito simples.

Nós o tornamos complicado.

Não precisamos esperar por um relacionamento romântico para viver o amor. Ele está por toda a parte. De fato, está dentro de nós. É o modo como escolhemos viver os momentos da vida, não importa o que aconteça, que nos permite vivenciar o amor.

Há muitas maneiras de vivenciá-lo. Você pode mostrar bondade a um estranho. Sorrir para alguém na rua. Dedicar tempo a um animal. Olhe fixamente nos olhos de um animal e saberá exatamente do que estou dizendo.

O poder da gratidão

*Não podemos viajar até a felicidade, também
não podemos possuir, ganhar, vestir ou consumi-la.
A felicidade é a experiência espiritual de viver
cada minuto com amor, bondade e gratidão.*

DENIS WAITLEY

Um amigo certa vez me disse que a gratidão mudou sua vida em 30 dias. Ele estava deprimido havia algum tempo. Um dia decidiu tentar um exercício simples. Todos os dias escrevia 50 coisas pelas quais era agradecido. Meu amigo tentaria fazer por um mês inteiro – 30 dias.

Foi difícil a princípio, mas sempre conseguia encontrar 50 coisas. Às vezes levava o dia todo. Fazia um pouco durante a manhã e acrescentava mais durante o dia, e sempre tinha a lista completa antes de ir dormir. Com o passar dos dias o exercício ficou mais fácil. Após duas semanas, ele estava se sentindo muito melhor, tanto que escrevia 75 coisas em sua lista da gratidão. No fim do mês, era uma pessoa diferente.

É interessante notar que, quando a mudança vem de dentro, é comum a vida mudar do lado de fora. Não demorou muito para que ele encontrasse a mulher dos seus sonhos e conseguisse o trabalho que sempre desejou.

Por que não tentar esse exercício por 30 dias e ver o tamanho do impacto que pode ter em sua vida? Pode ser difícil no início, se está passando por dificuldades, mas ficará mais fácil. Quando o poder da gratidão abre espaço no mar de dificuldades da vida, a luz brilha através desse espaço e ilumina tudo. Quando isso acontece, ocorre uma transformação no modo como você encara a vida. E então ela se transforma.

Vá mais além

Minha companheira, Elizabeth, e eu estávamos dirigindo na estrada entre Escócia e Inglaterra. Paramos no restaurante de um posto de gasolina para tomar café da manhã. Estávamos ambos um pouco cansados porque saímos muito cedo e, como ficamos bastante ocupados nos últimos dias antes da viagem, não dormimos muito.

Mas o cansaço nos abandonou quando conhecemos a mulher que serviu nosso café da manhã. Ela trabalhava por trás de um balcão longo e nos serviu antes de chegarmos ao caixa para pagar. Cumprimentou-nos com um sorriso cálido e alguns comentários amigáveis. Sua atitude genuinamente boa e positiva era como um banho refrescante.

Penso que a mulher percebeu que nos sentíamos cansados porque nos deu uma porção extragrande do café da manhã para acompanhar a porção grande de alegria, exatamente aquilo de que precisávamos. Dentro de segundos, Elizabeth e eu nos sentíamos renovados e não havíamos comido ainda. Foi a personalidade e a bondade da mulher que nos renovaram.

Enquanto comíamos, percebi um formulário de satisfação do cliente na mesa. Enfatizava que era uma nova iniciativa do restaurante: era chamado "Vá mais além". O formulário dava a oportunidade para os clientes comentarem se algum membro da equipe foi mais além para proporcionar um bom serviço. Nós recebemos um ótimo serviço, então preenchemos o formulário.

Era preciso preencher o formulário com o nome do funcionário, horário e data, mas não tínhamos reparado no nome da mulher, por isso, na hora de ir embora, passamos pelo balcão de novo e tentamos ler o nome no crachá. O problema é que o movimento no restaurante aumentava e ela estava muito ocupada. Ficava sempre de costas para nós e não conseguimos ver seu nome. Devo admitir que pensamos em ir embora porque nos sentimos um pouco fora da nossa zona de conforto, parados na fila junto às pessoas famintas.

Estávamos cientes de que alguns clientes pensavam que cortamos a fila. Mas, na vida, o amor nos cutuca com frequência e nos apresenta oportunidades de sair correndo para fora de nossas zonas de conforto. Ou agimos mediante as oportunidades e crescemos um pouco mais, ou vamos embora e esperamos outra chance.

Então, avaliando a oportunidade, gritei para chamar a atenção da mulher e perguntei o nome dela. Expliquei que estava preenchendo o formulário de satisfação e que estávamos muito gratos por como ela nos ajudou a sentir quando chegamos ao restaurante. Nesse momento, a face da mulher se iluminou. Abriu um amplo sorriso que quase lhe tomou o rosto todo. Senti-me inspirado a informar a alguns dos clientes na fila sobre o formulário. Eu disse: "Ela não tem um sorriso amável? Que ótima maneira de servir... com um sorriso!". Estavam todos sorrindo agora.

Nesse instante, como a sorte gosta de fazer, a gerente da mulher apareceu. Eu estava inspirado e sem nenhuma intenção de parar. Contei o que escrevi no formulário à gerente, na frente da mulher e dos outros clientes. O sorriso da gerente apareceu de súbito. E nenhum dos clientes parecia se incomodar com o fato de eu estar segurando a fila. Era um pequeno momento mágico do qual todos participavam.

A gerente disse que era um grande prazer receber opiniões positivas. Aparentemente, havíamos sido os primeiros (não sei quando essa iniciativa começou). Ela disse que sempre recebiam reclamações. Era muito especial receber opiniões positivas, acrescentou, ainda mais de maneira tão pessoal.

Tenho certeza de que muitos clientes já estiveram satisfeitos com os serviços, mas não disseram nada. Não é curioso como a maioria das pessoas guarda suas opiniões até ter algo negativo a dizer? Quantas pessoas você conhece que mandaram um cartão a um restaurante depois de uma refeição agradável apenas para agradecer? Mas quantas pessoas reclamam quando a comida não atinge as expectativas?

Na ausência de um formulário de satisfação, as pessoas não percebem o bom trabalho que estão fazendo ou o que ele proporciona aos outros. Nós as privamos dessa informação. Acredito que é nossa responsabilidade elogiar.

Com frequência, as coisas mudam para agradar a uma minoria, pois aqueles que reclamam fazem uma grande cena. Acho que já é hora de começarmos a mostrar mais gratidão no mundo. Vamos fazer um estardalhaço sobre as coisas boas. Permita que a bondade tenha a voz mais alta para que as coisas mudem para melhor. Sinto que podemos fazer uma grande diferença na vida dos outros, e na nossa, ao ir mais além para dizer ou fazer algo realmente gentil para as pessoas. Não espere que algo o incomode para dar sua opinião.

E já percebeu quão bem você se sente quando faz uma gentileza a outra pessoa? Isso acontece porque a bondade tem efeitos colaterais. Fico contente com a existência de efeitos colaterais positivos e não apenas dos negativos, que costumamos associar com as drogas. Escrevi sobre os positivos no meu livro *The Five Side Effects of Kindness*. Os efeitos colaterais da bondade são: mais felicidade, faz bem ao coração, retarda o envelhecimento, melhora os relacionamentos e é contagiante.

Em relação ao efeito contagiante, toda gentileza que você faz ou fala faz diferença. Como uma vitória-régia em um lago que se move por uma onda, cada ato de bondade cria uma onda na sociedade, por menor que seja, e se espalha por todos os lugares, afetando mais pessoas além daquela (ou daquelas) que você ajudou diretamente.

Direcionando bondade

O amor cura as pessoas – tanto quem oferece quanto quem recebe.
KARL MENNINGER

Eu amo "direcionar" bondade. Quando ando por uma rua movimentada e vejo uma pessoa que parece triste, imagino que estou direcionando uma pequena bola de bondade em direção a ela. Eu a visualizo voando pelo ar e pousando na pessoa. Para dar efeito, costumo dar um empurrãozinho no ar, como se impulsionasse uma bola de bondade em direção à pessoa entristecida.

Às vezes sou bem criativo. Agrego uma cor à bola de bondade – qualquer cor que esteja me inspirando no momento. Também direciono a qualidade que sinto que a pessoa necessita. Então, às vezes, em vez de bondade, posso direcionar felicidade ou, em algumas situações, satisfação, amor, alegria ou perdão. Olho para a pessoa e apenas direciono a primeira qualidade que surge na minha mente.

Em algumas ocasiões, direciono mais que uma pequena bola. Às vezes me divirto um pouco e imagino que ela se estica e alcança várias pessoas de uma vez (quem disse que a visualização só pode ser aplicada para curar o corpo?). De vez em quando me imagino quebrando uma bola grande de bondade em pequenos fragmentos e os fazendo chover nas pessoas. Outras vezes, mando uma bola rolando pela rua e a vejo estourar em uma fila de pessoas.

E algo curioso acontece. Quando direciono alguma coisa, as pessoas às vezes olham em minha direção e sorriem. Gosto de pensar que foi uma troca entre nós naquele momento e que a pessoa de fato recebeu algo que lhe foi útil.

Mas é sempre útil para mim também. Você recebe de volta o que oferece, dizem. Em relação ao amor e à bondade, quanto mais você dá, mais você parece possuir para dar. Em *Romeu e Julieta*, Shakespeare escreveu:

Minha generosidade é mais infinita que o mar,
Meu amor, tão profundo quanto; quanto mais lhe dou,
Mais tenho, pois ambos são infinitos.

Eu realmente acredito que tanto a cura espiritual como emocional, e muitas vezes a física também, acontecem quando acessamos nossa capacidade de amar. Quanto mais amor espalharmos, com consciência, pelo mundo, mais cura receberemos. A palavra *heal* (cura) vem da antiga palavra inglesa *haelen*, que significa "tornar completo". Quando damos amor, nós nos tornamos completos.

Transforme-se e você transforma o mundo

Se você acha que está faltando algo em sua vida,
provavelmente é você.

Dr. Robert Holden

Muitas vezes falei da semelhança entre uma pessoa e um diapasão. Quando batemos em um diapasão, outras coisas começam a vibrar. Quando estamos de mau humor, vibramos como o diapasão, inspirando um humor sombrio no ambiente. As pessoas passam a agir como estávamos agindo. O mesmo, é claro, acontece quando nos sentimos felizes. Inspiramos felicidade no ambiente. De certa forma, somos contagiantes, mas não estou falando de contágio de vírus ou bactérias, mas de emoções.

O comportamento é contagioso também. De fato, um dos comportamentos mais contagiantes é a bondade. Atos de bondade inspiram bondade nos outros. Quando nos transformamos, isso significa que nos tornamos mais amorosos, compassivos ou bondosos e, por conseguinte, com frequência inspiramos mudanças semelhantes nos demais, mesmo que seja somente um pouco.

Não precisamos fazer grandes coisas para mudar o mundo. São as pequenas coisas que fazemos, muitas vezes, que importam mais.

Em relação à paz, Sua Santidade o Dalai-Lama disse:

A responsabilidade não está só nas mãos dos líderes de nossos países ou com aqueles que foram apontados ou eleitos para uma função específica. Está nas mãos de cada um de nós individualmente. A paz, por exemplo, começa em cada um de nós. Quando temos paz interior, podemos estar em paz com aqueles ao nosso redor.

O mesmo acontece com a paz. À medida que nos tornamos mais pacíficos com aqueles que nos rodeiam, inspiramos mais paz em torno de nós

Sofrer é permitido

Percebi que uma coisa que distancia as pessoas da paz, da felicidade e do contentamento é a palavra "deveria". Pensamos que deveríamos fazer isso ou aquilo, ou que deveríamos ter feito algo diferente. Ou, ainda mais doloroso, acreditamos que deveríamos *ser* algo diferente. Porém, sou de opinião de que começamos a sentir mais felicidade e paz, a viver mais processos de cura, quando aceitamos a nós mesmos – quando dizemos "está tudo bem ser eu!".

Não há problema se você está sofrendo agora. Não se torture pensando que não deveria sofrer. Se não está feliz neste instante, não se martirize tentando se convencer de que você deveria ser feliz. Digo isso porque as pessoas que leem material de autoajuda muitas vezes pensam que não são iluminadas, amorosas, piedosas ou serenas o suficiente e, em especial, se ficam doentes, acreditam que estão fazendo algo errado. Então criticam cada coisa negativa que fazem e, até pior, se martirizam por cada pensamento negativo. Mas está tudo bem ser como você é, ser quem você é. Às vezes, precisamos apenas relaxar, para o nosso próprio bem.

Meu querido amigo Stephen Mulhearn, um professor xamânico que possui um centro de retiro chamado Lendrick Lodge em Brig o' Turk na Escócia, tem um ótimo senso de humor. Ele muitas vezes brinca com a maneira como nos martirizamos. Dei boas risadas certa vez quando contou de um amigo que estava se esforçando muito com uma nova dieta nutricional. Stephen me disse que o amigo dele, acenando de forma negativa com a cabeça, falou em um tom grave e fatalmente sério, como se estivesse confessando um crime: "Meu único vício é o leite".

A maneira como Stephen descreveu tudo isso foi muito engraçada. Ele possui esse talento. Mas me fez perceber que nós somos nossos piores críticos. De fato, outras pessoas não precisam nos criticar. Nós mesmos já fazemos um ótimo trabalho crítico.

Mas é quando começamos a dizer para nós mesmos: "Estou disposto a me amar e me aceitar, assim como sou. Não preciso ser perfeito, ou curado, ou iluminado agora; só preciso ser eu mesmo hoje", que iniciamos o movimento em direção à plenitude. Isso é o que se pode chamar de amor maior por nós mesmos. É um lugar de onde a paz interior cresce.

Hermann Hesse, ganhador do Prêmio Nobel de Literatura em 1946, escreveu:

Você sabe muito bem, no âmago do seu ser, que existe apenas uma magia, apenas um poder, uma única salvação... e isso se chama amar. Então, ame seu sofrimento. Não resista, não fuja dele. É sua aversão que machuca, nada mais.

Quando fazemos as pazes com quem somos, começamos a nos amar. E, a partir desse espaço de onde não saímos correndo de nós mesmos, a cura pode ser profunda.

No fim das contas, o amor em qualquer forma, por nós mesmos e por outras pessoas, é um remédio poderoso. Portanto, gostaria de terminar esta parte do livro com algumas palavras inspiradoras. Não consegui encontrar a fonte, mas sou grato ao autor:

"Um médico sábio me disse: 'Pratico a medicina há 30 anos e já prescrevi muitas coisas. Mas, ao longo dessa jornada, aprendi que, para a maior parte das aflições da criatura humana, o melhor remédio é o amor'.

'E se não funcionar?', perguntei.

'Dobre a dose', ele respondeu."

Acho que isso resume tudo!

A-Z das Visualizações

*"Eu sou artista suficiente para desenhar
com liberdade em minha imaginação.
A imaginação é mais importante que o conhecimento.
O conhecimento é limitado. A imaginação circunda o mundo."*

Albert Einstein

Esta seção lista os mal-estares e doenças comuns e sugere visualizações que ajudam o processo de cura, muitas são baseadas em exemplos que foram compartilhados comigo em palestras e oficinas.

Para algumas patologias existe apenas uma visualização, para outras há uma ou duas sugestões. Isso é para demonstrar algumas das diferentes formas que gostamos de imaginar as coisas. Uma imagem visual que faz uma pessoa se sentir bem talvez não produza o mesmo efeito para outra.

Muitas das visualizações são intercambiáveis ou podem ser adaptadas para outras patologias. Portanto, se você sofre de algo que não está na lista, tente encontrar outra visualização que pareça aplicável à sua situação. Você também pode pegar qualquer elemento emprestado que seja útil ou criar uma visualização própria.

A lista apresentada nesta seção é apenas um guia. Sugiro que tente criar sua própria visualização – algo que tenha um sentido mais forte e que seja baseado em como você percebe a doença ou patologia – ou adapte uma dessas para que as lesões, doença, células e outras partes do corpo sejam representadas da maneira como você as "enxerga".

Algumas doenças e condições são descritas de modo simbólico às vezes: bactérias ou vírus como pontos pretos e inflamações como balões. Não importa se você conhece o aspecto anatômico de algo ou não; as pessoas tendem a pensar que imagens simbólicas são uma representação mental melhor.

Muitas visualizações contidas aqui são similares e repetitivas, e muitas variam apenas pelo tema. Porém, apresentei-as como uma lista de A-Z para que você possa escolher a visualização a partir da doença, para poupar um pouco do cruzamento de referências em outras páginas.

Como disse antes, a visualização não deve substituir a orientação médica. É algo que fazemos como um adicional à orientação recebida. Como seres humanos que somos, temos a tendência a pensar, assim a visualização nos dá algo para pensar *a respeito*, uma direção para a mente. É uma forma de direcionar o pensamento de maneira positiva.

Não fique estressado durante a visualização. Se isso acontecer, pare de visualizar. Talvez exista uma representação diferente que você possa usar, uma que o faça se sentir mais leve e que seja mais fácil, ou talvez relaxamento ou meditação sejam mais recomendáveis para seu caso.

Muitas pessoas visualizam por outras, como uma forma de rezar, apenas se concentrando na outra pessoa ou tocando-a com as mãos. Alguns terapeutas guiam os pacientes pelas visualizações. Existem muitas maneiras criativas de usar a visualização.

Com certeza, as pesquisas agora evidenciam que a mente é uma ferramenta poderosa e, se a direcionamos de maneira específica, é possível conseguir efeitos corporais bastante consideráveis. Quem, há alguns anos, acreditaria que o simples fato de crer em algo poderia mudar a química do cérebro de forma tão expressiva? Ou mesmo que imaginar algo poderia mudar a estrutura cerebral ou melhorar o funcionamento dos músculos; ou, ainda, que seríamos capazes de fazer com que uma célula imunológica vire à esquerda e não à direita?

No futuro, as visualizações de cura provarão ser um dos recursos mais poderosos, embora pouco explorado, ao nosso alcance. Ao direcionar a mente, ativamos caminhos para a saúde do nosso corpo que ainda nem foram considerados.

E, como você já sabe, use essas três regras de prática mental enquanto estiver fazendo alguma dessas visualizações:

- Regra 1: repetição
- Regra 2: repetição
- Regra 3: repetição

Acidente Vascular Cerebral (AVC)

Acidente vascular cerebral (AVC) é a denominação usada para descrever a perda rápida de uma função cerebral por causa da falta de irrigação sanguínea. Em geral, é acompanhada pela perda dos movimentos de um lado do cérebro.

Use a visualização descrita nos estudos científicos sobre AVC, no capítulo 7. Além disso, sugerimos tentar o seguinte:

Imagine que o lado interno da área danificada do cérebro é um campo com árvores e arbustos queimados, como se um incêndio tivesse acontecido ou como se uma área tivesse sido desmatada, sobrando apenas terra árida.

Agora, imagine semear novas sementes. Deposite as sementes nessas regiões do cérebro e imagine que se tornam árvores (neurônios). Se você buscar uma imagem de um neurônio na internet ou livro de medicina, notará as semelhanças entre os galhos de uma árvore e os ramos do neurônio!

Semeie sementes e cultive as árvores (neurônios) pela região toda. Conforme as árvores crescem, imagine que se conectam entre si. Mediante cada conexão, um pulso elétrico flui entre elas e segue para a parte do corpo que está com os movimentos limitados.

Acne

A acne é causada pelo bloqueio das glândulas sebáceas da pele, a qual em geral ocorre em razão do excesso de sebo secretado. Isso leva ao acúmulo de pus ou formação de pontos pretos.

Versão 1

Imagine que existe uma válvula para controlar as glândulas sebáceas da região do corpo onde há acne (você pode imaginar a glândula da maneira que quiser, até como uma mangueira). Agora, gire a válvula para reduzir o fluxo de sebo. Reduza quanto você quiser, para qualquer nível que sentir apropriado para sua pele.

Então, imagine estar abaixo do pus ou ponto preto e olhando para cima. Pegue uma mangueira de sucção imaginária e sugue todo o pus ou o ponto preto. Sinta o poder da sucção e escute o som que faz. Limpe até o poro parecer totalmente limpo. Imagine a pele se regenerando exatamente da maneira que precisa.

Versão 2

Imagine usar um "gel dissolvente" (de qualquer cor que você goste) e passe ou aplique sobre a acne. Imagine que é um gel mágico que apenas a dissolve e deixa a pele perfeitamente saudável por baixo.

Imagine a acne se dissolvendo. Escute chiar enquanto dissolve, como se estivesse derretendo. Então passe para a próxima. Se ainda restar algum resíduo após a acne ser dissolvida, use um aspirador imaginário para sugar tudo. Dedique-se à limpeza para que não fique nenhum resíduo para trás, apenas uma pele linda e saudável.

Versão 3

Assim como as fotos de modelos nas revistas são retocadas digitalmente para remover imperfeições, imagine que você está retocando sua pele com o pincel digital. Imagine dar um zoom na área desejada e usar a ferramenta mental "apagador" (como um apagador de um *software* de edição de fotos) para eliminar cicatrizes e espinhas.

Imagine a sensação de esfregar ou apagar com suavidade a acne ou cicatriz, restaurando sua pele para que fique como você gosta – sem imperfeições.

Como uma variação possível, abra uma foto do seu rosto no computador (se você possuir um) e use o *software* de edição para retocar sua pele. Mas, enquanto faz isso, afirme com confiança que existe uma conexão entre o que você está fazendo e os neurônios do seu cérebro. Isso é fundamental. Afirme que os neurônios-espelhos estão ativando caminhos no cérebro para trazer à realidade o que você "desenhou".

Aids

Ver **HIV**.

Alergias

Alergias acontecem onde o sistema imunológico apresenta uma sensibilidade excessiva (hipersensível) a certas substâncias (alergênicos). Por exemplo, a hipersensibilidade ao pólen resulta na febre do feno.

Imagine que seu sistema imunológico é feito de centenas de pequenas células. Você pode até imaginar que são pessoas pequenas. Imagine o alergênico (pólen) entrar e observe como as células reagem. Pense nelas como excessivamente sensíveis ou hiperativas – por exemplo, quando percebem o alergênico e saem correndo na direção dele.

Então diga "Parem". Imagine que as células de repente param e olham para você. Diga que está muito grato pelo ótimo trabalho que fazem, mas que esse alergênico é bom. Não é danoso. Peça que o deixem passar. Explique que, a partir de agora, elas podem ser amigas do alergênico. É seguro.

Agora imagine que estão apertando as mãos do alergênico; que algumas células o abraçam. Reconheça que de agora em diante são todos amigos.

Ansiedade

Imagine um painel de controle da ansiedade dentro do seu cérebro. De um lado diz "Calma" e, do outro, "Ansiedade". Observe para qual lado está.

Se você estiver um tanto ansioso, imagine girar o indicador para o lado da calma. Enquanto faz isso, respire fundo e de modo constante. Faça isso com frequência para treinar o cérebro.

Arritmia (Palpitações)

Uma arritmia é uma irregularidade no ritmo normal do coração. Existem tipos diferentes, porém o mais comum é a palpitação, que abordamos no parágrafo a seguir.

Versão 1

Imagine seu coração e também pequenos corações cor-de-rosa com asas de anjo (para representar o amor) com os dizeres "batimento cardíaco normal" escritos neles. Veja os pequenos corações cor-de-rosa flutuando gentilmente em direção ao seu coração. Imagine o ritmo do coração voltando ao normal.

Versão 2

Imagine o sistema rítmico do coração. Talvez você imagine como um mecanismo de relógio ou um metrônomo, por exemplo. Faça alguns ajustes até funcionar perfeitamente. Você pode até invocar algumas ferramentas especiais.

Tome muito cuidado e esteja atento enquanto conserta o sistema, limpe e encere bem cada parte, restaurando os funcionamentos totais do coração de maneira perfeita. Imagine o "tique-taque" do relógio em um ritmo perfeito e harmonioso aos ouvidos.

Artrite (Reumatoide ou Osteo-)

A artrite é caracterizada pelos danos à cartilagem das articulações e pela falta de fluido nelas. Dor e inflamação são os resultados dos ossos em atrito uns com os outros.

Versão 1

Imagine-se segurando uma seringa grande, ou uma lata de óleo, cheia de um fluido viscoso, como óleo de duração eterna. Imagine o óleo translúcido ou colorido (é de sua escolha – o que você sentir que é melhor).

Agora, imagine aplicando o fluido em uma articulação. Visualize-o penetrando a articulação e veja as partes da cartilagem se separarem. Como variação, visualize pequenos átomos oleosos deslizando para fora da seringa ou lata, divertindo-se enquanto penetram a área afetada.

Agora, imagine a articulação lubrificada se movendo com liberdade e sem esforço. Em seguida, imagine você realizando as atividades que será capaz de fazer com a articulação curada e sem dores.

Versão 2

Visualize escavadeiras mecânicas se movendo para a articulação. Elas possuem ferramentas especiais de corte para aparar os excessos ósseos que estão roçando em outros ossos e para criar espaço.

Agora, imagine as escavadeiras erguendo vigas para manter o espaço e impedir que os ossos se toquem novamente.

Depois, crie uma imagem na qual outras escavadeiras chegam com baldes cheios de fluido lubrificante mágico de duração eterna. Imagine que despejam o fluido nas áreas afetadas e veja como preenchem os espaços vazios.

Artrite Reumatoide

Artrite reumatoide é uma doença autoimune que faz o sistema imunológico atacar as articulações.

Use a visualização "Patologias autoimunes". Além dessa, ou como alternativa, use a visualização "Artrite".

Asma

A asma é caracterizada pela constrição ocasional das vias respiratórias, que restringe a respiração.

Imagine a parte interna de uma das vias respiratórias; é como estar dentro de um pequeno túnel. Agora, imagine times de pequenos trabalhadores empurrando gentilmente as paredes internas dos tubos, tornando-os mais amplos. Veja como instalam anéis mágicos de fortalecimento feitos de luz, para ajudar a sustentar o novo tamanho depois da expansão e evitar que os tubos constrinjam mais do que o tamanho estabelecido.

Aterosclerose

Aterosclerose é conhecida como "endurecimento das artérias". As paredes das artérias são engrossadas por tecidos de cicatrização e colesterol, levando ao acúmulo de depósitos de cálcio. Isso pode restringir o fluxo de sangue pelas artérias.

Versão 1

Imagine-se caminhando pelas artérias com um limpador a vapor ou algum tipo de limpador que dispara raios leves de laser. Mire o limpador nos depósitos endurecidos e imagine as paredes arteriais sendo limpas.

Imagine que as paredes das artérias agora estão macias e vermelhas/rosa. Diga que você as ama e agradeça pelo ótimo trabalho que fazem bombeando sangue e nutrientes pelo corpo, por manter você saudável. Colete todo esse material que foi removido das paredes. Visualize que está usando uma vassoura ou algum aparato de sucção. Coloque todos os resíduos em sacos de lixo e imagine levar para fora do seu corpo.

Versão 2

Supostamente, as artérias são flexíveis, como um pedaço de borracha flexível. Com a aterosclerose, os tubos endurecem e ficam rígidos. Assim, imagine que as células que formam essas paredes das artérias são como tijolos de borracha flexível, mas alguns estão endurecidos, sem cor, deformados e rachados.

Remova da parede os tijolos endurecidos e danificados, um por vez, e substitua por tijolos de borracha maleável. Imagine que cada sessão reformada se torna muito flexível. Veja como se curvam sem esforço. Faça isso até que a artéria inteira esteja facilmente flexível.

Autoestima

Use a visualização "Depressão".

Além disso, meu livro *I Heart Me: The Science of Self-Love* é um ótimo recurso, repleto de exercícios úteis e ideias para ajudar a desenvolver um nível saudável de autoestima.

Bronquite

Em casos de bronquite, os brônquios (tubos dos pulmões por onde o ar passa) estão inflamados e produzem muco.

Imagine a parte interna dos tubos bronquiais. Imagine usar uma mangueira de sucção ou aspirador de pó e sugue todo o muco. Se a bronquite é um resultado do fumo, então também sugue todos os pedaços de resíduo preto que estarão colados nas paredes dos tubos, que representam os resíduos causados pelo cigarro.

Após sugar todo o muco e limpar as paredes, imagine borrifar tudo com um líquido mágico curativo. Enquanto o líquido é absorvido pelas paredes, imagine a inflamação se reduzir a zero e as paredes voltarem à coloração rosa e saudável.

Imagine um ar suave que você respira e acalma os brônquios.

Câncer

Eu incluí mais visualizações para câncer do que para a maioria das outras enfermidades porque é uma doença mais disseminada e se manifesta de diferentes formas no corpo.

Além das seguintes visualizações, você pode se inspirar nas visualizações compartilhadas no capítulo "Histórias Verídicas de Visualizações Bem-sucedidas".

Visualizações gerais para câncer

Em geral, as pessoas imaginam tumores diminuindo. Para que isso seja possível, algumas imaginam o(s) tumor(es) sendo devorado(s) por células imunológicas; outras imaginam que as drogas quimioterápicas são as responsáveis, aparecendo em forma de Pac-Men ou piranhas. Outros imaginam que a radiação (de radioterapia) ou raios de próton são responsáveis por derretê-los.

Há aqueles que visualizam uma luz de cura iluminando o(s) tumor(es); ainda outros imaginam posicionar cristais ao redor e que eles liberam raios de cura que derretem o(s) tumor(es). Alguns imaginam que os tumores são de gelo ou bolas de neve que derretem, reduzindo-se a poças. Depois, as pessoas enxugam essas poças, eliminando do corpo o material derretido.

Em vez de imaginar tumores, alguns preferem imaginar as próprias células cancerígenas sendo destruídas, encolhidas ou derretidas, e imaginam que isso acontece de alguma das maneiras citadas.

Em todos os casos, porém, as pessoas imaginam o(s) tumor(es) encolhendo até desaparecer por completo.

As visualizações seguintes são variações deste tema.

Versão 1

Quando imaginam o sistema imunológico, algumas pessoas gostam de deixar suas intenções claras e, então, visualizam células imunológicas sendo criadas e saindo da medula óssea antes de perseguir e dominar ou destruir as células cancerígenas.

Não é necessário conhecer o funcionamento exato, mas apenas criar uma representação mental clara à sua maneira – algo que indique, sem deixar dúvidas, o que você pretende de fato. Porém, algumas pessoas preferem se informar a respeito do assunto. Por isso, compartilhei alguns recursos para visualização no meu site: <www.drdavidhamilton.com/howtovisualize>.

Se quiser adicionar um pouco de leveza enquanto o tumor está derretendo, imagine-o gritando: "Estou derretendo! Derretendo!", como a Bruxa Má do Oeste no Mágico de Oz. Balance os braços e o corpo para representar o processo de derretimento (se ninguém estiver por perto para presenciar sua diversão). É um pouco como uma dança da vitória.

Versão 2

Visualize as células de uma parte cancerígena do corpo. Imagine que algumas são amáveis, rosadas e saudáveis, mas outras estão descoloridas e cobertas por uma gosma, ou estão com coloração desgastada e aspecto doentio. Estas representam as células cancerígenas.

Agora, pegue um pincel imaginário e algum fluido especial de limpeza e comece a limpar essas células, uma de cada vez, até que cada uma esteja brilhando e com uma coloração saudável de novo.

Ou, se preferir, imagine-se segurando um *laser* e queimando todas as células cancerígenas. Imagine que você deixou as células saudáveis intactas. Imagine limpar qualquer resíduo ou sugá-lo com uma mangueira de sucção, e descarte fora do corpo.

Versão 3

Algumas pessoas preferem ver o câncer como parte delas e, portanto, o tratam com amor e carinho em vez de atacá-lo. Assim, imagine sentar-se junto às células cancerígenas, abraçando-as e dizendo que as ama (se o câncer fosse consciente, ele não saberia que está machucando você. Pensaria que está ajudando). Imagine as células respondendo que também amam você. Então diga que precisa deixá-las partir agora. Imagine que deixam seu corpo com largos sorrisos estampados no rosto, acenando com a mão enquanto se retiram.

Versão 4

A visualização seguinte envolve visualizar o DNA. O gene TP53 é um "gene supressor de tumores" e produz uma proteína conhecida como p53, considerada a "guardiã do genoma" e, às vezes, é até chamada de "gene anjo da guarda". Desempenha um papel crucial na prevenção da formação de tumores.

Imagine que o gene TP53 é da forma que você quiser, talvez algum tipo de guardião ou anjo da guarda. Imagine que a razão pela qual o câncer surgiu é porque ou o guardião desapareceu ou está machucado, ou algum outro motivo que você possa imaginar.

Em seguida, visualize o guardião voltando em um esplendor de glória ou, se estava machucado, imagine restaurar a saúde dele com remédios. Veja como ele fica mais forte e saudável. Imagine o DNA como as asas do anjo da guarda que se movem como sinal de saúde, com feixes de luz ao redor.

Veja o guardião voando pelo corpo, destruindo as células cancerígenas no caminho. Você pode imaginar que ele pede (ou ordena) para as células cancerígenas irem embora (elas sabem, afinal, que o guardião é quem manda) ou, ainda, crie uma imagem do guardião emanando raios coloridos que destroem as células. Você até pode imaginar as células cancerígenas diminuindo até desaparecerem com um estalido (a morte de células é conhecida como apoptose).

Candidíase

Candidíase é uma infecção causada pela espécie *candida* do fungo de levedura e, muitas vezes, se manifesta na pele ou na vagina. É muito comum entre pessoas com imunidade comprometida.

Imagine caminhar pela área com fungos com uma mangueira de sucção ou aspirador, sugando todos os fungos. Tente sentir a força da sucção e imagine o som que faz.

Outra opção é usar a visualização das "Infecções". Se você quiser potencializar o sistema imunológico também, faça a visualização "Sistema imunológico".

Catapora

Catapora é uma infecção cutânea causada pelo vírus varicela-zoster.

Além da técnica descrita no fim do capítulo 6, com o propósito de diminuir a coceira, a seguinte visualização é focada em fazer as manchas desaparecerem mais rápido.

Versão 1

Imagine segurar uma garrafa de fluido mágico dissolvente (qualquer cor que o faça se sentir bem) e jogue um pouco no local. Imagine o fluido frio cobrindo toda a mancha.

Depois, observe a mancha dissolvendo bem diante de seus olhos, como se o líquido fosse um ácido, mas que dissolve apenas cataporas e deixa a pele intacta. Imagine a mancha encolhendo e desaparecendo com um estalido.

Em sua imaginação, repita o processo em cada mancha, uma por vez. Outra opção, antes de começar a visualização: declare que o que você imagina para uma mancha vale para todas.

Versão 2

Imagine falar com as manchas e pedir que partam. Diga que as ama e que agradece pelo carinho que demonstram para com seu corpo e pela visita. Mas explique que você precisa pedir que saiam agora e, então, ofereça uma bela despedida. Visualize as manchas, ou as células individuais, descolando do seu corpo, uma por uma, e voando para longe. Imagine você acenando enquanto elas vão embora.

Outra opção, use a visualização "Vírus".

Para cicatrizes de catapora

Cicatrizes são fibras de tecido.

Imagine cortar as fibras, uma por vez. A cada corte feito, ouça a fibra soar como uma corda de guitarra.

Depois que as fibras se foram, imagine usar uma tinta especial que cria novas camadas de pele. A cada camada de tinta aplicada, imagine uma camada de células epidérmicas saudáveis e perfeitas.

Imagine adicionar mais e mais camadas de células saudáveis até visualizar a pele revigorada.

Celulite

Imagine as células nas áreas com celulite como camadas de tijolos de gelatina gordurosos e adiposos.

Use uma mangueira de sucção ou aspirador imaginários para sugar todas as células de celulite. Imagine a força da sucção vibrando a mangueira enquanto algumas células resistem à sucção, e ouça o barulho quando a gordura é sugada para dentro do saco. E, quando as células são sugadas ou dissolvidas, imagine que restou apenas pele firme e com aspecto saudável.

Outra opção, imagine muitos Pac-men ou piranhas pequenos e comedores de gordura; ou coelhos apaixonados por celulite, devorando-a e deixando a pele com aspecto lindo e saudável.

Ciática

Ciática é causada pela compressão do nervo ciático.

Versão 1

Imagine a compressão do nervo ciático da maneira que desejar. Por exemplo, como algo que foi achatado e ainda não retomou sua forma original.

Em seguida, imagine que você está inflando, como um pneu murcho. Imagine que está retomando a sua forma original, pois sinais saudáveis já podem ser transmitidos com facilidade pelo nervo e a dor foi erradicada.

Versão 2

Imagine que o nervo ciático foi esticado – como exemplo, uma corda que deveria estar reta, mas é esticada ao redor de um objeto e, portanto, fica tensionada.

Imagine que você gentilmente desamarra o objeto. Então, imagine que a tensão no nervo foi removida por completo, pois voltou a ficar em linha reta.

Cicatrizes

Cicatrizes são fibras de tecido.

Imagine você cortando as fibras, uma de cada vez. A cada corte feito, ouça a fibra vibrar. Quando as fibras acabarem, imagine usar uma tinta especial que pinta novas camadas de pele. A cada camada de tinta aplicada, imagine a formação perfeita de uma camada de células epiteliais saudáveis.

Imagine aplicar diversas camadas de células epiteliais saudáveis até obter uma pele perfeitamente saudável.

Cistite

Cistite é uma infecção na bexiga e uretra. Use a visualização "Infecções". Além disso, imagine a parte interna da bexiga. Veja as células inchadas e vermelhas.

Agora, imagine que você tem baldes de fluido azul mágico e refrescante. É espesso e viscoso e provoca uma sensação fria ao toque. Agora, passe o fluido nas células, uma de cada vez, e veja como se refrescam e a vermelhidão apresenta uma coloração rosa saudável.

Clamídia

Clamídia é uma doença sexualmente transmissível causada por uma infecção na uretra (homens) ou no colo do útero (mulheres) pela bactéria *Chlamydia trachomatis*.

Imagine passar um gel mágico azul curativo por toda a área infectada. Imagine o gel suave hidratando a área e a sensação refrescante. À medida que o gel é absorvido, visualize qualquer inflamação diminuindo e qualquer vermelhidão voltando à coloração roseada e saudável.

Outra opção: recorra à visualização para "Infecções".

Coluna vertebral lesionada

Em alguns casos de lesões na coluna vertebral, a coluna é cortada, mas na maioria das lesões continua intacta. Porém, mesmo nesses casos, os danos levam à perda de movimento. As visualizações a seguir podem ser feitas em qualquer uma das situações, já que representam o restabelecimento da comunicação.

Use a visualização descrita nos estudos científicos referentes a derrame, no capítulo 7. Além disso, você pode tentar o seguinte:

Versão 1

Se você alguma vez já viu um cabo de fibra ótica, saberá que consiste em centenas de cabos individuais de fibra ótica. Imagine a lesão na coluna como alguns desses cabos quebrados – nervos quebrados da coluna.

Agora, imagine-se reconectando os nervos, um por um, com um fio mágico. Amarre em uma ponta, passe o fio até a outra ponta do nervo e puxe para que as duas pontas se conectem novamente.

Conforme cada nervo é reparado, imagine um pulso elétrico, da cor que você quiser, passando pelo nervo recém-consertado. Então, imagine um pulso elétrico fluindo do seu cérebro para qualquer parte do corpo (qualquer parte que você intuitivamente sinta que agora está conectada). Continue reparando os nervos e imaginando mais pulsos correndo por outras partes do corpo.

Enquanto os pulsos seguem para cada região do corpo, imagine mover essa parte do corpo da maneira que você desejar.

Versão 2

Outra opção, em vez de usar um fio mágico, é que você imagine salpicar fertilizante mágico (com ativos para crescimento de nervo) em uma ponta de um nervo cortado ou danificado. Imagine que o nervo começa a crescer, como galhos e folhas crescem em uma planta. Ele cresce em direção a outra ponta do nervo. Se você precisar, adicione mais fertilizante até que as duas pontas se conectem e o dano seja reparado. Então visualize o pulso elétrico, como na Versão 1, ao mesmo tempo que imagina mover o corpo livremente.

Versão 3

Imagine a parte interna da medula óssea como uma espécie de quarto, caverna ou gruta, cheia de células-tronco que estão descansando. Fale com elas e peça que se transformem em células da coluna vertebral. Imagine que todas respondem animadas: "Sim!". Elas estavam apenas esperando as instruções.

Imagine as células saindo da medula óssea e indo em direção ao local da lesão na coluna. Visualize as células-tronco se transformando em células da coluna que se encaixam com perfeição ao lado das células saudáveis. À medida que mais células se encaixam, imagine a coluna completamente reparada e que você pode mover o corpo com liberdade.

Cortes

Versão 1

Imagine-se dentro do corte e veja os dois lados da pele separados, como paredes de um cânion.

Imagine que usa fios feitos de luz para unir os dois lados, do fundo do cânion ao topo.

Com cada ponto dado, veja a si mesmo juntando mais os lados. Visualize que estão se unindo perfeitamente ao mesmo tempo que ambos os lados formam novas células. Se há algo no corte que não deveria estar lá, visualize-se limpando o corte. Imagine os lados se juntando de forma tão perfeita que não é mais possível ver onde estava o corte.

Versão 2

Imagine-se conversando com o corte de maneira gentil. Afague a parte interna dele com amor (o toque estimula os hormônios de crescimento, necessários para a regeneração). Imagine que os dois lados do corte se amam e não desejam mais estar separados (talvez eles – ou você – tiveram uma discussão e por isso se separaram). Veja como eles se movem, um em direção ao outro, e se abraçam com amor. Você até pode fazer a visualização escutando uma música romântica ou inspiradora.

Depressão

Imagine uma bola de luz suave de cor verde, rosa ou branca, ou uma chama de vela no centro do seu corpo. Representa sua felicidade. Observe o tamanho dela.

Se você imaginou uma luz, visualize um interruptor ou um regulador de intensidade luminosa, e aumente a intensidade. Se imaginou uma chama de vela, imagine o pavio ficando mais grosso e a luz ficando mais forte. Afirme que o aumento do tamanho e o brilho da luz são um símbolo – uma representação – da sua força, resiliência e felicidade internas.

Como uma extensão da prática (apenas se você sentir que gostaria de agregar algo mais à visualização), é possível imaginar a luz ficando tão forte que se expande por todo seu corpo. Ela flui pela corrente sanguínea, iluminando os vasos sanguíneos, o coração, o cérebro e todos os outros órgãos. Imagine que ilumina os músculos e sinta a energia e força que emanam deles.

Veja a si mesmo rodeado dessa luz poderosa e afirme que "todo dia, de todas as maneiras, estou ficando cada vez melhor", que é a afirmação ensinada por Émile Coué.

Diabetes

Existem dois tipos de diabetes: tipo 1 e tipo 2. Diabetes tipo 1 é uma condição autoimune em que o sistema imunológico destrói as células beta produtoras de insulina no pâncreas, resultando em altos níveis de açúcar no sangue. O diabetes tipo 2 é resultado da resistência à insulina ou redução de sensibilidade à insulina, o que resulta no aumento do açúcar no sangue. O tipo 2 é mais comum em adultos acima do peso.

Para o Tipo 1

Veja Patologias Autoimunes.
Além disso, imagine inundar o pâncreas com uma luz verde de cura (luzes verdes simbolizam regeneração). Visualize as células beta danificadas banhadas na luz e imagine que estão se regenerando.

Para o Tipo 2

Algumas pesquisas sugerem que, em muitos casos, uma intervenção na dieta pode reverter o diabetes tipo 2.

Com base em observações, alguns estudos sugerem que a sensibilidade reduzida à insulina no diabetes tipo 2 se deve aos receptores de insulina da superfície celular. Portanto, na visualização, imagine que o receptor está dormindo e você irá despertá-lo.

Visualize o receptor da maneira que quiser. Imagine que ele está dormindo. Aproxime-se dele e dê uma pequena sacudida para que acorde. O receptor acorda bocejando e espreguiçando. Diga que está feliz com o trabalho que ele sempre realizou, que está feliz porque ele consegue dormir, mas que já está na hora de acordar. O receptor agora apresenta um aspecto descansado, agradece a você por tê-lo acordado. Está muito disposto a cumprir suas obrigações.

Diarreia

A diarreia muitas vezes resulta de algum tipo de infecção; portanto, use a visualização "Infecções".

Doenças cardíacas

Doenças cardíacas é uma expresão que compreende diferentes doenças cardiovasculares.

Imagine algumas células doentes como ameixas secas e murchas, ou outra representação de células doentes. Dê uma colher de remédio para cada uma das células. Imagine que elas sorriem e as bochechas ficam rosadas. Agora, megulhe uma esponja em algum "fluido de cura" e passe pela célula, limpando gentilmente. Enquanto você faz isso, imagine que ela ganha mais corpo, os vincos característicos da ameixa seca vão sumindo e sua coloração vai mudando para um tom rosado saudável. Dê um abraço em cada célula e agradeça pelo maravilhoso trabalho que fazem para manter você saudável. Faça isso com cada uma das células.

Doença de Parkinson

A doença de Parkinson é caracterizada por tremores musculares e rigidez, principalmente por causa da produção e da liberação reduzida da dopamina nos gânglios basais do cérebro (dos quais o corpo estriado faz parte). É uma região que se conecta com a área de controle de movimentos (área motora).

Versão 1

Imagine que as células cerebrais que deveriam estar produzindo dopamina são feitas de um material esponjoso. Imagine que elas se apertam e espirram bolhas de dopamina, da mesma forma quando apertamos uma esponja embaixo d'água, produzindo bolhas.

Observe as bolhas de dopamina se direcionando a regiões do cérebro que controlam o movimento e/ou outras áreas necessárias. Imagine que são absorvidas por essas regiões e que você pode se movimentar melhor.

Versão 2

Imagine uma fábrica de dopamina dentro da região dos gânglios basais do cérebro, com um letreiro gigante em que se lê: "Fábrica de Dopamina". Visualize uma conversa com os funcionários na qual você os orienta a aumentar a produção de dopamina. Eles ficam contentes, já que gostam de fabricar dopamina.

Crie a imagem de times de trabalhadores fabricando dopamina (imagine a dopamina da maneira que quiser) e carregando grandes caminhões que a distribuem pelo cérebro. Imagine os caminhões dirigindo para uma parte do cérebro onde um letreiro diz: "Área de Controle Motor". Visualize os trabalhadores descarregando as moléculas de dopamina nessa área. À medida que a dopamina preenche o espaço, imagine que pode movimentar seus músculos com mais facilidade.

Outra possibilidade é usar a visualização do derrame, descrita no capítulo 7.

Dor

Versão 1

A visualização seguinte é semelhante a algumas usadas por hipnoterapeutas ou dentistas para reduzir a dor de maneira significativa.

Imagine um medidor com um marcador, algo como 1-10 ou alguma outra medida, em que os números representam o nível de dor atual ou o nível típico de dor. Agora, diminua a indicação no medidor até um nível muito baixo ou até mesmo zero.

Faça isso quando sentir dor, mas também pode praticar *off-line*. Ou seja, pratique essa visualização, treinando o cérebro a reduzir o medidor sempre que sentir dor.

Versão 2

Sinais de dor viajam pelos nervos desde a área dolorida até o cérebro. Na verdade, a dor acontece no cérebro. Apenas parece que ela vem da região lesionada.

Imagine um sinal de dor como um pulso elétrico que se move da região da dor em direção ao cérebro. O sinal precisa ser transmitido entre os nervos pulando sobre um pequeno espaço conhecido como sinapse.

Imagine posicionar um pedaço de poliestireno isolante no espaço para que o sinal de dor seja absorvido pelo poliestireno e se dissipe, e assim não chegue até as regiões "doloridas" do cérebro. Uma observação: o poliestireno é de um tipo especial porque bloqueia os sinais de dor. É completamente invisível para todos os outros sinais e, assim, todos eles passam com liberdade entre o cérebro e o corpo.

EM (Encefalomielite Miálgica)/SFC (Síndrome da Fadiga Crônica)

EM (também chamada de Síndrome da Fadiga Crônica ou SFC) é caracterizada pela exaustão mental e física crônicas.

Inspire-se na visualização da EM/SFC apresentada no capítulo 14, "Histórias Verídicas de Visualizações Bem-sucedidas".

Outra opção é imaginar uma bola de luz dentro do corpo, que representa seu nível de energia ou força. Observe o tamanho e a cor, quão brilhante ela parece para você. Imagine um medidor que aumenta o brilho da luz. Ela fica mais cada vez mais brilhante. E, quanto mais brilha, mais se expande para fora de seu corpo, iluminando tudo.

Imagine a luz expandir por todos os músculos, preenchendo-os de energia; visualize a luz viajando pela corrente sanguínea, distribuindo energia para cada parte de seu corpo. Termine com uma dança da vitória imaginária. Veja a si mesmo dançando para celebrar o retorno de sua força.

Algumas teorias a respeito da EM dizem que é causada pelo acúmulo de toxinas no corpo. Portanto, a visualização "Toxinas" também é indicada para limpar o corpo.

Enfisema

O enfisema é caracterizado pela destruição das paredes dos alvéolos nos pulmões, o que limita a respiração.

Imagine que você tem um saco com novas células para alvéolos e começa a preencher os buracos da parede com essas novas células. Encaixe as novas células com perfeição, como se estivesse colocando tijolos em uma parede (porém, esses tijolos são mais gelatinosos que os de uma casa). Visualize essas novas células se espremendo nos buracos para que todos os espaços sejam preenchidos.

Enquanto preenche os espaços, imagine o ar fluindo para dentro e para fora dos pulmões sem que nada seja perdido pelos espaços das paredes, já que foram realmente preenchidos.

Endometriose

Endometriose é o crescimento do endométrio (o tecido que forma o útero) fora ou além do útero: nos ovários, trompas de Falópio e nos tecidos que formam a pélvis. Esses tecidos sangram periodicamente em conjunto com a menstruação normal e isso pode levar a inflamações. No caso de endometriose nos ovários, também podem aparecer cistos. São conhecidos como "cistos de chocolate", por sua cor marrom-escura.

Visualize-se limpando os ovários, trompas de Falópio e tecidos da pélvis (qualquer órgão afetado) usando uma mangueira de sucção ou um aspirador, ou qualquer coisa que você use para limpar (até mesmo um pequeno coelho que gosta de cistos sabor "chocolate"), assim os resíduos são removidos de uma vez. Continue visualizando a limpeza até que as áreas voltem a um aspecto limpo e saudável (e feliz – sinta-se livre para imaginar todas com carinhas sorridentes).

Enterite (Gastroenterite)

Enterite é geralmente conhecida como gastroenterite, embora o estômago não esteja de fato envolvido. Porém, a mesma visualização pode ser usada. Enterite é uma inflamação do intestino delgado que geralmente é causada pela infecção de um vírus ou bactéria. A inflamação é a resposta geral do corpo diante de uma infecção.

Inchaço é uma consequência de acúmulo de fluido na região. Substâncias inflamatórias no corpo (parte da resposta imunológica à infecção) também causam dilatação de vasos sanguíneos estreitos dos tecidos, o que aumenta a quantidade de sangue na região. É por isso que regiões inflamadas geralmente são vermelhas.

Sugiro as visualizações "Sistema imunológico" ou "Infecções". Outra opção, no caso de inflamações, é imaginar reduzir o inchaço e a vermelhidão da região inflamada. Imagine sugar o fluido com uma máquina de sucção e, enquanto isso acontece, visualize a vermelhidão se alterar para um rosado saudável. Sopre ar fresco na região e imagine que todas as células suspiram aliviadas enquanto se sentem refrescadas. Você pode até imaginar que estão sorrindo.

Envelhecimento

Para reduzir o processo de envelhecimento:

Imagine que em seu cérebro existe um indicador em que se lê "velocímetro do envelhecimento". Perceba a velocidade que está marcada nele.

Agora, gire para trás a fim de reduzir a velocidade do envelhecimento para o tanto que você deseja. Agora visualize a si mesmo se comportando como se fosse vários anos mais jovem. Imagine o que faria. Veja como seu corpo se movimenta agora que se sente mais jovem.

Epilepsia

Epilepsia é o nome dado a qualquer uma das muitas convulsões cerebrais recorrentes.

Imagine que você está dentro do cérebro. Nele, encontra pequenos personagens agitados, observando, alertas, assustadiços e com um pouco de medo. Esses personagens representam a epilepsia e estão em estado de alerta porque na verdade não moram ali.

Diga a eles que não há motivo para ter medo. Diga que estão seguros, que você os ama. Está tudo bem. Eles podem relaxar. Explique que os ajudará a voltar para casa. Imagine um grande ônibus e todos os personagens da epilepsia entrando nele. Enquanto o ônibus segue seu caminho, veja todos acenando pela janela.

Esclerose Múltipla (EM)

Esclerose Múltipla é uma doença autoimune em que o sistema imunológico destrói a cobertura de mielina, uma substância protetora adiposa branca que protege os axônios (braços dos neurônios). Portanto, a comunicação por meio dos axônios é afetada.

Use a visualização "Patologias autoimunes". Além disso, imagine a recuperação do revestimento de mielina. A seguir, duas sugestões de visualizações com esse fim:

Versão 1

Imagine a parte interna da sua medula óssea. Imagine como se fosse um quarto, caverna ou gruta cheios de células-tronco descansando. Células-tronco podem se transformar em quase qualquer tipo de célula. Imagine as células do formato que você queira. Comunique-se e peça que se transformem em células de revestimento de mielina. Imagine que dizem animadas: "Sim!". Estavam apenas esperando instruções.

Observe enquanto saem da medula óssea e seguem para as regiões danificadas do revestimento. Imagine as células-tronco se transformando em células de revestimento de mielina e sentando com tranquilidade ao lado das células saudáveis. Enquanto novas células tomam seus espaços, imagine que as danificadas são recuperadas por completo.

Versão 2

Visualize um nervo no qual faltam áreas do revestimento protetor. Imagine da forma que você sinta ser a melhor. Por exemplo, como um fio de cobre exposto e algumas partes do plástico isolante gastas, ou como uma árvore sem algumas partes do tronco, ou algo semelhante.

Veja a si mesmo reparando o nervo, adicionando mielina por toda a extensão dele. Então, imagine que recapa o fio de cobre ou enrola uma fita isolante ou, ainda, faz crescer a casca da árvore que representa o axônio.

Estiramento Muscular

Imagine costurar o(s) estiramento(s) muscular(es). Imagine que você tem uma agulha feita de luz (para que não cause dor) e a linha é uma nova fibra muscular. Visualize o movimento de zigue-zague enquanto o(s) estiramento(s) se une(m), costurando tão bem que não é sequer mais visível.

Estresse

Versão 1

O estresse geralmente é causado por estímulos específicos – situações (ou pessoas) que estimulam o estresse a aparecer. Imagine você em uma dessas situações. No entanto, em vez de agir de acordo com o estresse, imagine agir da maneira que você deseja. Em especial, sinta os ombros relaxados, a coluna ereta, o pescoço e rosto relaxados também, e respire. Respire fundo 5-10 vezes enquanto visualiza.

Faça o mesmo caso se depare com mais de uma situação estimuladora de estresse.

Versão 2

Visualize o estresse como um balão inflado e o nível de ar como uma representação do nível de estresse. Agora, respire fundo e imagine que abre o balão e deixa o ar sair. Imagine o zumbido que o ar saindo produz. Imagine o balão totalmente murcho.

Faça isso 5-10 vezes seguidas.

Versão 3

Crie uma imagem do estresse representado como uma bola de energia faiscante. Imagine um medidor onde está escrito: "Níveis de Estresse". Verifique a situação atual do medidor. Respire fundo e, enquanto exala, diminua o nível de estresse até zero, até que a bola de energia faiscante diminua tanto até desaparecer.

Faça isso 5-10 vezes seguidas.

Como uma versão alternativa, em vez da bola de energia faiscante, imagine as situações estressantes como imagens emolduradas. Diminua o medidor até zero, diminuindo as imagens até que desapareçam. Isso comunica a seu cérebro que uma determinada situação já não é estressante para você.

Febre do Feno

Use a visualização para "Alergias". Como alternativa (ou em conjunto), você pode tentar o seguinte:

Imagine caminhar por um gramado recém-cortado onde existe bastante pólen. No entanto, você está ótimo. Sem nenhum sintoma da febre do feno. Respira normalmente, e o nariz e olhos estão bem. Imagine fazer uma dança da vitória para comemorar (ou faça a dança da vitória na realidade). Uma música alegre e positiva ajuda na visualização (e na dança).

Fibrose cística

A fibrose cística é uma doença genética que afeta as membranas mucosas dos pulmões, fígado, pâncreas e intestino, e causa a produção de muco espesso. Isso leva ao entupimento das vias respiratórias, e o desenvolvimento da doença pode levar a casos graves de bronquite e pneumonia.

Além das versões a seguir, você pode usar a visualização "Bronquite" (menos a referência aos resíduos causados por fumo) ou a visualização "Pneumonia".

Versão 1

A fibrose cística surge da mutação do gene CFTR. Imagine o CFTR como um pequeno personagem que está cansado ou machucado. Visualize um cordão conectando-o ao DNA.

Cuide dele para que volte à vida. Dê remédios e nutrientes; abrace-o e demonstre muito cuidado, compaixão e atenção. Imagine que ele fica cada vez mais forte e adquire um brilho luminoso.

Versão 2 (para muco)

Imagine uma máquina de sucção e que você se move por áreas cheias de muco sugando tudo. Então, comece uma conversa imaginária com as células dessas áreas. Agradeça pelo ótimo trabalho que estão fazendo para garantir sua saúde. Explique que não precisam produzir tanto muco agora. Imagine-se esvaziando a máquina de muco fora do corpo.

Versão 3

Imagine escrever um novo programa genético para compensar o defeito genético, instruindo o DNA a encontrar outra maneira de se manter saudável. Assim como os motores de um avião que compensam por um que esteja danificado e aterrissam a aeronave com segurança, se um gene é defeituoso, imagine que o corpo possui a habilidade para usar um programa genético diferente que o manterá saudável, com sintomas bastante reduzidos.

Imagine o programa como uma bola de luz (da cor que preferir) colocada dentro do DNA. Visualize a cor ondulando por toda a extensão do DNA e que ele diz: "Instruções recebidas. Obrigado".

Garganta (garganta inflamada ou infeccionada)

Use a visualização "Infecções" se você deseja atacar a inflamação da garganta ou neutralizar a infecção, ou use "Sistema imunológico". Apresento, ainda, a seguinte sugestão:

Visualize borrifar vapor mágico gelado sobre toda a área vermelha. Imagine a sensação refrescante. Pense que o vapor mágico e gelado também funciona como uma borracha. Observe como a vermelhidão adquire um tom rosado saudável e os inchaços se reduzem a nada, como se você deixasse todo o ar sair de um balão.

Garganta inflamada

Ver Garganta.

Gastroenterite

Ver Enterite.

Glândulas (glândulas inchadas)

Versão 1

Imagine as glândulas inchadas como balões inflados. Note quão inflados estão.

Agora deixe um pouco de ar sair. Ouça o chiado ou o assobio produzido quando o ar está sendo liberado (é divertido e você sorrirá) e o balão desinfla. Imagine que cada balão esvazia até que todos estejam totalmente desinflados.

Para deixar a visualização mais leve, imagine cada balão gritando: "Estou derretendo! Derretendo", como a Bruxa Má do Oeste do Mágico de Oz, quando Dorothy joga água nela sem querer. Se não houver ninguém por perto (ou você não se importar com isso), balance as mãos no ar, fazendo uma mímica como se estivesse derretendo.

Versão 2

Imagine uma casa noturna animada chamada "Glândulas", que está com lotação máxima de pessoas. Está a ponto de estourar. Há pessoas pressionadas contra as paredes e o bar está cercado por diversos grupos. Agora, imagine que o segurança começa a expulsar algumas pessoas, pois o lugar está lotado. À medida que muitos festeiros deixam "Glândulas", imagine que o lugar se acomoda, fica mais calmo, com muito menos pressão e agora há muito espaço no bar para aproveitar um coquetel relaxante.

Como outra opção, use a visualização "Sistema imunológico" ou "Infecções".

Gonorreia

Gonorreia é uma das doenças sexualmente transmissíveis mais comuns. É geralmente caracterizada por uma sensação de ardor quando a pessoa urina e, às vezes, apresenta um corrimento.

Veja a si mesmo aplicando um gel mágico azul calmante em cada uma das células no lugar onde sente dor ou há infecção. Imagine as células a princípio vermelhas e inchadas, mas, depois que você aplica o gel, suspiram aliviadas ao mesmo tempo que o inchaço é reduzido e elas voltam ao normal.

Outa opção é usar a visualização "Infecções".

Gripe (e resfriados)

A gripe é causada por uma infecção do vírus influenza (em oposição ao resfriado comum, que é a infecção do rinovírus). Geralmente resulta em febre, garganta dolorida, tosse e dores pelo corpo.

Use as visualizações "Resfriado", "Infecções", "Vírus" ou "Garganta inflamada".

Hemorroidas

Hemorroidas são veias inchadas no ânus ou reto.

Imagine a hemorroida como balões cheios de ar. Deixe o ar sair. Ouça o chiado ou o assobio produzido quando o ar é liberado (é divertido e você sorrirá, principalmente porque esse é um som bem familiar para essa área!) e os balões desinflam, um de cada vez. Imagine que os balões ficam cada vez menores até estarem desinflados por completo.

Hepatite

Hepatite é a inflamação do fígado por causa de uma infecção causada por qualquer um dos vírus da hepatite: A, B ou C (D e E também existem, mas são menos comuns).

Use a visualização "Infecções" ou "Vírus". Embora a hepatite seja uma infecção viral, costumamos imaginar que as infecções são bacterianas. Como é nisso que acreditamos culturalmente, é, portanto, suficiente usar a visualização "Infecções".

Outra opção ou complemento é a visualização "Doenças cardíacas". É uma visualização geral para células danificadas ou doentes.

HIV

HIV é uma infecção pelo vírus da imunodeficiência humana. A relação entre HIV e Aids é com frequência confundida. Aids (síndrome da imunodeficiência adquirida) é o termo usado normalmente quando a contagem das células imunológicas de uma pessoa (principalmente os linfócitos CD4 do sangue) cai para um número menor que um certo nível e a pessoa sofre algumas infecções "oportunistas". Muitas pessoas infectadas com HIV nunca são diagnosticadas com Aids. Então, não existe um vírus da Aids. Existe o vírus HIV, que baixa o sistema imunológico a um nível em que infecções oportunistas acontecem, e somente então o diagnóstico de Aids é feito.

A gravidade de uma infecção HIV está no fato de que o vírus se encaixa nos receptores das células imunológicas (linfócitos CD4 T, também conhecidos como células-T). As células imunológicas são destruídas. Mas, antes que as células-T sejam destruídas, o vírus é duplicado e liberado na corrente sanguínea. Depois, o vírus se multiplica e a contagem de células-T diminui.

Use a visualização "Vírus" ou "Sistema imunológico", ou ambas.

Outra opção, já que o vírus precisa se encaixar nos receptores das células imunológicas, é imaginar que essas células estão se divertindo ao mudar a forma de seus receptores com frequência e de maneira totalmente aleatória, de modo que o vírus HIV não possa se conectar. Após algumas tentativas malsucedidas, imagine o vírus desistindo e se autodestruindo.

Hipertensão

Ver Pressão sanguínea.

Hipotensão

Ver Pressão sanguínea.

Infecções

Muitas doenças são causadas por infecções, então essas visualizações podem ser usadas em qualquer dos casos.

Versão 1

Visualize a infecção da maneira que você desejar, com uma representação que faça jus ao que você sente. Imagine usar uma máquina de sucção – um aspirador ou outro tipo de utensílio – e sugue toda a infecção. Ouça o som produzido pela máquina enquanto ela suga a infecção. Passe por todos os cantos e fendas. Deixe a região totalmente livre da infecção. Imagine a área limpa e organizada, e todas as células e tecidos com aspecto saudável.

Versão 2

Visualize a infecção da maneira que você desejar, com uma representação que faça jus ao que você sente. Imagine usar uma mangueira potente ou outro tipo de limpador possante e lave toda a área infectada. Sinta a força do jato enquanto atinge a infecção. Imagine a infecção sendo arrancada para fora da região, e caindo em uma grande rede. Veja a si mesmo coletando os agentes infectantes (vírus, bactérias, fungos e patogênicos) com essa rede e então os jogando para fora do corpo.

Versão 3

Algumas pessoas aplicam essa visualização ao câncer, eliminando as células cancerígenas em vez de infecções.
Imagine uma ducha de luz de cura cristalina (ou qualquer outra cor que você prefira) que cai pelo topo da sua cabeça e lava as infecções.

Imagine a luz se espalhando por cada parte do corpo – do topo da cabeça, pelos ombros, braços, peito, costas, torço, descendo pelas pernas e saindo pelas solas dos pés. Imagine a infecção saindo pelas solas dos pés, assim como a água parece escoar a sujeira do corpo quando tomamos banho.

Para se proteger das infecções

Para se proteger das infecções quando as pessoas ao seu redor estão doentes, imagine-se envolvido por uma grande bolha. Decida que a bolha é um tipo de barreira energética que não permite que nada entre em seu corpo para fazer mal. Visualize a bolha com a espessura que você queira. Pode ser colorida, composta de muitas camadas, em rotação (girando) ou com qualquer outra representação que faça com que você se sinta protegido, formando uma barreira entre você e os agentes infectantes.

Infecções por vermes

Infecções por vermes são tão disseminadas que afetam por volta de 3 bilhões de pessoas, especialmente em países tropicais em desenvolvimento. Muitos vermes vivem nos intestinos, mas alguns vão para outros órgãos quando amadurecem.

Visualize usar um computador, laptop, tablet ou smartphone dentro do corpo. Imagine que está conectado ao seu DNA. Digite as palavras "Instale o programa de defesa contra verme" (ou algum outro título de sua preferência). Pressione *Enter*.

Enquanto o programa é instalado, imagine uma corrente de energia percorrendo todo o DNA. Então, crie uma imagem de genes específicos antivermes sendo ativados. Então, veja uma luz (ou ouça uma nota sonora) que não agrade aos vermes percorrendo todo o seu corpo. Imagine que os vermes ficam tão incomodados que rapidamente deixam seu corpo.

Outra opção é usar a versão 2 da visualização "Vírus", mas substitua o vírus por vermes.

Infecções protozoárias

Protozoários são organismos unicelulares que podem infectar o corpo. Eles agem como parasitas porque dominam as células que infectam. Por exemplo, a espécie de protozoário plasmódio que produz a malária infecta e domina os glóbulos vermelhos.

Crie uma conversa imaginária com os parasitas e peça que saiam do seu corpo. Eles na verdade preferem estar em outro lugar e apenas residem no seu corpo temporariamente. Ofereça ajuda para que possam ir para onde querem estar. Imagine um ônibus grande que os levará. Visualize todos os protozoários entrando no ônibus e, enquanto a viagem começa, para longe do seu corpo, imagine os protozoários acenando pelas janelas.

Para prevenir infecções futuras

Imagine envolver as células com uma bolha protetora que previne a entrada de quaisquer parasitas, assim eles apenas ricocheteiam nas células e explodem após tentar algumas vezes.

Inflamação

O inchaço é consequência do acúmulo de fluido na região. Substâncias inflamatórias no corpo (parte da resposta imunológica à infecção) também causam dilatação dos vasos sanguíneos estreitos dos tecidos, o que aumenta a quantidade de sangue na área. É por isso que zonas inflamadas são vermelhas, em geral.

Imagine que o inchaço e a vermelhidão nas regiões inflamadas estão diminuindo. Imagine que está sugando o fluido com uma máquina de sucção e, enquanto suga, a vermelhidão adquire um tom rosado saudável. Visualize soprar ar fresco na região e as células suspirando aliviadas com o ar refrescante. Você pode até vê-las sorrindo.

Insônia

Versão 1

Esta não é exatamente uma visualização – é uma técnica.
Deitado na cama, respire confortavelmente e, com cada expiração, imagine todos os seus músculos relaxando e afundando na cama. Enquanto você faz isso, diga mentalmente a palavra "durma" bem devagar, como "duuuuuuuuuuurrrrrrrmmmmaaaa".

Versão 2

Esta também é uma técnica em vez de uma visualização. Muitas vezes, a mente está tão ocupada que a pessoa fica com dificuldades para dormir, ou os pensamentos são dominados por preocupações sobre não conseguir dormir. Essa técnica oferece outra coisa para a mente se ocupar. Isso pode ajudar.
Pense no máximo de coisas (e pessoas) pelas quais você é grato na vida. Pense no porquê você é grato a pessoas específicas. Com o que elas contribuíram para sua vida? Permita que sentimentos de gratidão substituam os sentimentos de preocupação e ansiedade.

Lúpus

Lúpus é uma patologia autoimune (lúpus eritematoso sistêmico ou LES). Quando o lúpus se manifesta, o sistema imunológico pode atacar quase qualquer órgão ou tecido, mas é comumente conhecido por seu ataque à pele – muitas pessoas com lúpus desenvolvem uma erupção cutânea com um tom vermelho-vivo no rosto.

Inspire-se na visualização para lúpus apresentada no capítulo 14, "Histórias Verídicas de Visualizações Bem-sucedidas".

Outra opção é usar a visualização "Patologias autoimunes".

Malária

A malária é causada pela infecção de um gênero plasmódio de protozoário transmitido por uma picada de um mosquito infectado. O parasita invade e destrói os glóbulos vermelhos. De maneira recorrente (cíclica), causa febre, calafrios, sudorese, fadiga e até mesmo anemia e icterícia.

Para imaginar neutralizar a infecção, use tanto a visualização "Infecções protozoárias" quanto a "Infecções". Você também poderia, ou como alternativa, usar a visualização "Sistema imunológico".

Manchas

Ver Acne.

Meningite

A meningite é uma inflamação das meninges, que são as membranas protetoras dos nervos do sistema nervoso central. Existem dois tipos de meningite – viral e bacteriana. Viral é menos grave entre as duas.

Use a visualização "Infecção" ou "Sistema imunológico" e concentre a visualização nas meninges.

Obesidade

As visualizações envolvendo peso funcionarão melhor em conjunto com dieta e mudanças no estilo de vida. Use a visualização "Perda de peso" ou alguma das seguintes:

Versão 1

Imagine células adiposas derretendo como blocos de gelo. Visualize cada célula totalmente derretida, formando uma poça. Então, imagine a si mesmo limpando tudo com um esfregão e jogando para fora do corpo.

Versão 2

Uma substância química conhecida como leptina produz o sinal "estou satisfeito" no cérebro, mas existem evidências científicas que sugerem certa resistência a esse sinal em casos de obesidade, portanto as pessoas não se sentem saciadas como outras após comer, e isso pode aumentar o risco de excesso de peso. Em alguns indivíduos, o gene OB (o gene que produz a leptina) pode de fato estar danificado, o que pode criar a predisposição a comer mais.

Portanto, imagine o gene OB como um pequeno personagem que está cansado ou machucado. Imagine um cordão conectando-o ao DNA.

Cuide para que volte à vida. Providencie remédios, nutrientes e abraços; demonstre cuidado, compaixão e atenção. Quando ele se fortalecer, imagine a gordura evaporando de lugares que você deseja.

Versão 3

Se seu corpo foi dessensibilizado em relação à leptina e, portanto, é menos capaz de escutar o alerta "estou saciado", tente o seguinte:

Normalmente, a leptina viaja até o hipotálamo no cérebro, onde se acopla a receptores de leptina. Então, para essa visualização, vamos supor que o receptor de leptina não pode ouvir o chamado dela.

Imagine a molécula de leptina (da maneira que quiser) se movendo por todo o hipotálamo do cérebro, gritando "estou saciada!", mas sem ser ouvida. O receptor está dormindo. Imagine-o com algum formato na superfície da célula. Receptores são como vagas de estacionamento de diferentes tamanhos e formas que são "receptivas" aos veículos também de diferentes tamanhos e formas, então o receptor da leptina é "receptivo" a ela.

Imagine dar uma chacoalhada no receptor para acordá-lo. Imagine que ele acorda, espreguiça-se e parece estar totalmente descansado. Reaje de imediato ao escutar a leptina gritando "estou saciada!" e toma a forma que a leptina precisa para se encaixar. Imagine que a leptina chega mais perto e os dois se abraçam ou dão as mãos antes que a leptina desapareça dentro do formato e da célula.

É uma visualização divertida, mas funciona.

Ossos quebrados

Essas visualizações podem ser usadas depois que o osso for reparado por um médico. Após essa reparação acontecer, existe um espaço microscópico entre as duas pontas, onde o novo material ósseo começa a crescer.

Versão 1

Imagine duas partes de uma fratura e equipes de pedreiros fazendo o reparo. Imagine que estão lá dentro, construindo andaimes e centenas de fibras sedosas e pequenas para o novo osso, em um movimento de zigue-zague, indo e voltando e conectando as duas partes; formam uma rede 3D de material ósseo entre ambas as partes. Quanto mais fibras são adicionadas, imagine que mais densa fica essa rede com as novas fibras, até que os pedreiros restauraram a fratura por completo.

Versão 2

Essa versão é um pouco mais divertida e talvez seja preferida pelas crianças.

Visualize as duas partes da fratura. Agora imagine a si mesmo com poderes como o Homem-Aranha (ou que o próprio Homem-Aranha está fazendo isso), com os quais você pode lançar fios de teia, porém são fios de fibras sedosas de material ósseo. Posicione-se de um lado da fratura e lance o fio para o outro lado. Quando ele grudar, conecte a parte que saiu do seu punho de Homem-Aranha ao osso do lado em que você está, assim ambas as partes ficarão conectadas pela teia. Mas não é uma teia qualquer. Após um tempo, ela endurece e vira osso.

São necessários 500 fios de teia conectando os dois lados da fratura até que estejam completamente fundidos. Você vai se divertir. Veja a si mesmo balançando de um lado ao outro para que possa lançar a teia de ambos os lados. Imagine a teia endurecendo até ficar superforte.

Palpitações

Ver Arritmia.

Patologias autoimunes

As patologias autoimunes – por exemplo, diabetes tipo 1, lúpus, artrite reumatoide e esclerose múltipla – surgem quando o sistema imunológico ataca partes do corpo. Por exemplo, no diabetes, o sistema imunológico ataca as células beta do pâncreas.

A seguinte visualização é concentrada em reduzir a sensibilidade do sistema imunológico em relação ao corpo. A visualização é similar à proposta em "Alergias", porque existem semelhanças biológicas entre algumas patologias autoimunes e como o sistema imunológico reage a alergênicos em alguém que é alérgico.

Imagine que seu sistema imunológico é feito de centenas de pequenas células. Você pode até imaginá-las como pessoas bem pequenas. Visualize a região afetada do corpo e imagine como as células estão se comportando. Estão atacando as células saudáveis? Se estiverem, apenas diga: "Parem".

Imagine que de repente param e olham para você. Diga que reconhece o ótimo trabalho que fazem, mas que isso faz parte do corpo. Imagine que a célula-chefe está usando óculos e que os tira e limpa (ou talvez troque por lentes de contato novas), e de repente percebe que você tem razão.

Agora visualize as células imunológicas fazendo amizade com as células do corpo. Veja como se dão bem. Talvez se divirtam dançando, ou imagine outra maneira de deixar claro que não existem mais situações violentas entre as células.

Pé de Atleta

O pé de atleta é caracterizado pela pele seca e pruriginosa nos pés e nos dedos.

Imagine as células da pele. Pense nelas como células escamosas e endurecidas que são quebradas e separadas umas das outras – como fotos que você pode ter visto do leito de um rio ou mar depois de uma seca.

Primeiro, imagine que você aspira pequenas partículas de fungos (pé de atleta é causado pela infecção de fungos da espécie *tinea*). Imagine os fungos da maneira que quiser, por exemplo, como pequenas bolas de musgo.

Então comece a hidratar as células, uma por uma, usando um hidratante mágico que também dissolve qualquer pedaço restante dos fungos. Enquanto absorve o hidratante, imagine que cada célula muda de formato, torcendo e alongando, como as rachaduras do leito de rio ficam menores até que o leito do rio se torne uniforme. Imagine as rachaduras desaparecerem enquanto as células se agrupam novamente.

Perda de peso

Veja Obesidade.

As visualizações seguintes funcionarão melhor em conjunto com mudanças alimentares e de estilo de vida.

Versão 1

Imagine pequenos Pac-Men ou piranhas mordiscando a gordura da qual você quer se livrar. Observe como gostam de comer gordura, como vão ficando cada vez mais gordos. Quando estiverem muito cheios, imagine que saem do seu corpo com sorrisos largos de saciedade.

Versão 2

Imagine que existe um pequeno pistão dentro da gordura do seu corpo com uma placa dizendo "Queima de Gordura". Imagine que ele se move para cima e para baixo bem devagar. Isso representa a velocidade com que a gordura é queimada no corpo. Imagine um medidor ao lado do pistão com configurações de velocidade. Imagine aumentá-la e ver o pistão movimentar-se cada vez mais rápido.

Agora, imagine uma chaminé de fábrica, mas não qualquer chaminé. Está queimando a gordura. Veja a fumaça saindo pelo topo da chaminé e indo embora, para longe do seu corpo.

Pneumonia

A pneumonia é uma inflamação dos pulmões que, em geral, é causada por uma bactéria. Use a visualização "Infecções" ou "Sistema imunológico".

Outra opção (ou em conjunto): imagine reduzir o inchaço e vermelhidão dos pulmões. Visualize sugar os fluidos usando uma máquina de sucção e, enquanto isso acontece, imagine a vermelhidão adquirir um tom rosado saudável.

Imagine-se soprando ar fresco para dentro da região e todas as células suspirando aliviadas quando sentem o ar refrescante. Você pode até imaginar que estão sorrindo. Imagine o ar fluindo sem dificuldades pelos pulmões quando você respira.

Pressão sanguínea: pressão sanguínea alta (hipertensão)

Imagine um balão como uma representação mental da pressão sanguínea, com seus níveis de insuflação representando a pressão sanguínea. Simplesmente deixe um pouco de ar sair do balão por uma válvula ou mesmo ao desfazer o nó do bico do balão.

Ouça os barulhos agudos e assobios engraçados que o balão faz enquanto o ar sai. Imagine que ele fica cada vez menor até que atinja um tamanho que representa uma pressão arterial saudável. Feche a válvula ou dê um novo nó no bico.

Sente-se de maneira confortável e faça ao menos três respirações profundas e confortáveis.

Pressão sanguínea: pressão sanguínea baixa (hipotensão)

Para a pressão baixa, você pode fazer o oposto da visualização anterior. Infle o balão até atingir uma pressão saudável em vez de esvaziá-lo.

Problemas para dormir

Ver Insônia.

Queimaduras

Imagine uma aplicação de gel mágico refrescante que cria uma névoa fresca sobre a queimadura. Imagine você embaixo da queimadura, em um nível onde as células não estão lesadas. Agora, veja novas células sendo formadas e substituindo as danificadas, trabalhando de baixo para cima, até chegar à superfície e ter substituído todas as células danificadas por saudáveis.

Raiva

Versão 1

Imagine a raiva como uma grande bola de luz faiscante. Imagine-a como um tipo de fogo de artifício da cor que você considerar apropriada.

Imagine um "medidor de raiva" e observe os números que aparecem. Agora gire para trás para reduzir esse número até o nível que desejar (zero, talvez?). Veja a luz ficar cada vez mais fraca até desaparecer completamente emitindo um estalido.

Respire fundo e solte o ar devagar. Faça isso três vezes.

Versão 2

Uma versão poderosa é imaginar algumas das coisas que o fazem sentir raiva e então fazer a visualização anterior. Introduza a luz faiscante à cena que imaginou. Assim, de maneira simbólica, você diminui a raiva que sente em relação a elas e, quando se deparar de novo com a situação no futuro, não sentirá raiva. Talvez tenha de repetir diversas vezes (10-20) seguidas para neutralizar os sentimentos que tais situações geram, mas valerá a pena.

Se uma pessoa é o foco da raiva, que desapareceu depois da visualização, imagine dizer algo que reflete seu novo sentimento para essa pessoa – talvez até um "eu a perdoo".

Versão 3

Imagine toda a raiva que existe em você contida em uma panela de pressão. Visualize-a se agitando dentro de si.

Agora esvazie a panela e deixe a pressão sair. Ouça o som sibilante e sinta a pressão dentro de você diminuindo até o som parar e a raiva desaparecer.

Versão 4

Essa versão nos ensina a reprogramar alguns circuitos do cérebro.

Imagine a situação (ou pessoa) que o deixa com raiva. Mantenha o pensamento bem claro na sua mente. Quando sentir a raiva ou irritação, faça uma dancinha boba, que o faça rir alto. O cérebro vai criar uma conexão entre aquilo que provoca a raiva e o sentimento mais leve.

Para fortalecer as conexões, repita a prática. Talvez tenha de fazer isso umas 10-20 vezes seguidas em dois ou três momentos diferentes.

Resfriado (e gripe)

O resfriado comum é em geral causado por infecções pelo rinovírus (o oposto da gripe, que é uma infecção do vírus influenza). Geralmente causa dores de garganta, congestão nasal e febre leve.

Versão 1

Imagine o resfriado ou gripe como centenas de bolhas flutuando em um quarto ou caverna que representa seu corpo.

Visualize estourar as bolhas uma por uma. Imagine o estalido que cada uma emite quando estoura. Imagine limpar os resíduos que caem ao solo com um esfregão e torça-o dentro de um balde. Então, leve o balde para fora do seu corpo, livrando-se deles.

Versão 2

Imagine uma máquina de sucção e você caminhando pelas narinas congestionadas, sugando todo o muco. Então, converse com as células dessa região. Agradeça pelo ótimo trabalho que fazem para manter você saudável. Explique que elas não precisam produzir tanto muco assim, já que a gripe está indo embora. Apenas necessitam produzir o suficiente para manter a saúde. Imagine que elas diminuem a produção de muco a um nível saudável. Depois, imagine-se esvaziando a máquina de sucção de muco fora do corpo.

Em seguida, use uma máquina diferente, que borrifa fluido curativo e refrescante. Agora, visualize a si mesmo borrifando o fluido por toda a garganta e áreas infectadas. Imagine a sensação refrescante.

Outra opção é o uso das visualizações "Sistema imunológico", "Infecções" ou "Vírus". Mesmo que o resfriado comum seja uma infecção viral, a visualização "Infecções" é mais apropriada para muitos casos, porque as pessoas não pensam no resfriado comum como um vírus. E, em todo o caso, o que importa é a nossa representação mental. Se quiser, você também pode usar a visualização "Garganta inflamada".

Sarampo

O sarampo é causado por um vírus e se caracteriza por febre seguida de erupção cutânea vermelha.

Use a visualização "Vírus" ou "Sistema imunológico". Outra opção é, tanto em conjunto como alternativa, fazer a visualização específica para a erupção cutânea:

Imagine cada célula na erupção na cor vermelha. Agora, imagine usar uma esponja encharcada com um fluido de cura. Passe a esponja gentilmente sobre as células vermelhas da erupção cutânea e, enquanto faz isso, imagine cada célula voltando à sua cor saudável.

Sífilis

Sífilis é uma doença sexualmente transmissível causada pela infecção bacteriana com a *treponema pallidum spirochete*.

Use a visualização "Infecções". A bactéria *treponema pallidum* tem um formato *spirochete* (como um saca-rolhas), então, para melhorar a visualização, imagine a bactéria como pequenas espirais, como o macarrão.

Síndrome da Fadiga Crônica

Ver EM.

Síndrome do Intestino Irritável (SII)

SII é caracterizada por diarreia, dores abdominais e inchaço. Visualize seu intestino e o trate com amor e atenção. Cuide dele como se fosse uma pessoa que está se sentindo irritada. Pessoas irritadas às vezes necessitam de um pouco de amor e atenção, então faça isso com seu intestino, para que deixe de se sentir irritado. Dê um abraço, faça um carinho devagar e diga como aprecia o trabalho que ele faz para manter você saudável.

Imagine seu intestino com um rosto que, à medida que recebe amor e atenção, muda a expressão de irritada para calma. Imagine que está sorrindo para você.

Sinusite

A sinusite é causada pela infecção bacteriana com a *streptococcus pneumoniae* ou *haemophilus influenzae* e leva à inflamação dos seios paranasais, que são espaços cheios de ar dentro da estrutura óssea do rosto. Isso pode causar o bloqueio da pequena abertura do seio para o nariz, o que significa que o muco não pode ser drenado livremente. A consequente pressão acumulada causa dores no rosto e cabeça.

Versão 1

Comece com a visualização "Inflamação". Após imaginar a inflamação curada, visualize as vias respiratórias completamente abertas e livres. Imagine o ar e fluidos circulando com liberdade.

Versão 2

Imagine a pressão que você sente nos seios da face como um balão inflado, com o nível de ar simbolizando a pressão que está sentindo. Agora, imagine deixar o ar sair do balão. Ouça o zumbido que o ar faz enquanto é liberado. Imagine respirar sem dificuldades e que os fluidos circulam com liberdade pelos seios da face.

Como alternativa, use a visualização "Infecções".

Sistema imunológico
(Potencializando o sistema imunológico)

As células imunológicas começam suas vidas na medula óssea. Imagine um lugar dentro da medula óssea onde células imunológicas são produzidas. Visualize as células da maneira que você quiser. Crie uma representação mental que lhe seja agradável. Se quiser, visualize o processo de produção e um velocímetro onde é possível aumentar a velocidade.

Veja as novas células imunológicas saindo pela corrente sanguínea e se juntando às outras células já existentes. Imagine que estão se movendo e destruindo tudo que precisam destruir (infecções, vírus, células cancerígenas, etc.).

Imagine que as células imunológicas são muito inteligentes e só miram no que precisam destruir e deixam todo o restante intacto e saudável.

Toxinas

Muitas substâncias são tóxicas para o corpo, incluindo mercúrio, cobalto, chumbo, pó de rocha (sílica), amianto, contaminantes de comida, pesticida e solventes e produtos químicos industriais.

Essa visualização também pode ser aplicada a qualquer situação na qual você sinta que existe algo em seu corpo que gostaria de retirar. Por exemplo, visualize que joga fora células cancerígenas, bactérias, vírus e protozoários.

Versão 1

Imagine uma ducha de luz curadora transparente (ou qualquer cor que você queira) que passa pelo topo da cabeça e escoa as toxinas.

Veja a luz passando por todas as partes do corpo – desde o topo da cabeça, pelos ombros, braços, peito, costas, torço, pelas pernas e saindo pelas solas dos pés. Imagine as toxinas indo embora pela sola do pé, assim como a água parece escoar a sujeira do corpo quando tomamos banho.

Imagine a luz diminuir enquanto escoa as toxinas, e continue com essa visualização até ver a luz fluindo livremente.

Versão 2

Imagine que você possui uma peneira circular, como a que usamos para filtrar a terra das pedras em nosso jardim. Visualize passar a peneira desde o topo da sua cabeça, passando pelo corpo, e terminar nos pés, capturando todas as partículas tóxicas no caminho. Imagine ver as toxinas na peneira e descartá-las longe do corpo.

Versão 3

Imagine as toxinas como pequenas partículas de pó ou sujeira grudando no tecido e em outros lugares pelo corpo. Veja a si mesmo usando um aspirador para sugar todas as partículas. Continue limpando até remover todas as toxinas. Esvazie o recipiente do aspirador longe do corpo.

Tuberculose (TB)

A tuberculose é causada pela bactéria *mycobacterium tuberculosis*, que afeta os pulmões. As bactérias são organismos em formato de bastão (o que significa que você pode ser bastante específico em suas visualizações).

Use a visualização "Infecções" ou "Sistema imunológico". Outra opção é tentar o seguinte:

Versão 1

Se você pensar que algumas células estão doentes porque foram atacadas pela bactéria TB, imagine que cuida delas até que fiquem saudáveis de novo, uma por uma.

Imagine administrar nutrientes especiais feitos de tudo de que uma célula pode precisar e que são muito saborosos. Imagine que as células sorriem e dizem "Mmmmmmm" quando tomam o remédio. Imagine uma coloração saudável voltando à face delas e veja como vão ficando cada vez mais fortes, recuperando totalmente a saúde e a força.

Versão 2

Imagine a parte interna da medula óssea. Visualize-a como se fosse um quarto, caverna ou gruta cheios de células-tronco descansando. Células-tronco podem se transformar em quase qualquer tipo de célula. Imagine as células do formato que você quiser. Comunique-se e peça que se transformem nas células que foram danificadas pelas bactérias TB. Imagine que dizem animadas: "Sim!". Estavam apenas esperando por instruções.

Observe-as saindo da medula óssea e se movendo em direção à área danificada pela TB (por exemplo, os pulmões). Imagine que as células-tronco se transformam em células pulmonares e sentam ao lado de células saudáveis. Enquanto as novas células se posicionam, imagine os danos sendo totalmente reparados.

Úlcera

Ver Úlcera peptídica. (A visualização "Úlcera peptídica" pode ser aplicada a qualquer úlcera.)

Úlcera peptídica

Úlceras peptídicas são causadas pela bactéria *helicobacter pylori* e se caracterizam por dores abdominais, especialmente se ocorreu a ingestão de comida gordurosa.

Use a visualização "Infecções" ou "Sistema imunológico".

Veias varicosas

Veias varicosas são veias excessivamente dilatadas, que ocorrem especialmente nas pernas.

Imagine a veia muito inflada e contendo uma válvula. Agora imagine liberar ar devagar pela válvula. Ouça o barulho de ar saindo, como se fosse de um balão ou colchão inflável. Visualize a veia inflada voltando ao tamanho normal. Faça isso com cada veia.

Verrugas

Verrugas são pequenas áreas de pele mais grossa causadas pelo vírus humano papiloma (HPV). Podem ser achatadas ou protuberantes.

Inspire-se ou utilize como guia a visualização "Verrugas" descrita no capítulo 14, "Histórias Verídicas de Visualizações Bem-sucedidas". Ou use a visualização "Vírus".

Vírus

As visualizações seguintes podem ser aplicadas a qualquer infecção viral.

Versão 1

Vírus precisam se acoplar aos receptores das células que infectam. Geralmente usam a célula para se multiplicarem e, então, a célula morre. Os receptores são como vagas de um estacionamento de diferentes formatos e tamanhos, e são receptivos à proteína, aos hormônios e a outras substâncias do corpo.

Quando o vírus se aproxima para infectar as células, imagine-as se divertindo ao mudarem de formato constantemente, de maneira aleatória, para que o vírus não possa se conectar ao receptor. Após algumas tentativas malsucedidas, imagine o vírus desistindo e se autodestruindo – de modo semelhante a um jogador que consegue três "vidas" em um jogo de computador.

Para as células que já foram infectadas, use a visualização "Sistema imunológico"; imagine as células imunológicas destruindo as infectadas e outros vírus que estavam buscando outras células para infectar.

Versão 2

Imagine uma conversa com os vírus e agradeça-lhes pela visita. Mas explique que estão causando danos ao seu corpo e por isso pede que se retirem. Imagine-os respondendo que não sabiam que estavam prejudicando você e irão embora felizes. Eles sabem de outros lugares distantes que adorariam visitar. Imagine que todos sobem em um ônibus ou trem e, enquanto o veículo toma seu rumo, eles acenam das janelas para se despedir.

Versão 3

Imagine usar um computador, laptop, tablet ou smartphone dentro do corpo. Imagine-o conectado ao DNA. Digite as palavras "Instale o programa antivírus universal" (ou algum outro título que represente um programa que possa cancelar qualquer vírus e não possa ser corrompido). Pressione *Enter*.

Enquanto o programa é instalado, imagine uma corrente de energia correndo ao longo de todo o seu DNA. Então, imagine "genes antivírus" específicos sendo ativados. Quando isso acontecer, crie uma imagem dos vírus sendo atingidos por raios de energia e destruídos em todas as regiões do corpo.

Referências

Capítulo 1: O Poder do Pensamento Positivo

Estudo com pessimistas e otimistas da Clínica Mayo, ver T. Maruta *et al.*, "Optimism-pessimism assessed in the 1960s and self-reported health status 30 years later", *Mayo Clinic Proceedings*, 2002, 77(8), 748-753.

Estudo de 2004 envolvendo 999 homens holandeses, ver E. J. Giltay *et al.*, "Dispositional Optimism and All-Cause and Cardiovascular Mortality in a Prospective Cohort of Elderly Dutch Men and Women", *Archives of General Psychiatry*, 2004, 61, 1126-35.

Estudo com freiras, ver D. D. Danner *et al.*, "Positive Emotions in Early Life and Longevity: Findings from the Nun Study", *Journal of Personality and Social Psychology*, 2001, 80(5), 804-13.

Estudo em que os voluntários foram expostos aos vírus do resfriado ou da gripe, ver S. Cohen *et al.*, "Positive Emotional Style Predicts Resistance to Illness After Experimental Exposure to Rhinovirus or Influenza A Virus", *Psychosomatic Medicine*, 2006, 68, 809-15.

Artigo que contém o estudo de 200 executivos de telecomunicações, ver Peggy Rynk, "The Value of a Healthy Attitude: How Faith, Anger, Humor, and Boredom Can Affect Your Health", *Vibrant Life*, mar. a abr. de 2003.

Estudo com 586 pessoas que acham que atitude é a melhor prevenção contra doenças cardíacas, ver D. M. Becker, "Positive attitude is best prevention against heart disease", trabalho apresentado nas Sessões Científicas Anuais da Associação Cardíaca Americana, em Anaheim, Califórnia, em 12 de novembro de 2001.

Estudo com 866 pacientes cardíacos e atitude positiva, ver B. Brummett, "Positive Outlook Linked to Longer Life in Heart Patients", trabalho apresentado na Sociedade Americana Psicossomática, março de 2003.

Estudo a respeito da vitalidade emocional, ver L. D. Kubzansky e R. C. Thurston, "Emotional Vitality and Incident Coronary Heart Disease: Benefits of Healthy Psychological Functioning", *Archives of General Psychiatry*, 2007, 64 (12), 1393-1401.

Acerca da pesquisa "Hard Marriage, Hard Heart" [Casamento Complicado, Coração Complicado], ver:

- T. W. Smith *et al.*, "Marital Conflict Behavior and Coronary Artery Calcification", trabalho apresentado na 64ª Reunião Anual da Sociedade Americana Psicossomática, Denver, Colorado, 3 de março de 2006.
- T. W. Smith *et al.*, "Hostile Personality Traits and Coronary Artery Calcification in Middle-Aged and Older Married Couples: Different Effects for Self-Reports Versus Spouse Ratings", *Psychosomatic Medicine*, 2007, 69 (5), 441-48.
- P. Pearsall, "Contextual cardiology: what modern medicine can learn from ancient Hawaiian wisdom", *Cleveland Clinical Journal of Medicine*, 2007, 74 (1), S99-S104.

Estudo com duração de 25 anos sobre hostilidade, ver J. C. Barefoot *et al.*, "Hostility, CHD Incidence, and Total Mortality: A 25-year Follow-Up study of 255 Physicians", *Psychosomatic Medicine*, 1983, 45 (1), 59-63.

Quanto ao artigo citando a hostilidade como um indicador de doença cardíaca, ver R. B. Williams *et al.*, "Psychosocial Risk Factors for Cardiovascular Disease: More Than One Culprit at Work", *Journal of American Medical Association*, 2003, 290 (16), 2190-92.

Estudo finlandês acerca da satisfação, ver H. Koivumaa-Honkanen *et al.*, "Self-Reported Life Satisfaction and 20-Year Mortality in Healthy Finnish Adults", *American Journal of Epidemiology*, 2000, 152 (10), 983-91.

Pesquisa "Money buys happiness", ver E.W. Dunn *et al.*, "Spending Money on Others Promotes Happiness", *Science*, 2008, 319, 1687-1688.

Acerca do efeito da atitude no envelhecimento, ver B. R. Levy *et al.*, "Longevity increased by positive self-perceptions of aging", *Journal of Personality and Social Psychology*, 2002, 83 (2), 261-70.

Estudo que revela como a atitude positiva pode ser boa para a pressão arterial, ver G. V. Ostir *et al.*, "Hypertension in Older Adults and the Role of Positive Emotions", *Psychosomatic Medicine*, 2006, 68, 727-33.

Estudo que relaciona fragilidade com atitude, ver G. V. Ostir *et al.*, "Onset of Frailty in Older Adults and the Protective Role of Positive Affect", *Psychology and Aging*, 2004, 19 (3), 402-08.

Acerca da ligação entre a satisfação com a vida e a longevidade, ver T. M. Lyyra *et al.*, "Satisfaction With Present Life Predicts Survival in Octogenarians", *The Journals of Gerentology Series B: Psychological Sciences and Social Science*, 2006, 61 (6), 319-26.

Acerca do estudo realizado pela empresa Posit Science Corporation, ver:

- H. W. Mahncke *et al.*, "Memory enhancement in healthy older adults using a brain plasticity-based training program: a randomized, controlled study", *Proceedings of the National Academy of Sciences*, USA, 2006, 103 (33), 12523-28.
- H. W. Mahncke *et al.*, "Brain plasticity and functional losses in the aged: scientific basis for a novel intervention", *Progress in Brain Research*, 2006, 157, 81-109.

Estudo da Universidade de Harvard a respeito da idade, que remonta a 1959, ver Ellen J. Langer PhD, *Mindfulness* (Da Capo Press, 1990).

Para obter informações sobre o uso do cérebro e reduzir o risco de Alzheimer, ver R. S. Wilson *et al.*, "Participation in Cognitively Stimulating Activities and Risk of Incident Alzheimer's Disease", *Journal of the American Medical Association*, 2002, 287 (6), 742-48.

Para os experimentos induzidos, ver:

- J. A. Bargh *et al.*, "Automaticity of social behavior: direct effects of trait construct and stereotype activation on action", *Journal of Personality and Social Psychology*, 1996, 71 (2), 230-44.

- T. M. Hess *et al.*, "Explicit and Implicit Stereotype Activation Effects on Memory: Do Age and Awareness Moderate the Impact of Priming?", *Psychology and Aging*, 2004, 19 (3), 495-505.

Capítulo 2: O Poder da Crença

A citação do Professor Benedetti pode ser encontrada em F. Benedetti, "Mechanisms of Placebo and Placebo-Related Effects across Diseases and Treatments", *Annual Review of Pharmacology and Toxicology*, 2008, 46, 33-60. Esse trabalho é também uma boa revisão das pesquisas recentes sobre o efeito placebo.

Acerca da liberação de dopamina quando os pacientes de Parkinson recebem placebos, veja:

- R. de la Fuente-Fernández *et al.*, "Expectation and Dopamine Release: Mechanism of the Placebo Effect in Parkinson's Disease", *Science*, 2001, 293(5532), 1164-66.
- R. de la Fuente-Fernández *et al.*, "Dopamine release in human ventral striatum and expectation of reward", *Behavioral Brain Research*, 2002, 136 (2), 359-63.

A primeira evidência de liberação de opioide durante analgesia placebo pode ser encontrada em J. D. Levine *et al.*, "The Mechanism of Placebo Analgesia", *The Lancet*, 1978, 654-57.

Acerca de um relato dos efeitos do placebo que acompanha de perto os tratamentos com os quais eles estão emparelhados, e uma discussão da similaridade nas varreduras cerebrais enquanto os pacientes recebem Prozac ou um placebo, ver F. Benedetti *et al.*, "Neurobiological mechanisms of the placebo effect", *Journal of Neuroscience*, 2005, 25 (45), 10390-402.

Acerca dos exames cerebrais por ressonância magnética de pessoas que recebem placebos e respostas elevadas ao placebo, ver:

- J. K. Zubieta *et al.*, "Placebo Effects Mediated by Endogenous Opioid Activity on m-opioid Receptors", *Journal of Neuroscience*, 2005, 25, 7754-62.
- T. D. Wager *et al.*, "Placebo effects on human m-opioid activity during pain", *Proceedings of the National Academy of Sciences*, USA, 2007, 104 (26), 11056-61.

Para alguns resultados de ensaios clínicos, acesse: <https://www.centerwatch.com/cwweekly/category/news/trial-results/> (último acesso em 5 de junho de 2018).

Acerca do estudo da síndrome da fadiga crônica que testou o aciclovir, ver S. E. Strauss *et al.*, "Acyclovir Treatment of the Chronic Fatigue Syndrome: Lack of Efficacy in a Placebo-Controlled Trial", *New England Journal of Medicine*, 1988, 319 (26), 1692-98.

Para os estudos com placebo em relação à asma, ver:

- T. Luparello *et al.*, "Influences of Suggestion on Airway Reactivity in Asthmatic Subjects", *Psychosomatic Medicine*, 1969, XXX, 819-25.

- E. R. McFadden *et al.*, "The Mechanism of Action of Suggestion in the Induction of Acute Asthma Attacks", *Psychosomatic Medicine*, 1969, XXXI, 134-43.

Estudo com placebos que melhoram o desempenho, ver F. Benedetti *et al.*, "Opioid-Mediated Placebo Responses Boost Pain Endurance and Physical Performance: Is It Doping in Sport Competitions?", *Journal of Neuroscience*, 2007, 27 (44), 11934-39.

Estudo envolvendo as camareiras em hotéis, ver A. J. Crum e E. J. Langer *et al.*, "Mind-Set Matters: Exercise and the Placebo Effect", *Psychological Science*, 2007, 18 (2), 165-171.

Estudo das crenças das mulheres afetando o desempenho em matemática, veja I. DarNimrod e S. J. Heine, "Exposure to Scientific Theories Affects Women's Math Performance", *Science*, 2006, 314 (5798), 435.

Para obter informações sobre quem reaje ao placebo e outras informações sobre uma série de estudos com placebo, ver Daniel Moerman, *Meaning, Medicine and the "Placebo Effect"* (Cambridge University Press, 2002).

O estudo de úlceras hemorrágicas de 1954 foi relatado no livro de Daniel Moerman.

Estudo envolvendo dor-fantasma no braço, ver F. Benedetti, "The opposite effects of the opiate antagonist naloxone and the cholecystokinin antagonist proglumide on placebo analgesia", *Pain*, 1996, 64 (3), 535-43.

Sobre as injeções dentárias dadas com uma mensagem exagerada ou depreciativa, ver S. L. Gryll e M. Katahn, "Situational Factors Contributing to the Placebo Effect", *Psychopharmacology*, 1978, 57 (3), 253-61.

Estudo que relata o efeito de consultas positivas e negativas, ver K. B. Thomas, "General practice consultations: is there any point in being positive?", *British Medical Journal*, 1987, 294, 1200-02.

Acerca dos estudos com otimistas e pessimistas e como eles respondem ao efeito placebo, ver:

- Estudo com pessimistas, ver A. L. Geers *et al.*, "Reconsidering the role of personality in placebo effects: dispositional optimism, situational expectations, and the placebo response", *Journal of Psychosomatic Research*, 2005, 58 (2), 212-17.
- Estudo com otimistas, veja A. L. Geers *et al.*, "Further evidence for individual differences in placebo responding: an interactionist perpective", *Psychosomatic Research*, 2007, 62 (5), 563-70.

Acerca da imunossupressão condicionada usando ciclosporina A, ver M. U. Goebel *et al.*, "Behavioral conditioning of immunosuppression is possible in humans", *Faseb Journal*, 2002, 16, 1869-73.

Acerca do condicionamento de Benedetti dos níveis de hormônio imunológico e de crescimento, veja F. Benedetti *et al.*, "Conscious Expectation and Unconscious Conditioning in Analgesic, Motor, and Hormonal Placebo/Nocebo Responses", *Journal of Neuroscience*, 2002, 23 (10), 4315-23.

Acerca do estudo de Benedetti, em que os pacientes de Parkinson receberam placebos em vez de apomorfina, ver F. Benedetti *et al.*, "Teaching neurons to respond to placebos", *Journal of Physiology*, 2016, 594 (19), 5647-5660.

Acerca dos estudos de PCDR e uma discussão sobre como usar o condicionamento para aumentar o efeito placebo, veja Jo Marchant, *Cure* (Canongate Books, Londres, 2017), capítulo 3, "Pavlov's Power".

Capítulo 3: Drogas Funcionam Melhor se Acreditamos Nelas

Em relação à análise com antidepressivos de 2008, que encontrou mais de 80% de efeito placebo, ver I. Kirsch *et al.*, "Initial Severity and Antidepressant Benefits: A Meta-Analysis of Data Submitted to the

Food and Drug Administration", *Plos Medicine*, fevereiro de 2008, 5 (2), e45, 0260-68.

Vários estudos relatados neste capítulo também foram citados no excelente livro de Daniel Moerman, mencionado anteriormente. Recomendo a leitura a qualquer um que esteja buscando uma compreensão mais completa do efeito placebo e suas implicações.

Quanto à citação da C. G. Helman, ver seu capítulo intitulado "Placebos and nocebos: the cultural construction of belief", em *Understanding the Placebo Effect in Complementary Medicine, Theory, Practice and Research*, ed. D. Peters (Churchill Livingstone, 2001).

Sobre estudo de sedativos e estimulantes azuis e rosa, ver B. Blackwell *et al.*, "Demonstration to medical students of placebo responses and non-drug factors", *Lancet*, 1972, 1 (7763), 1279-82.

Estudo de injeções *versus* comprimidos nos Estados Unidos e na Europa, ver A. J. de Craen *et al.*, "Placebo effect in the acute treatment of migraine: subcutaneous placebos are better than oral placebos", *Journal of Neurology*, 2000, 247 (3), 183-88.

Acerca do estudo com o Tagamet realizado na França, ver R. Lambert *et al.*, "Treatment of duodenal and gastric ulcer with cimetidine: a multicenter double-blind trial", *Gastroenterologie Clinique et Biologique*, 1977, 1 (11), 855-60.

Sobre o estudo no Brasil, veja J. A. Salgado *et al.*, "Achados endoscópicos após o antiácido, cimetidina e placebo para úlcera péptica – importância do estadiamento das lesões", *Arquivos de Gastroenterologia*, 1981, 18 (2), 51-3. Ambos os estudos são relatados no livro de Daniel Moerman, citado anteriormente.

A redução na eficácia do Tagamet, quando Zantac ficou disponível, é descrita no livro de Daniel Moerman. Também é mencionado em *Timeless Healing*, de Herbert Benson, MD (Scribner, 1995).

Estudo com aspirinas da Universidade de Keel, ver A. Branthwaite e P. Cooper, "Analgesic effects of branding in treatment of headaches", *British Medical Journal*, 1981, 282, 1576-78.

Sobre a sugestão que Viagra é realçado por causa do nome, ver A. K. Vallance, "Something out of nothing: the placebo effect", *Advances in Psychiatric Treatment*, 2006, 12, 287-96.

Estudo no qual quatro placebos são melhores que dois em testes antiúlcera, ver A. J. de Craen *et al.*, "Placebo effect in the treatment of duodenal ulcer", *British Journal of Clinical Pharmacology*, 1999, 48 (6), 853-60.

A respeito da aderência no teste com clofibrato, ver Grupo de Pesquisa do Projeto de Drogas Coronárias, "Influence of Adherence to Treatment and Response of Cholesterol on Mortality in the Coronary Drug Project", *New England Journal of Medicine*, 1980, 303 (18), 1038-41.

Acerca dos estudos de ligaduras mamárias reais *versus* simuladas, ver:

- E. G. Dimond *et al.*, "Comparison of internal mammary artery ligation and sham operation for angina pectoris", *American Journal of Cardiology*, 1960, 5, 483-86.
- L. A. Cobb *et al.*, "An Evaluation of Internal-Mammary-Artery Ligation by a Double-Blind Technique", *New England Journal of Medicine*, 1959, 260 (22), 1115-18.

Sobre a análise sumária de 53 estudos comparando cirurgia real com cirurgia simulada, ver K. Wartolowska *et al.*, "Use of placebo controls in the evaluation of surgery: systematic review", *British Medical Journal*, 2014, 348, g3253.

Acerca do estudo com naproxeno, em que os pacientes sabiam ou não sabiam o que estavam recebendo, ver J. F Bergmann *et al.*, "A randomised clinical trial of the effect of informed consent on the analgesic activity of placebo and naproxen in cancer pain", *Clinical Trials and Meta-Analysis*, 1994, 29 (1), 41-7.

A respeito de pesquisas mostrando que um placebo pode ser tão bom quanto 6-8 miligramas de morfina, ver J. D. Levine e N. C. Gordon, "Influence of the method of drug administration on analgesic response", *Nature*, 1984, 312, 755.

A respeito de pesquisas que mostram que o diazepam não funciona, a menos que uma pessoa saiba que o está tomando, ver F. Benedetti *et al.*, "Hidden Administration of Drugs", *Clinical Pharmacology and Therapeutics*, 2011, 90, 651-661.

A citação de Benedetti, "A existência do efeito placebo sugere que devemos ampliar nossa concepção dos limites da... capacidade humana", pode ser encontrada em F. Benedetti *et al.*, "Neurobiological Mechanisms of the Placebo Effect", *Journal of Neuroscience*, 2005, 25 (45), 10390-402.

Acerca das pesquisas mostrando que os placebos em estudo aberto funcionam por meio de processos não conscientes, ver K. B. Jensen *et al.*, "A Neural Mechanism for Nonconscious Activation of Conditioned Placebo and Nocebo Responses", *Cerebral Cortex*, 2015, 25 (10), 3903-3910.

Estudo aberto com placebos sobre SII, ver T. J. Kaptchuk *et al.*, "Placebos without Deception: A Randomized Controlled Trial in Irritable Bowel Syndrome", *Plos One*, 2010, 5 (12), e15591.

Estudo aberto com placebos para dor lombar crônica, ver C. Carvalho *et al.*, "Open-label placebo treatment in chronic low back pain: a randomized controlled trial", *Pain*, 2016, 157 (12), 2766-2772.

Estudo aberto com placebo para a fadiga sofrida por pacientes com câncer, ver T. W. Hoenemeyer *et al.*, "Open-Label Placebo Treatment for Cancer-Related Fatigue: A Randomized-Controlled Clinical Trial", *Scientific Reports*, 2018, 8 (2784), 1-8.

Capítulo 4: O Poder da Plasticidade

Acerca do estudo das mudanças cerebrais em músicos de sinfonia, veja V. Sluming *et al.*, "Voxel-Based Morphometry Reveals Increased Gray Matter Density in Broca's Area in Male Symphony Orchestra Musicians", *NeuroImage*, 2002, 17 (3), 1613-22.

A referência às mudanças no mapa cerebral à medida que as pessoas cegas aprendem Braille pode ser encontrada em Norman Doidge MD, *The Brain that Changes Itself* (Penguin, 2007).

Acerca do estudo das mudanças cerebrais enquanto alunos estavam estudando para exames, ver B. Draganski *et al.*, "Temporal and Spatial Dynamics of Brain Structure Changes during Extensive Learning", *Journal of Neuroscience*, 2006, 26 (23), 6314-17.

Estudo com os taxistas de Londres, ver E. A. Maguire *et al.*, "London Taxi Drivers and Bus Drivers: a Structural MRI and Neuropsychological Analysis", *Hippocampus*, 2006, 16, 1091-1101.

Estudo demonstrando mudança no cérebro de matemáticos, ver K. Aydin *et al.*, "Increased Gray Matter Density in the Parietal Cortex of Mathematicians: A Voxel-Based Morphometry Study", *American Journal of Neuroradiology*, 2007, 28 (10), 1859-64.

Sobre o estudo dos efeitos da meditação no cérebro, ver S. W. Lazar *et al.*, "Meditation experience is associated with increased cortical thickness", *Neuroreport*, 2005, 16 (17), 1893-97.

As citações de Eric Kandel, assim como a discussão a respeito das mudanças cerebrais em razão da psicoterapia, podem ser encontradas no livro de Norman Doidge, citado anteriormente.

Acerca do estudo mostrando 15% de aumento no volume do hipocampo por causa do enriquecimento do ambiente ao redor, ver G. Kemperman *et al.*, "Neuroplasticity in old age: Sustained fivefold induction of hippocampal neurogenesis by long-term environmental enrichment", *Annals of Neurology*, 2002, 52, 135-143. Ver também L. Lu *et al.*, "Modification of hippocampal neurogenesis and neuroplasticity by social environments", *Experimental Neurology*, 2003, 183 (2), 600-09.

Sobre a descoberta da neurogênese no hipocampo, ver P. S. Eriksson *et al.*, "Neurogenesis in the adult human hippocampus", *Nature Medicine*, 1998, 4 (11), 1313-17.

A identificação da neurogênese até nossos últimos dias de vida pode ser encontrada no artigo citado logo acima, que aborda a descoberta de neurogênese em adultos. Os cientistas receberam permissão de pacientes com doenças terminais para injetarem um realçador biológico, a bromodesoxiuridina (BrdU). Quando os pacientes morreram, a neurogênese foi descoberta. Para mais informações a respeito da neurogênese, ver P. Taupin e F. H. Gage, "Adult Neurogenesis and Neural Stem Cells of the Central Nervous System in Mammals", *Journal of Neuroscience Research*, 2002, 69, 745-49.

Capítulo 5: A Mente Pode Curar o Corpo

Para uma boa descrição do cérebro e como ele muda nossos pensamentos e emoções, ver Joe Dispenza, *Evolve Your Brain* (Health Communications Inc., 2007).

Acerca da pesquisa demonstrando que a hostilidade reduz o ritmo de cicatrização de feridas, ver J. K. Kiecolt-Glaser *et al.*, "Hostile Marital Interactions, Proinflammatory Cytokine Production, and Wound Healing", *Archives of General Psychiatry*, 2005, 62 (12), 1377-84.

Efeitos do estresse nos níveis de hormônio do crescimento e na regulação·para mais e para menos dos genes nos locais das feridas, ver S. Roy *et al.*, "Wound Site Neutrophil Transcriptome in Response to Psychological Stress in Young Men", *Gene Expression*, 2005, 12 (4-6), 273-87.

Sobre como o apoio social acelera a cicatrização de feridas, ver C. E. Detillion *et al.*, "Social facilitation of wound healing", *Psychoneuroendocrinology*, 2004, 29 (8), 1004-11.

Explorar nossos genes é assunto da ciência da epigenética. Para aprender mais sobre epigenética, ver Bruce Lipton, *The Biology of Belief* (Mountain of Love/Elite Books, 2005). Ver também Dawson Church, *The Genie in Your Genes* (Elite Books, 2007).

A respeito da pesquisa do efeito causado pelo amor e cuidado no crescimento das crianças, ver R. Hamilton PhD, *Why Kindness is Good for You* (Hay House, London, 2010), capítulo 10, "Why Babies Need Love". Ver também: <www.bucharestearlyinterventionproject.org> (acessado pela última vez em 23 de maio de 2018).

Para informações sobre neurogênese e a hipótese de que a mente interage com o DNA nas células-tronco, ver Ernest L. Rossi, *The Psychobiology of Gene Expression* (Norton, 2002).

Capítulo 6: O Poder da Imaginação e Observação

Estudo envolvendo capsaicina, ver F. Benedetti *et al.*, "Somatotopic Activation of Opioid Systems by Target-Directed Expectations of Analgesia", *The Journal of Neuroscience*, 1999, 19 (9), 3639-48.

Estudo em que dor experimental é induzida nos dedos, ver G. Montgomery e I. Kirsch, "Mechanisms of Placebo Pain Reduction: An Empirical Investigation", *Psychological Science*, 1996, 7 (3), 174-76.

Em uma troca de e-mails, perguntei a Fabrizio Benedetti se a pessoa com duas doenças diferentes melhoraria de uma delas se recebesse placebo para uma doença específica (acreditando ser uma droga real), mas não para a outra. Uma pessoa com Parkinson que, digamos, também está com dor de cabeça e recebe uma droga anti-Parkinson (que na verdade era um placebo), sente os tremores diminuírem, mas não a dor de cabeça, e o contrário também acontece? Benedetti concordou que esse seria o cenário provável.

Em relação à pesquisa do Instituto Karolinska mostrando que imaginar os movimentos de dedos, artelhos e língua ativa as regiões respectivas no cérebro, ver H. H. Ehrsson *et al.*, "Imagery of Voluntary Movement of Fingers, Toes, and Tongue Activates Corresponding Body-Part-Specific Motor Representations", *Journal of Neurophysiology*, 2003, 90 (5), 3304-16.

Estudo do piano, ver A. Pascual-Leone *et al.*, "Modulation of muscle responses evoked by transcranial magnetic stimulation during the acquisition of new fine motor skills", *Journal of Neurophysiology*, 1995, 74 (3), 1037-45.

Estudo no qual os dedos dos voluntários ficaram 35% mais fortes graças ao treinamento imaginado, ver V. K. Ranganathan *et al.*, "From mental power to muscle power – gaining strength by using the mind', *Neuropsychologia*, 2004, 42 (7), 944-56. Ver também G. Yue e K. J. Cole, "Strength increases from the motor program: comparison of training with maximal voluntary and imagined muscle contractions", *Journal of Neurophysiology*, 1992, 67 (5), 1114-23.

A respeito do estudo mostrando as diferenças ao ativar os músculos dependendo do peso imaginado, ver A. Guillot *et al.*, "Muscular responses during motor imagery as a function of muscle contraction types", *International Journal of Psychophysiology*, 2007, 66 (1), 18-27.

Estudo em que uma pessoa tetraplégica acessou seu e-mail com a mente, ver L. R. Hochberg *et al.*, "Neuronal ensemble control of prosthetic devices by a human with tetraplegia", *Nature*, 2006, 442, 164-71.

Sobre a pesquisa em relação ao caminhar mentalmente em simuladores de realidade virtual, ver G. Pfurtscheller *et al.*, "Walking from thought", *Brain Research*, 2006, 1071 (1), 145-52.

A respeito da pesquisa com neurônios-espelhos em que os voluntários observaram movimentos de mãos, bocas ou pés, ver G. Buccino *et al.*, "Action observation activates premotor and parietal areas in a somatotopic manner: an fMRI study", *European Journal of Neuroscience*, 2001, 13 (2), 400-04.

A respeito do artigo "Bend it like Beckham", ver P. Bach e S. P. Tipper, "Bend it like Beckham: Embodying the Motor Skills of Famous Athletes", *Quarterly Journal of Experimental Psychology*, 2006, 59 (12), 2033-39.

Estudo em que voluntários aumentaram a força dos dedos por intermédio da observação de treinamento, ver C. A. Porro *et al.*, "Enhancement of force after action observation: Behavioural and neurophysiological studies", *Neuropsychologia*, 2007, 45 (13), 3114-21.

Acerca do progresso da recuperação de pacientes após derrame quando observaram pessoas realizando ações de rotina, ver D. Ertelt *et al.*, "Action observation has a positive impact on rehabilitation of motor deficits after stroke", *NeuroImage*, 2007, 36, Suplemento 2, T164-73.

Sobre a ativação de neurônios-espelhos enquanto observamos alguém tocar guitarra, ver G. Buccino *et al.*, "Neural Circuits Underlying Imitation Learning of Hand Actions: an Event-Related fMRI Study", *Neuron*, 2004, 42, 323-34.

Ativação cerebral quando ouvimos descrições de movimentos, ver G. Buccino *et al.*, "Listening to action-related sentences modulates the activity of the motor system: a combined TMS and behavioral study", *Cognitive Brain Research*, 2005, 24 (3), 355-63.

Ver também M. Tettamanti *et al.*, "Listening to Action-Related Sentences Activates Fronto-parietal Motor Circuits", *Journal of Cognitive Neuroscience*, 2005, 17 (2), 273-81.

Acerca da ativação dos músculos da língua ao escutar discursos, ver L. Fadiga *et al.*, "Speech listening specifically modulates the excitability of tongue muscles: a TMS study", *European Journal of Neuroscience*, 2002, 15 (2), 399-02.

Informações detalhadas a respeito das pesquisas com neurônios-espelhos são encontradas em G. Buccino *et al.*, "Functions of the Mirror Neuron System: Implications for Neurorehabilitation", *Cognitive and Behavioural Neurology*, 2006, 19 (1), 55-63.

Capítulo 7: Visualização para Reabilitação e Esportes

Os 122 artigos sobre práticas mentais que foram publicados em 1980 e em 2010 passaram a ser 20 mil artigos, e podem ser encontrados em C. Schuster *et al.*, "Best practice for motor imagery: a systematic literature review on motor imagery training elements in five different disciplines", *BMC Medicine*, 2011, 9 (75), 1-35.

Sobre a meta-análise da reabilitação após derrame realizada em 2014, ver A.Y. Kho *et al.*, "Meta-analysis on the effect of mental imagery on motor recovery of the hemiplegic upper extremity function", *Australian Occupational Therapy Journal*, 2014, 61 (2), 38-48.

A respeito do estudo da Universidade de Cincinnati que usou imaginação visual como parte de uma pesquisa abordando a reabilitação após derrame, veja:

- S. J. Page *et al.*, "Mental Practice in Chronic Stroke: Results of a Randomized, Placebo-Controlled Trial", *Stroke*, 2007, 38 (4), 1293-97.
- S. J. Page *et al.*, "Effects of Mental Practice on Affected Limb Use and Function in Chronic Stroke", *Archives of Physical Medicine and Rehabilitation*, 2005, 86 (3), 399-402.

Acerca do estudo chinês que mostra a ativação cerebral em pacientes após derrame graças ao treinamento da imaginação, ver H. Liu *et al.*, "Mental Practice Combined with Physical Practice to Enhance Hand Recovery in Stroke Patients", *Behavioural Neurology*, 2014, Artigo ID 874416.

Uso da imaginação mental na reabilitação após lesão na medula espinhal, ver S. C. Cramer *et al.*, "Effects of imagery training after chronic, complete spinal cord injury", *Experimental Brain Research*, 2007, 177 (2), 233-42.

Uso da imaginação mental por pacientes com Parkinson, ver R. Tamir *et al.*, "Integration of Motor Imagery and Physical Practice in Group Treatment Applied to Subjects with Parkinson's Disease", *Neurorehabilitation and Neural Repair*, 2007, 21 (1), 68-75.

Estudo que aborda a visualização de tacadas curtas no golfe, ver M. Brouziyne e C. Molinaro, "Mental Imagery Combined with Physical Practice of Approach Shots for Golf Beginners", *Perceptual and Motor Skills*, 2005, 101, 203-211.

Estudo da visualização com handball, ver A. Azimkhani *et al.*, "The combination of mental and physical practices is better for instruction of a new skill", *Nigde University Journal of Physical Education and Sports Sciences*, 2013, 7 (2), 179-187.

Sobre os estudos de Kim em relação à observação de ações, imaginação mental e estrutura de representação mental aplicada à tacada no golfe, ver:

- T. H. Kim *et al.*, "Differences in Learning Facilitatory Effect of Motor Imagery and Action Observation of Golf Putting", *Journal of Applied Sciences*, 2011, 11 (1), 151-156.

- T. Kim *et al.*, "A Systematic Investigation of the Effect of Action Observation Training and Motor Imagery Training on the Development of Mental Representation Structure and Skill Performance", *Frontiers in Human Neuroscience*, 2017, 11 (499), 1-13.

Capítulo 8: Visualização para Potencializar o Sistema Imunológico

A respeito da pesquisa de Achterberg que mostrou aumentos na s-IgA após a visualização do sistema imunológico, ver M. Rider *et al.*, "Effect of Immune System Imagery on Secretory IgA", *Biofeedback and Self-Regulation*, 1990, 15 (4), 317-333.

A respeito da pesquisa de Achterberg sobre imagens específicas de células do sistema imunológico, ver M. S. Rider e J. Achterberg, "Effect of Music-Assisted Imagery on Neutrophils and Lymphocytes"; *Biofeedback and Self-Regulation*, 1989, 14 (3), 247-257.

Acerca do estudo em que 20 pacientes com contagem baixa de glóbulos brancos visualizaram seus sistemas imunológicos, ver V. W. Donaldson, "A Clinical Study of Visualization on Depressed White Blood Cell Count in Medical Patients", *Applied Psychophysiology and Biofeedback*, 2000, 25 (2), 117-128.

Capítulo 9: Visualização para Câncer e Outras Condições

A respeito do estudo com mulheres em estágio avançado do câncer de mama que descobriram que a qualidade de vida era um fator de previsão de suas reações à quimioterapia e das chances de sobrevivência, ver S. C. Fraser *et al.*, "A daily diary of quality of life measurement in advanced breast cancer trials", *British Journal of Cancer*, 1993, 67 (2), 341-346.

A respeito do estudo feito em 1999 com 96 pacientes com câncer, que usaram visualizações de seus sistemas imunológicos destruindo as células cancerígenas, ver L. G. Walker *et al.*, "Psychological, clinical, and pathological effects of relaxation training and guided imagery during primary chemotherapy", *British Journal of Cancer*, 1999, 80 (1/2), 262-268.

A respeito do teste aleatório e controlado com 80 mulheres que usaram a visualização do sistema imunológico destruindo as células cancerígenas, ver O. Eremin *et al.*, "Immuno-Modulatory Effects of

Relaxation Training and Guided Imagery in Women with Locally Advanced Breast Cancer Undergoing Multimodality Therapy: A Randomised Controlled Trial", *The Breast*, 2009, 18, 17-25.

Acerca do estudo de mulheres passando por cirurgias para o câncer de mama que visualizaram seus sistemas imunológicos destruindo as células cancerígenas, ver C. A. Lengacher *et al.*, "Immune Responses to Guided Imagery During Breast Cancer Treatment", *Biological Research for Nursing*, 2008, 9 (3), 205-214.

Acerca do estudo realizado durante 12 meses, em 1988, com pacientes que usaram a visualização de seus sistemas imunológicos destruindo as células cancerígenas, ver B. L. Gruber *et al.*, "Immune System and Psychological Changes in Metastatic Cancer Patients Using Relaxation and Guided Imagery: A Pilot Study", *Scandinavian Journal of Behaviour Therapy*, 1988, 17 (1), 25-46.

Acerca do estudo de 208 pacientes com câncer que reduziram os sintomas de aglomerados pelo uso da imaginação, ver A. Charalambous *et al.*, "Guided Imagery And Progressive Muscle Relaxation as a Cluster of Symptoms Management Intervention in Patients Receiving Chemotherapy: A Randomized Control Trial", *Plos One*, 2016, 11 (6), e0156911.

Acerca do estudo de 65 pacientes com câncer de mama que reduziram muitos dos seus efeitos colaterais pelo uso de imaginação, ver S. F. Chen *et al.*, "Effect of Relaxation With Guided Imagery on The Physical and Psychological Symptoms of Breast Cancer Patients Undergoing Chemotherapy", *Iranian Red Crescent Medical Journal*, 2015, 17 (11), e31277.

A respeito do estudo em que imagens mentais ajudaram a afastar os pacientes da ventilação mecânica, veja LeeAnna Spiva *et al.*, "The Effects of Guided Imagery on Patients Being Weaned from Mechanical Ventilation", *Evidence-Based Complementary and Alternative Medicine*, 2015, artigo ID 802865, 1-9.

Estudo de Hong Kong em que a visualização beneficiou pacientes com DPOC, ver S. W. S. Louie, "The effects of guided imagery relaxation in people with COPD", *Occupational Therapy International*, 2004, 11 (3), 145-59.

Estudo do Alasca, no qual imaginação biologicamente direcionada ajudou pessoas que sofrem de asma, ver L. W. Freeman e D. Welton,

"Effects of Imagery, Critical Thinking, and Asthma Education on Symptoms and Mood State in Adult Asthma Patients: A Pilot Study", *Alternative and Complementary Medicine*, 2005, 11 (1), 57-68.

Acerca do estudo da visualização na cirurgia de substituição total do joelho, ver A. F. Jacobsen *et al.*, "Guided Imagery for Total Knee Replacement: A Randomized, Placebo-Controlled Pilot Study", *Alternative and Complementary Medicine*, 2016, 22 (7), 563-575.

Sobre o uso da imaginação guiada para o tratamento de osteoartrite em mulheres na terceira idade, ver C. L. Baird and L. P. Sands, "Effect of guided imagery with relaxation on health-related quality of life in older women with osteoarthritis", *Research in Nursing and Health*, 2006, 29 (5), 442-451.

Acerca do uso da imaginação guiada para o tratamento de cistite intersticial, ver D. J. Carrico *et al.*, "Guided Imagery for Women with Interstitial Cystitis: Results of a Prospective, Randomized Controlled Pilot Study", *Alternative and Complementary Medicine*, 2008, 14 (1), 53-60.

Sobre o uso da imaginação guiada para cicatrização de feridas após a remoção cirúrgica da vesícula biliar (colecistectomia), ver C. Holden-Lund, "Effects of relaxation with guided imagery on surgical stress and wound healing", *Research in Nursing and Health*, 2007, 11 (4), 235-244.

Acerca do estudo que examinou o efeito da habilidade para visualizar, ver:

- E. Watanabe *et al.*, "Differences in Relaxation by Means of Guided Imagery in a Healthy Community Sample", *Alternative Therapies in Health and Medicine*, 2006, 12 (2), 60-66.

Ver também:

- E. Watanabe *et al.*, "Effects among healthy subjects of the duration of regularly practicing a guided imagery program", *BMC Complementary and Alternative Medicine*, 2005, 5, 21.
- K. Kwekkeboom *et al.*, "Imaging ability and effective use of guided imagery", *Research in Nursing and Health*, 1998, 21(3), 189-98.

Quanto ao uso da imaginação guiada para o tratamento das dores decorrentes da fibromialgia, ver E. A. Fors *et al.*, "The effect of guided imagery and amitriptyline on daily fibromyalgia pain: a prospective, randomized, controlled trial", *Journal of Psychiatric Research*, 2002, 36 (3), 179-87.

Quanto ao estudo em que os voluntários imaginavam comer M&M's, ver C. K. Morewedge *et al.*, "Thought for Food: Imagined Consumption Reduces Actual Consumption", *Science*, 2010, 330 (6010), 1530-1533.

Capítulo 11: Estressar ou Não Estressar

A referência para a meta-análise conectando o estresse ao sistema imunológico, de 2004, é S. Segerstrom and G. E. Miller, "Psychological Stress and the Human Immune System: A Meta-Analytic Study of 30 Years of Inquiry", *Psychological Bulletin*, 2004, 130 (4), 601-30.

Quanto aos efeitos do estresse na composição do fluido em feridas, ver E. Broadbent *et al.*, "Psychological Stress Impairs Early Wound Repair Following Surgery", *Psychosomatic Medicine*, 2003, 65, 865-69.

A respeito dos efeitos do estresse no HIV e como aumenta a replicação viral, ver S. W. Cole *et al.*, "Impaired response to HAART in HIV-infected individuals with high autonomic nervous system activity", *Proceedings of the National Academy of Sciences*, USA, 2001, 98 (22), 12695-700.

A respeito do estudo realizado durante 18 meses que conecta a timidez com o ritmo da replicação viral, ver S. W. Cole *et al.*, "Psychological risk factors for HIV pathogenesis: mediation by the autonomic nervous system", *Biological Psychiatry*, 2003, 54 (12), 1444-56.

Sobre o estudo em que estudantes escreveram acerca de experiências traumáticas durante quatro dias consecutivos, ver J. W. Pennebaker and S. K. Beall, "Confronting a Traumatic Event: Toward an Understanding of Inhibition and Disease", *Journal of Abnormal Psychology*, 1986, 95 (3), 274-81.

Sobre o efeito de escrever as experiências traumáticas e a vacinação para hepatite B, ver K. J. Petrie *et al.*, "Disclosure of Trauma and Immune Response to Hepatitis B Vaccination Program", *Journal of Consulting and Clinical Psychology*, 1995, 63 (5), 787-92.

Sobre o efeito de escrever para carga viral e a contagem de células CD4 em pacientes com HIV, ver K. J. Petrie *et al.*, "Effect of Written Emotional Expression on Immune Function in Patients with

Human Immunodeficiency Virus Infection: A Randomized Trial", *Psychosomatic Medicine*, 2004, 66, 272-275.

Quanto aos efeitos do apoio emocional para a saúde de pacientes com câncer de mama, ver B. L. Andersen *et al.*, "Distress Reduction from a Psychological Intervention Contributes to Improved Health for Cancer Patients", *Brain, Behavior, and Immunity*, 2007, 21 (7), 953-61.

Acerca do efeito da redução do estresse com base na atenção plena na saúde de pacientes com câncer de mama e próstata, ver:

- L. E. Carlson *et al.*, "One-Year Pre-Post Intervention Follow-up of Psychological, Immune, Endocrine and Blood Pressure Outcomes of Mindfulness-based Stress Reduction (MBSR) in Breast and Prostate Cancer Outpatients", *Brain, Behavior, and Immunity*, 2007, 21 (8), 1038-49.
- L. E. Carlson *et al.*, "Mindfulness-based stress reduction in relation to quality of life, mood, symptoms of stress and levels of cortisol, dehydroepiandrosterone sulfate (DHEAS) and melatonin in breast and prostate cancer outpatients", *Psychoneuroendocrinology*, 2004, 29 (4), 448-74.
- M. Speca *et al.*, "A Randomized, Wait-List Controlled Clinical Trial: The Effect of a Mindfulness Meditation-based Stress Reduction Program on Mood and Symptoms of Stress in Cancer Outpatients", *Psychosomatic Medicine*, 2000, 62 (5), 613-22.

Quanto à redução do estresse baseada na atenção plena para controlar os níveis de glicose em pacientes com diabetes tipo 2, veja S. Rosenzweig *et al.*, "Mindfulness-Based Stress Reduction is Associated with Improved Glycemic Control in Type 2 Diabetes Mellitus: A Pilot Study", *Alternative Therapies in Health and Medicine*, 2007, 13 (5), 36-8.

Quanto à melhora do humor e redução de estresse e ansiedade em adultos saudáveis usando meditação, ver J. D. Lane *et al.*, "Brief Meditation Training Can Improve Perceived Stress and Negative Mood", *Alternative Therapies in Health and Medicine*, 2007, 13 (1), 38-44.

Quanto ao efeito da meditação em nível genético, ver J. A. Dusek *et al.*, "Genomic Counter-Stress Changes Induced by the Relaxation Response", *Plos One*, 2008, 3 (7), e2576, 1-8.

Índice Remissivo

A

Achterberg, Jeanne 99, 100, 101, 102, 253
Acne 195, 224
Afirmações
  poder das
    como comentário de visualizações 13, 139, 140, 141
AIDS ver HIV/AIDS 101, 122, 197
Alergias 45, 101, 132
Alívio da dor
  e o cérebro 36, 38, 81
Alzheimer 33, 56, 67, 241
American Journal of Neuroradiology 62, 247
Amor
  e hormônios
    e meditação "Bondade com Amor" poder do
      ver também compaixão 14, 183, 185
Analgésico
  ver analgésicos 15, 36, 41, 51, 52, 57, 80, 81
Analgésico natural 36, 80, 81
Angina 52, 55, 246
Ansiedade
  e insônia 197
Antidepressivos
  ver antidepressivos 37, 47, 244

Archives of General Psychiatry 22, 74, 239, 240, 248
Arritmia 197, 226
Artrite
  osteoartrite
    reumatoide 132, 198, 199
Asma
  tratamento com visualização 108, 199
Atenção plena, com foco na respiração 63, 125, 177, 257
Aterosclerose 199
Autoestima 200

B

Benedetti, Fabrizio 11, 35, 36, 41, 44, 57, 80, 81, 242, 243, 244, 246, 249
Benson, Herbert 52, 53, 245
Biological Psychiatry 122, 256
Bondade
  esforçando-se um pouco mais
    meditação "bondade com amor"
      direcionando efeitos colaterais 64
Bowen, Will: A Complaint Free World 27, 28
Brain, Behaviour and Immunity 70, 93, 124, 241, 242, 247, 248, 250, 251, 252, 257
British Journal of Cancer 103, 253
British Medical Journal 42, 244, 245, 246

C

Câncer
  de mama
    tratamento quioterápico ver quimioterapia 13, 103, 145, 201, 253
Cândida 203
Candidíase 203

Carvalho, Cláudio 59, 247
Catapora 203
  tratamento com visualização 89, 204
Células assassinas por natureza 77, 105, 214, 235
Células-tronco
  interface mente-células-tronco
    visualizadas 77, 214, 235
Celulite 204
Cérebro e vício e declínio mental relacionado à idade 63
Charalambous, Andreas 11, 106, 254
Chopra, Deepak: Magical Mind, Magical Body 33, 61
Cicatrizes 204, 205
Circuitos neurológicos 45, 81
Cirurgia simulada 55, 56, 60, 246
Cistite
  intersticial 109, 206
Cistite intersticial 17, 109, 255
Citotoxicidade 105
Clamídia 206
Conexão cérebro-coração 38
Connolly, Billy 33
Coração
  arritmia/palpitações
    e atitude 24, 240
Cortes 207
Crenças
  e cultura
    e eficiência das drogas
      e placebos, ver também placebos 56, 118
Croft, Roy 185
Cura,
  processo de
    transmissão para o cérebro da imagem de bem-estar 138

D

Depressão
 ver também antidepressivos 200, 208
Diabetes 209, 257
Diabetes tipo 1 126, 132, 209, 226, 257
Diabetes tipo 2 126, 132, 209, 226, 257
Diarreia 210
Dinheiro 28
Dispenza, Joe 5, 70, 157, 248
DNA: interface mente-DNA 68, 72, 73, 77, 78, 202, 203, 216, 217, 222, 225, 236, 237, 249
Doença
 e estresse 18, 24, 25, 26, 36, 37, 38, 75, 76, 93, 101, 104, 107, 110, 118, 119, 123, 129, 131, 132, 134, 135, 138, 144, 149, 153, 155, 157, 161, 162, 164, 173, 174, 175, 182, 193, 194, 199, 201, 206, 210, 214, 216, 232, 240, 249
Doidge, Norman 63, 64, 247, 248
Dopamina 210
Drogas 13, 47, 244, 246

E

Efeito cultural 51
Efeitos genéticos 69
Eficiência 41, 43, 47, 49, 51, 52, 53, 96, 101, 102, 179, 180
Embalagem 51, 52
EM (encefalomielite miálgica) 38, 163, 164, 179, 212, 214, 232
Endometriose 212
Enfisema 212
Enterite 213, 218
Envelhecimento
 ser positivo sobre
  e exercita o cérebro 213

Epilepsia 214
Esclerose múltipla 45, 132, 179, 226
Esportes 13, 90, 251
Estresse
  e trauma infantil 215, 216
Estudos com "placebo com rótulo identificado" 15, 16, 17, 24, 29,
  37, 38, 41, 43, 45, 47, 50, 54, 55, 58, 59, 62, 63, 65, 66, 78, 90,
  92, 94, 95, 97, 99, 102, 103, 104, 105, 106, 113, 115, 121, 123,
  124, 125, 127, 144, 195, 206, 209, 243, 244, 245, 246, 252
European Journal of Neuroscience 86, 250, 251
Evolve Your Brain 70, 248
Experimental Brain Research 93, 252

F

Febre do Feno 177, 216
Fibrose cística 216
Frankl, Viktor: Man's Search for Meaning 25, 26

G

Gastroenterite 213, 218
Genes
  estilo de vida e a superação de efeito mente-gene
    e interface mente DNA
      e interface mente-células-tronco 36, 73, 75, 249
Glândulas, inchadas 181, 195, 218
Gratidão 28, 65, 146, 184, 186, 188, 223
Gripe 23, 121, 172, 219, 230, 231, 239
Gunnell, Sally 93

H

Helman, C. G.: "Placebos and Nocebos" 49, 245
Hemorroidas 219
Hepatite 124, 219
Hesse, Hermann 192
Hipertensão 220
Hipotensão 220
HIV/AIDS
  e estresse
    tratamento com visualização 122, 123, 124, 197, 219, 220, 256
Holden, Robert 190, 255
Hormônios
  do crescimento
    e amor 74
Hormônios do crescimento 74

I

ICCs (Interface cérebro-computador) 85
Imaginação 13, 80, 91, 129, 249
Infecção bacteriana 224, 232, 233
Infecção parasítica 224, 232, 233
Infecções na garganta 203, 206, 210, 213, 217, 218, 219, 220, 221, 222, 224, 228, 231, 234, 235
Inflamação
  tratamento com visualização
    sinusite
      glândulas inchadas 222, 232
Injeções vs pílulas 41, 42, 45, 50, 244, 245
Insônia 107
Insônia e problemas para dormir 223, 229

J

Journal of Consulting and Clinical Psychology 124, 256
Journal of Neurophysiology 83, 250
Journal of Neuroscience 36, 63, 86, 242, 243, 244, 246, 247, 248, 249, 250, 251
Journal of Psychiatric Research 114, 256
Journal of the American Medical Association 25, 33, 241

K

Kandel, Eric 65, 248
Kaptchuk, Ted 58, 59, 247
Kirsch, Irving 58, 59, 244, 249

L

Langer, Ellen 31, 241, 243
Le Guin, Ursula K. 185
Lúpus (LES) 172, 223

M

Malária 224
Manchas (acne) 224
Matsumura, Molleen 185
May, Mitchell 157
McDonald, Evy 157
Meningite 224
Menninger, Karl 189
Mental, declínio – relacionado à idade 252, 253

Moerman, Daniel: Meaning, Medicine and the "Placebo Effect" 48, 50, 53, 243, 245
Morewedge, Carey 111, 256
Mulhearn, Stephen 191
Músculo 31, 63, 64, 78, 83, 156

N

Neurociência 35, 82
Neurogênese e estresse 66
Neurogênese, ver neurogênese 66, 67, 77, 248
NeuroImage 62, 87, 247, 251
Neurônios
  e contágio emocional
    disparos de espelho
      espelho conexões neurais 62, 86, 96, 98
Neurônios espelhos 88, 95, 196, 250, 251
Neurônios, ver neurônios produção de neuropeptídeos 45, 61, 62, 63, 65, 66, 67, 68, 69, 70, 71, 72, 77, 85, 88, 95, 195, 196, 214, 250, 251
Neuropeptídeos
  ver neuropeptídeos 69, 70, 71, 72, 73, 116, 117, 118
Neuroplasticidade 31, 61, 62, 63, 64, 83, 116, 117, 135
Neurorehabilitation and Neural Repair 93, 252
Neurotransmissores
  e placebos 68
Níveis
  quando o paciente sabe o que é
    com drogas cardíacas
      bauxando colesterol 23, 24, 25, 28, 29, 30, 44, 59, 74, 76, 78, 84, 99, 100, 101, 104, 105, 106, 107, 108, 109, 110, 113, 114, 124, 125, 126, 128, 150, 164, 181, 184, 209, 229, 244, 249, 257
Nocebos 245

O

Obesidade
    tratamento com visualização para perder peso 224, 228
Osteoartrite 109
Otimismo
    placebos e o poder do 22

P

Palpitações 197, 226
Panadol 52
Parkinson, doença de 36, 37, 44, 45, 93, 210, 242, 244, 249, 252
Parkinson, doença de pneumonia 36, 37, 44, 45, 93, 210, 242, 244, 249, 252
Pascual-Leone, Alvaro 83, 250
Pé de Atleta 227
Pennebaker, James 123, 256
Perda
    com visualização
        ver também obesidade 30, 110, 111, 144, 178, 179, 195, 206
Perda de cabelo 179
Peso
    e atitude 178
Placebos
    e antidepressivos
        e crença 39, 49, 245, 247
Pneumonia 216, 228
Positivo, atitude/pensamento 13, 22, 239
Pressão sanguínea
    e atitude
        e exercícios 220, 229
Problemas para dormir 229
Proceedings of the National Academy of Sciences 122, 241, 242, 256

Protozoários 222
Psoríase 158
Psychoneuroendocrinology 74, 249, 257
Psychosomatic Medicine 39, 124, 239, 240, 241, 243, 256, 257

Q

Queimaduras 229

R

Raiva 229
Reabilitação 13, 90, 91
Receptores 69, 225
Resfriado 230
Resfriados/gripes 121, 219
Romeu e Juliet 269
Rossi, Ernest L.: The Psychobiology of Gene Expression 79, 249

S

Saotome, Mitsugi 184
Sarampo 231
Satisfação na vida
  e doar dinheiro
    e longevidade
      e atitude positiva 26, 30
Science 28, 31, 40, 200, 240, 241, 242, 243, 249, 256
Shakespeare, William: Romeo and Juliet Siegel, Bernie 190
SII, ver Síndrome do intestino irritável 58, 59, 232, 247
Síndrome da fadiga crônica, ver EM (encefalomielite miálgica) 17, 38, 243

Síndrome do intestino irritável 17, 18, 38, 144, 155, 156, 219, 243
Síndrome pós-pólio 18, 144, 155, 156
Sistema imunológico 233
Sofrimento 68, 178, 192

T

Tagamet 51, 245
Toxinas 212, 233
Tuberculose 234

U

Úlcera 235
  estômago, ver úlcera peptídica
  tratamento com visualização 235

V

Vallance, Aaron K. 52, 245
Veias varicosas 235
Verrugas 171, 235, 236
Viagra 16, 52, 245
Visualização
  afirmações como comentários durante
    e o cérebro 13, 14, 80, 90, 92, 99, 103, 107, 110, 116, 143, 251, 253
Visualização com 11, 16, 17, 64, 79, 85, 87, 90, 91, 92, 93, 94, 96, 97, 98, 99, 100, 101, 102, 103, 104, 105, 106, 107, 108, 109, 110, 112, 113, 114, 115, 116, 117, 119, 120, 128, 129, 130, 131, 132, 133, 134, 135, 136, 137, 138, 140, 141, 144, 146, 150, 151, 152, 154, 156, 160, 161, 162, 163, 164, 165, 166, 167, 168, 170, 171,

173, 175, 177, 178, 180, 181, 182, 189, 193, 194, 195, 199, 200, 202, 203, 204, 206, 208, 209, 210, 211, 212, 213, 214, 216, 217, 218, 219, 220, 221, 222, 223, 224, 225, 226, 228, 229, 230, 231, 232, 233, 234, 235, 236, 252, 253, 254

Vontade de viver 119

W

Waitley, Denis 186
William 109, 269

Y

You Are the Placebo 157

Z

Zantac 51, 245

MADRAS® Editora — CADASTRO/MALA DIRETA

Envie este cadastro preenchido e passará a receber informações dos nossos lançamentos, nas áreas que determinar.

Nome_____
RG_____ CPF_____
Endereço Residencial _____
Bairro _____Cidade_____ Estado_____
CEP _____Fone_____
E-mail _____
Sexo ❏ Fem. ❏ Masc.   Nascimento_____
Profissão _____ Escolaridade (Nível/Curso)_____

Você compra livros:
❏ livrarias   ❏ feiras   ❏ telefone   ❏ Sedex livro (reembolso postal mais rápido)
❏ outros:_____

Quais os tipos de literatura que você lê:
❏ Jurídicos   ❏ Pedagogia   ❏ Business   ❏ Romances/espíritas
❏ Esoterismo   ❏ Psicologia   ❏ Saúde   ❏ Espíritas/doutrinas
❏ Bruxaria   ❏ Autoajuda   ❏ Maçonaria   ❏ Outros:

Qual a sua opinião a respeito desta obra?_____
_____

Indique amigos que gostariam de receber MALA DIRETA:
Nome_____
Endereço Residencial _____
Bairro _____Cidade_____ CEP_____

Nome do livro adquirido: ***Como Sua Mente Pode Curar Seu Corpo***

Para receber catálogos, lista de preços e outras informações, escreva para:

MADRAS EDITORA LTDA.
Rua Paulo Gonçalves, 88 – Santana – 02403-020 – São Paulo/SP
Caixa Postal 12183 – CEP 02013-970 – SP
Tel.: (11) 2281-5555 – Fax.:(11) 2959-3090
www.madras.com.br

MADRAS® Editora

Para mais informações sobre a Madras Editora,
sua história no mercado editorial
e seu catálogo de títulos publicados:

Entre e cadastre-se no site:

www.madras.com.br

Para mensagens, parcerias, sugestões e dúvidas, mande-nos um e-mail:

marketing@madras.com.br

SAIBA MAIS

Saiba mais sobre nossos lançamentos,
autores e eventos seguindo-nos no facebook e twitter:

@madrased

/madraseditora